台湾研究系列

杨芳 著

Energy Transitions in Taiwan and Cross-straits Energy Cooperation

台湾能源转型与两岸能源合作

九州出版社
JIUZHOU PRESS

图书在版编目（CIP）数据

台湾能源转型与两岸能源合作 / 杨芳著. -- 北京：
九州出版社，2021.8
ISBN 978-7-5225-0366-0

Ⅰ．①台… Ⅱ．①杨… Ⅲ．①能源经济－研究－台湾
②海峡两岸－能源经济－经济合作－研究 Ⅳ.
①F426.2

中国版本图书馆CIP数据核字(2021)第156840号

台湾能源转型与两岸能源合作

作　　者	杨 芳 著	
责任编辑	邓金艳	
出版发行	九州出版社	
地　　址	北京市西城区阜外大街甲 35 号（100037）	
发行电话	（010）68992190/3/5/6	
网　　址	www.jiuzhoupress.com	
印　　刷	北京九州迅驰传媒文化有限公司	
开　　本	720 毫米 ×1020 毫米　16 开	
印　　张	18	
字　　数	242 千字	
版　　次	2021 年 10 月第 1 版	
印　　次	2021 年 10 月第 1 次印刷	
书　　号	ISBN 978-7-5225-0366-0	
定　　价	62.00 元	

　　本书获国家自然科学基金（71704148）、教育部人文社会科学研究青年基金《"双碳"目标背景下中国能源基础设施投资的经济增长效应和区域布局研究》（21YJC790142）和厦门市社科联、厦门市社科院资助厦门市社会科学调研课题项目（厦社科研[2021]C14号）的资助。

前　言

推动全球能源转型已成为国际社会的共识。台湾地狭人稠，自有能源匮乏，未来的经济可持续发展面临着能源安全、资源稀缺、气候变化等方面的挑战，决定了其能源转型的必要性和迫切性。如何在确保能源供应安全的前提下，实现温室气体减量目标及维持能源价格稳定，是台湾能源转型所面临的重要课题。

2016 年 5 月，民进党上台后，台湾启动"非核家园"能源转型，并于 2017 年 1 月通过"电业法"的修订，对"2025 非核家园"正式"立法"。本研究主要围绕台湾的能源转型问题，重点研究以"2025 非核家园"政策主导的能源转型对台湾的影响，探讨台湾能源转型所面临的困境，在此基础上，分析两岸能源合作的必要性、可行性，评估两岸在能源领域合作的机会与风险，并提出相应的政策建议。本书的研究结果表明：

以"2025 非核家园"为目标的能源转型将对台湾的电力供应、减碳目标、电价水平乃至经济发展造成冲击。短期内核电归零与保障电力的充足供应、维持电价稳定、实现减碳目标之间的矛盾将是台湾能源转型面临的主要困境。台湾当局的"2025 非核家园"政策看似完美，实则自相矛盾，脱离台湾地区的实际情况，不具有可行性，极有可能导致台湾未来的经济发展及社会民生出现严重问题。

两岸能源行业互补性强，能源合作有助于台湾走出能源转型的困境。从能源安全及经济角度来看，两岸能源合作符合双方共同的利益，具有重要的现实意义和战略意义。未来两岸能源合作的潜力大，但有待深入开发。因此，两岸应从宏观大局出发，在优势互补的基础上，加强两岸能源交流与合作，推动两岸经济融合发展。

在当前的两岸关系形势下，两岸能源合作面临着诸多风险和障碍。两岸在能源合作问题上应充分发挥市场的作用，积极推进以企业为主体、以民间交流为主的合作，创新能源合作方式。本书最后就两岸能源合作在 ECFA 框架下的后续协商、低碳产业、跨海输电、油气开发、能源技术标准和专利保护与互认制度、人才交流与技术合作等方面提出相应的政策建议。

本书的出版，得到国家自然科学基金（71704148）、教育部人文社会科学研究青年基金《"双碳"目标背景下中国能源基础设施投资的经济增长效应和区域布局研究》（21YJC790142）和厦门市社科联、厦门市社科院资助厦门市社会科学调研课题项目（厦社科研[2021]C14 号）的资助，在此深表感谢。最后，诚挚感谢九州出版社对本书出版的大力支持。

目　录

第一章　导论

第一节　研究背景、意义及研究目标

一、研究背景及意义

（一）推动全球能源转型已成为国际社会的共识

气候变化是人类面临的共同难题。全球气候变化已对人类生存以及经济社会的可持续发展构成严重威胁。最近几十年来，全球各地酷暑、干旱、洪涝等极端气候事件频繁发生，气候变化已经对大陆和海洋的自然系统及人类系统产生了影响。联合国政府间气候变化专门委员会（IPCC）《第五次评估报告》（IPCC，2013）认为：自工业化时代以来，人类使用化石燃料产生的二氧化碳使大气中温室气体的浓度达到了至少过去 80 万年以来前所未有的高度，是导致全球变暖的主要原因，预计 21 世纪末全球均温将上升 4.8℃，海平面将上升 82 厘米。没有任何一个地区可以单独应对气候变化，也没有任何一个地区可以独立于气候变化的冲击。跨区域携手应对气候变化，共同推动全球能源转型，实现低碳、永续发展是国际社会的普遍共识。

（二）台湾的能源转型面临严重的困境

台湾的经济可持续发展面临着能源安全、资源稀缺、气候变化等约束，实现能源转型是台湾未来实现经济可持续发展的要求。一方面，台湾地狭人稠，自产能源匮乏，能源进口依存度高达90%以上，能源安全体系脆弱；另一方面，以化石燃料为主的能源结构决定了台湾面临着资源约束和环境压力。2016年，台湾的一次能源供应结构中，可再生能源仅占2%；总发电量中，可再生能源发电量也不到5%。台湾近九成的温室气体排放来自化石能源。燃料燃烧的二氧化碳排放总量以年均900万吨的速度持续增长，台湾目前的人均碳排放量居亚洲第一。为控制温室气体排放，台湾也于2015年7月颁布"温室气体减量及管理法"，明确长期减量目标为2050年温室气体排放量降为2005年排放量的50%。如何在确保能源供应安全的前提下，维持能源价格稳定及实现温室气体减量目标，实现经济、能源、环境的协调发展是台湾能源发展面临的重要课题。

2016年5月，民进党上台后，为了政治利益，重申"2025年完成非核家园"决心，启动所谓的"能源转型"，并于2017年1月通过"电业法"的修订对"2025非核家园"正式"立法"。同时，台湾当局还强调不会让民众只能在"缺电"与"核电"之间二选一，并承诺"未来10年电价不会大幅上涨"。台湾行政主管部门也于2017年4月24日核定修正"能源发展纲领"，确立迈向2025年非核家园的能源转型发展架构。

然而，近两年来，台湾发生电力短缺、火电厂空污、深澳燃煤电厂建设等问题，特别是2017年8月15日发生了近18年来最大规模的停电事故，使越来越多的台湾民众质疑"2025非核家园"的可行性及民进党当局提出的能源转型目标能否实现。而2018年11月24日的"以核养绿""公投"过关更反映出民众对台湾当局能源转型政策信心度的降低。但民进党当局仍执意推行"2025非核家园"，直接否定"以核养家"的"公投"结果。那么，目前台湾当局的能源转型政策将会对台湾造成什么样的冲击？首当其冲的是缺电问题，核电的减少是

否有足够的替代能源保证充足的电力供应；其次是温室气体的减量目
标能否完成，如何实现可再生能源对核电的替代；第三是电价上涨问
题，采用可再生能源替代核能时，能源成本的提高将如何保证稳定电
价？台湾当局看似完美却互相矛盾的能源政策将使台湾能源未来的发
展"核"去何从？

（三）新形势下研究两岸能源合作具有重要的现实意义

两岸能源合作有助于台湾走出能源转型困境。近年来，随着两岸
"三通"的基本实现，两岸互动日益频繁。《海峡两岸经济合作框架协
议》（ECFA）的签署更是开启了两岸经贸制度化合作的新阶段，两岸
经贸合作的深度、广度和制度化程度都获得长足的发展。能源合作也
日益成为海峡两岸经贸关系研究的热点。

当前，由于台湾政局的变化，两岸经济一体化进程陷入困境，两
岸经贸合作面临政治因素所造成的"降温"风险，但能源合作是两岸
迈向永续发展的合作契机，也是两岸共同面对能源安全问题及温室气
体减量压力的转机。尽管大陆和台湾处于不同的经济发展阶段，但都
面临着产业结构优化升级的挑战；从各自的资源、技术和人才的现状
来看，两岸在能源产业合作方面有很大的发展空间。随着"一带一路"
的建设以及福建自贸区的建立，两岸能源贸易规模和潜力将日趋扩大。
因此，建立两岸互利互惠的能源合作，有利于充分发挥各自的优势，
把握两岸产业合作互补的新局面，共创两岸能源、环保、经济的三赢
目标。

目前两岸在能源领域的合作仍属于初级阶段。本书针对台湾的能
源转型问题展开系统的研究，深入分析台湾能源转型的困境，结合当
前的两岸形势探讨两岸能源合作的可行性及必要性，并提出未来的两
岸能源合作模式及政策建议，对推动两岸的能源合作具有重要的实践
意义。

二、研究目标

本书主要围绕台湾的能源转型问题，重点研究以"2025 非核家园"能源政策主导的能源转型对台湾的影响，探讨台湾能源转型所面临的困境，在此基础上，分析两岸能源合作的必要性、可行性和意义，评估两岸在能源领域合作的机会与风险，并提出相应的政策建议。具体而言，本书有以下五个目标：

（一）分析台湾经济增长进程中的能源消费与能源政策的变化轨迹，总结能源消费的变化规律，预测台湾中长期的能源需求。

（二）通过预测台湾中长期的电力供需形势，分析台湾在能源转型过程中是否会面临缺电危机？何时出现？电力供需的"缺口"有多大？对经济有何影响？

（三）预测台湾未来的能源结构变化以及二氧化碳排放量，分析台湾实现能源结构转型目标的可能性及其面临的困境，探讨台湾的"2025 非核家园"能源转型能否实现预期的减碳目标？

（四）预测台湾未来各类能源的发电成本，分析台湾能源转型对电价的影响，探讨台湾当局在未来的能源转型过程中能否兑现"不涨电价"承诺？

（五）分析两岸能源产业合作的必要性、可行性，综合评估潜在能源合作项目的机会和风险，对未来的两岸能源合作提出政策建议。

第二节　研究框架、内容及研究方法

一、研究框架

本书基于可持续发展的理论分析台湾能源转型的必要性和迫切性，然后，围绕台湾能源转型的三个目标（确保电力的充足供应、达成减碳承诺、维持合理的电价水平）出发，深入分析以"2025 年非核家园"
为目标的能源转型对台湾的影响。

　　首先，从确保电力充足供应的角度出发，建立计量模型预测台湾
中长期电力需求的变化和未来的电力供应趋势，综合分析和判断未来
台湾地区的电力供需矛盾及出现缺口的时间点；

　　其次，从实现减碳目标的角度出发，预测台湾中长期能源结构的
变化及二氧化碳排放趋势，并分析实现电力结构转型目标的可能性及
其面临的困境，探讨"2025 非核家园"能源转型能否实现预期的减碳
目标；

　　再次，从维持合理的电价水平出发，通过预测能源结构变化所造
成的能源转型成本对未来电力价格趋势的影响，探讨台湾当局未来能
否实现能源转型过程中的电价稳定；

　　最后，从台湾能源转型面临的困境出发，结合两岸当前的政策环
境和形势，分析两岸开展能源合作的必要性、可行性，评估潜在的机
会和风险并为两岸如何开展能源合作提供方向及政策建议。

　　具体的技术路线图如下：

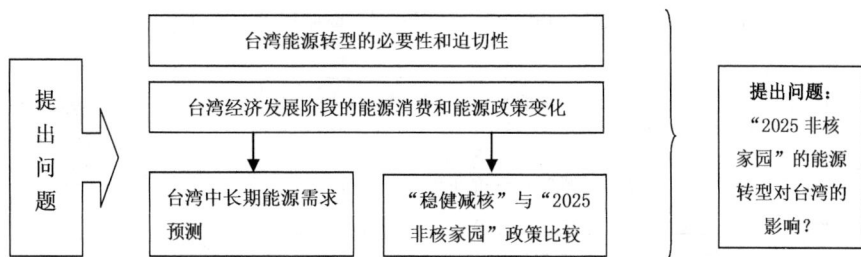

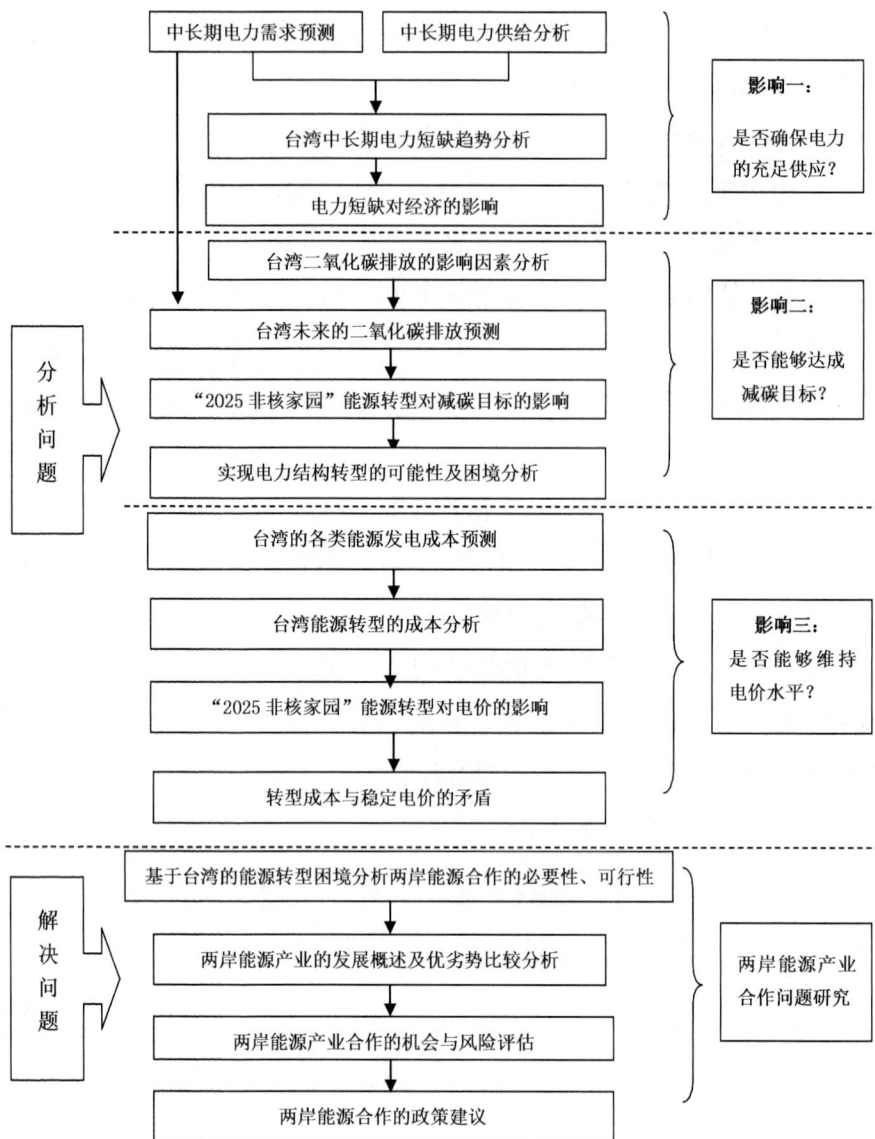

图 1-1　技术路线图

二、研究内容

全书内容按照以下十个部分展开论述：

　　第一章主要概述本书的选题背景、研究意义、研究目标、研究框架、研究方法、研究内容及主要贡献。

　　第二章是理论回顾与文献综述。回顾有关台湾能源转型问题和两岸能源合作等相关文献的主要成果。

　　第三章在分析台湾能源形势及问题的基础上，研究台湾能源转型的必要性和迫切性。首先，以可持续发展理论为基础，探讨在气候变化的背景下全球能源转型的趋势，提出能源转型是经济可持续发展的要求；其次，从台湾的能源供需总体状况、能源结构、能源进口依存度及二氧化碳排放的现状分析台湾经济可持续发展所面临的能源和环境约束，在此基础上，阐述台湾能源转型的必要性和迫切性。

　　第四章主要研究台湾经济发展阶段能源消费与能源政策的演变过程。首先，通过对台湾经济发展过程中产业结构、能源消费的变化及成因进行分析，并与发达国家的相似发展阶段进行对比，总结出台湾不同经济发展阶段的能耗变化规律；在此基础上，通过采用协整模型预测台湾未来的能源需求；然后，梳理了台湾经济发展阶段的能源政策演变过程，并比较了马英九时期的"稳健减核"政策和民进党提出的"2025非核家园"政策的差异。

　　第五章主要研究以"2025非核家园"为主导的能源转型是否导致台湾未来面临缺电危机。首先，对台湾的电力行业发展概况作一简要的分析；然后，分别采用协整模型和非线性模型预测台湾中长期的电力需求；结合台湾的电力供应情况及能源规划分析台湾中长期的电力供给趋势；在此基础上，分析台湾未来出现电力供需缺口的时间点和缺口大小以及所造成的经济成本。

　　第六章主要研究以"2025非核家园"为主导的能源转型对台湾未来碳减排的影响，是否能达成减碳目标？首先，通过刻画台湾碳排放变动的历史轨迹，采用LMDI分解法深入分析台湾二氧化碳排放的影响因素；然后，运用马尔可夫随机时序模型，预测台湾中长期的一次能源结构变化及二氧化碳排放趋势，分析"2025 非核家园"政策是否能达成预期的减碳目标及实现 2025 电力配比目标的可能性和面临的困境。

第七章主要研究以"2025 非核家园"为主导的能源转型对台湾电价水平的影响。首先，分析台湾的电价水平及电价机制存在的问题；然后，通过对各类燃料价格的趋势进行预测，估计未来台湾各类能源的发电成本，在此基础上，分析能源转型的成本及未来的电价趋势；通过分析电价波动的影响及电价政策的政治因素，探讨台湾当局未来能否在实现能源转型的过程中维持电价水平。

第八章主要分析两岸能源合作的可行性和必要性。首先，总结台湾"2025 非核家园"能源转型的影响及困境，结合大陆的能源转型趋势、两岸能源发展的互补性及当前的相关政策（包括两岸经济融合、"一带一路"的政策背景等），分析两岸能源合作的可行性；结合当前的两岸关系形势分析两岸能源合作的必要性及意义。

第九章主要研究两岸能源合作的前景，并提出相应的政策建议。在分析两岸能源产业合作现状的基础上，通过对两岸能源产业的优劣势进行比较，从政治、经济、资源等因素阐述两岸能源产业合作的机会与风险，最后，对未来两岸能源合作提出政策建议。

第十章是本书的结论，通过结合前文的研究结果进行总结，并提出未来的展望。

三、研究方法

从整体上来看，本书按照"提出问题—分析问题—解决问题"的研究逻辑，采用理论分析与实证研究相结合，以定量分析为主，辅助采用文献研究、比较研究、定性分析等方法进行深入系统的研究。本书主要采用的研究方法包括：理论分析与实证分析相结合、文献研究法、比较研究法、定量和定性分析结合法等方法。

（一）理论分析与实证分析相结合

从可持续发展的理论出发，阐述了经济可持续发展对能源转型的要求，探讨了台湾能源转型的必要性；在实证上分别采用协整模型、马尔可夫链模型、非线性模型、LMDI 分解法等方法，预测台湾未来的能源及碳排放情景，研究台湾"2025 非核家园"能源转型对台湾电力供应、减碳目标及电价水平的影响。

（二）文献研究法

通过广泛搜集和整理国内外相关和相近的研究文献，并对这些文献进行梳理和评述。在预测台湾的能源（电力）需求及碳排放趋势时，集中运用文献研究法，对相关文献进行分析和比较，以选取合理的经济变量，并借鉴相关文献对这些变量未来趋势的预测结果。

（三）比较研究法

既采用历史与现实、现实与未来的纵向比较分析法，又采用台湾地区与大陆地区及其他发达经济体之间的横向比较分析法。在研究台湾经济发展进程的能源消费及能源政策的变动轨迹时，采用历史与现实的纵向比较分析法；在预测未来的能源需求与电力供需趋势时，采用现实与未来的纵向比较分析法；在总结台湾经济发展阶段的能耗变化规律时，采用台湾与美、日等发达经济体的横向比较法；在研究两岸能源产业的竞争性与互补性时，采用台湾地区与大陆地区的横向比较分析法。

（四）定性分析和定量分析相结合

本书既有对台湾能源转型的必要性和困境、两岸能源合作的必要性和可行性、机会与风险等方面进行定性分析，也有对台湾电力供求缺口、碳排放的影响因素、未来的电价趋势、电价波动对台湾制造业的影响等方面进行定量研究。

第三节　主要贡献及创新点

一、主要贡献

本书的主要贡献在于以下几个方面：

（一）研究视角和研究内容

尚未发现有文献系统地分析台湾的能源转型问题。本书通过定量分析和定性分析相结合，较为全面地分析台湾能源转型的必要性、影响、困境；基于预测的视角，展现台湾未来的能源情景，包括能源需求、电力供需趋势、能源结构、CO_2 排放量及电价趋势等。预测的方法是本研究的需要，为有效评价台湾当局"2025 非核家园"能源政策的影响提供精准的数量依据。

（二）理论与方法

本书综合运用多种分析方法，力求理论分析与实证分析相结合、文献分析与数据分析相结合。在理论分析方面，以可持续发展理论为基础分析了台湾能源转型的必要性和迫切性；实证分析方面，本研究分别采用协整模型、马尔可夫链模型、非线性模型、LMDI 分解模型等多种计量方法评估台湾"2025 非核家园"能源转型对台湾电力供应、减碳目标及电价水平的影响。

本研究还采用纵向比较和横向比较相结合的方法，通过对台湾地区经济发展过程中产业结构、能源消费的变化进行纵向比较，并与美、日等发达国家的相似发展阶段进行横向对比，总结出台湾经济发展阶段的能耗变化规律。通过纵向梳理台湾经济发展阶段的能源政策演变过程，比较马英九时期的"稳健减核"政策和民进党提出的"2025非核家园政策"的差异。

（三）政策分析

鉴于海峡两岸关系在政治、经济、文化、历史等方面的特殊性，本研究采用以经济分析为主，结合政治因素、地理环境、资源特性、技术成熟度、人才差异、政策环境等多种因素，对两岸在油气产业、绿色能源、能源服务业、核电产业等各领域的差异进行比较，评估两岸在能源领域的合作机会与潜在风险，为未来两岸拓展能源领域的合作提供方向和建议。

二、进一步研究方向

受样本数据和作者能力的限制，本书尚有不足之处，未来的研究方向包括：

第一，本书主要从宏观层面探讨台湾的能源转型对未来电力短缺、电价水平、减碳目标的影响及经济成本。对于能源转型可能给中观层面各个行业及微观层面的各个经济主体的影响与效应未加细致深入分析，今后可进一步加以拓展和深化。

第二，囿于两岸能源合作的数据缺失，本书在探讨两岸合作方面主要以定性分析为主，分析两岸能源合作的现状、必要性、可行性、意义，评估潜在的机会与风险等。如若具备更多和详细的第一手数据，笔者在书中所阐释的观点及分析将更具说服力。

第二章　文献回顾

第一节　台湾能源转型问题的文献回顾

"能源转型"一词来自德语"Energiewende"，含义为"转向分布式可再生能源和提高能源效率"，其最终目标是建立100%基于可再生能源的能源体系。能源转型的含义当然不仅仅是可再生能源发展。在一般意义上，能源转型是由技术进步推动的，伴随着能源系统深刻变革的一次能源结构的长期变化过程。人类利用能源的过程，可以大致划分为两次大的能源转型：第一次是植物能源（如薪柴）向化石能源的转型，第二次是化石能源向可再生能源的转型。近年来，由于全球气候变化对人类发展所造成的威胁日益严重，能源转型更多的是指向绿色、低碳能源的转变。

现有关于台湾能源转型问题的研究，归纳起来，主要分为三个方面：一是台湾能源政策层面的分析与评价；二是研究台湾的能源、经济与环境的互动关系；三是研究台湾的能源结构转型问题及困境分析。

一、台湾的能源政策评价

对于台湾能源政策的分析，一些学者主要通过对台湾能源政策的整体变化进行梳理和分析，提出相应的建议。黄和吴（Huang and Wu，2009）在分析台湾能源生产和消费结构的基础上，剖析了台湾能源政策的历史发展和现状，指出台湾的能源政策追求能源、环境和经济（3E）的平衡，并对未来的能源政策提出建议；杜强（2007）在评析21世纪以来台湾地区能源政策的演化及特点，从政党斗争、国际、能源价格波动、环保议题和能源科技创新等方面对台湾未来能源政策的影响因素进行分析；王鹏等（2015）回顾了近年来台湾地区电价调整的轨迹，介绍了台湾近期销售电价调整的互动过程，重点分析了"立法院"审议过程中社会各界争论的焦点问题。

　　大部分文献则主要评价某个或某些能源政策对台湾的影响。例如，黄振江等（Jenn Jiang Hwang 等，2010）分析了台湾在减缓气候变化方面所实施的政策，评析了"永续能源政策纲领""再生能源发展条例"和"节能减碳总计划"等节能减排政策对台湾二氧化碳减排的影响；李顺忠（Shun-Chung Lee，2010）通过采用实物期权模型（real option model）将传统能源价格的不确定性和台湾可再生能源的现实情况结合起来构建了台湾可再生能源政策量化评价模型，研究发现，从可持续发展的角度讲，可再生能源政策的制定需考虑二氧化碳排放的外部成本；黄云勋等（Yun-Hsun Huang et al.，2011）分析了台湾上网电价机制的主要特征，并用多种评价标准评估上网电价的设计方案是否能满足未来的经济发展和绿色工业增长目标；云昌、杰弗里·博尔等（Yunchang Jeffrey Bor et al.，2010）采用可计算一般均衡（CGE）方法模拟能源税对台湾经济的影响，研究结果表明，征收能源税有利于促进台湾能源消费和二氧化碳排放的减少；黄优菲等（Huang Yophy et al.，2011）采用 LEAP 模型预测台湾未来的能源供求形势，并比较不同的能源政策情景下，台湾的能源供求模式及二氧化碳排放的变化。

　　二、台湾的能源（电力）与经济、环境的关系研究

　　关于能源消费与经济增长关系的研究自20世纪80年代开始兴起。从方法上来看，学术界对二者的定量研究基本上分为两大类：一是以

统计指标为基础对电力与经济关系进行研究，并采用自回归法（AR）、移动平均法（MR）、一般指数平滑法等方法进行预测，如能源消费弹性系数、能源强度等，基于能源消费弹性系数的研究在早期文献中比较多见，但是能源消费弹性系数只是一个相对概念，无法反映能源和经济间错综复杂的关系；二是利用计量经济分析方法考察能源消费与经济增长之间的长期均衡关系和短期波动关系。采用的模型主要有标准 Granger 因果检验模型、误差修正模型 ECM 等（何晓萍等，2009；杨芳等，2019）。程和赖（Cheng& Lai，1997）采用 Granger 因果关系方法分析台湾 1955—1993 年的能源消费与 GDP 之间的关系，发现存在从 GDP 到能源消费之间的单向因果关系；杨（Yang，2000）则进一步将该方法应用于检验 1954—1997 年台湾煤炭、石油、天然气、电力等能源消费与 GDP 之间的关系，认为能源消费总量与 GDP 之间存在双向因果关系；李建强等（Chien-Chiang Lee et al.，2005）采用协整方法实证检验台湾能源消费与经济增长的关系，研究结果认为，1954—2003 年台湾的能源消费对经济增长具有重要的促进作用；杨等（Yang et al.，2010）则分析了台湾电力消费与经济增长的关系，实证研究表明，台湾整体电力消费与 GDP 之间具有双向因果关系，但居民部门的电力消费与 GDP 之间则存在非线性关系；台湾学者林受得（2006）利用 Granger 因果关系与误差修正方法，探讨 1954—2004 年台湾地区电力消费与 GDP 的因果关系，结果显示，台湾经济的活跃程度与电力消费彼此相互影响，但在居民部门，则只存在经济增长对电力消费的单向因果关系；大陆学者范晓（2010）分析了台湾能源强度、能源结构与经济结构的关系。实证结果表明，台湾能源结构与能源强度之间存在长期协整关系，且经济结构与能源强度、能源结构均存在单向因果关系。

随着对气候变化和环境污染的关注，一些学者也开始研究台湾能源、经济与环境三者之间的互动关系，苏琳等（Sue J. Lin et al.，

2007）采用灰色关联分析法实证研究台湾经济、能源和 CO_2 排放之间的关系，结果表明，在过去 10 年，台湾发电量的快速增加是 CO_2 排放的主要原因。其中，钢铁行业、交通行业和石油化工行业二氧化碳排放最多，应通过节能、提高能效和调整工业结构来降低能源强度。台湾学者吕佩玲（2008）利用因素分解、灰色关联分析及脱钩指标等方法，探讨影响台湾地区电力消费及 CO_2 排放的关键因素，研究结果显示，在因素分解方面，导致电力消费持续增加的主要因素为人均 GDP，而在灰色关联分析方面，电力消费量是影响电力 CO_2 排放的最主要因素，最后在电力消费与 GDP 脱钩指针分析结果，显示无脱钩现象，具有恶化趋势。

总体来说，分析能源、经济和环境互动关系的研究近年来已成为热点，而关于能源消费和经济增长的关系并没有得出一致结论。即使是同一个国家（地区），在不同发展阶段也会出现不同的相关关系。

三、台湾的能源结构转型研究

关于台湾能源结构的转型问题，台湾学者的研究主要讨论电力结构优化问题。赖正文（1999，2015）采用电力多目标规划模型，基于最小化总发电成本的目标下，分析核四封存与既有核电厂延役的情境下的最优电力结构。研究结果表明，到 2025 年，台电系统的最优电力结构为：燃煤、燃油、燃气、核电、可再生能源与抽水蓄能的发电量比重分别为 46%、0、29%、15%、9% 及 1%；全台电力系统的最优电源结构则分别为燃煤、燃油、燃气、核电、可再生能源与抽水蓄能分别占 38%、2%、32%、8%、16% 及 4%；郭瑾玮（2015）运用 TIMES 模型，采用线性规划模型在符合未来能源供需平衡、环境与资源限制下的能源（含电力）供需、能源技术组合、二氧化碳排放量等条件下，基于能源系统的成本最小化目标，规划未来每年各种能源的发电装机容量与发电量；李坚明等（2015）则利用最优控制模型

（Optimal Control Model）规划符合 WSSD 五大原则的最优电力结构，在理想的情景下（即追求低成本且低碳的发电技术）为核电占 33.1%，再生能源占 17.8%；在核四不运转的情景下，到 2025 年，最优的电力结构为燃煤、燃油、燃气、核电、再生能源与抽水蓄能的发电比重分别为 30.6%、0.8%、42.2%、8%、16% 及 9.5%；朱证达（2015）则在考虑备用容量率、限电时数、能源开发的边际成本、能源强度、碳排放强度、开发再生能源的土地利用等因素，分析电力供需与电源结构的变化。研究结果认为，若未来以再生能源取代燃煤及核电，则预计 2030 年再生能源占比 21%，核电比重则为 0；若为兼顾电力的稳定供应并保持较低的电价水平，则 2030 年再生能源发电占比 9%，核电则为 18%；梁启源等（2015）评估各项能源成本变动下的最优电源结构以及征收碳税对电源结构的影响，结果表明，在成本最小化目标下，最优的电源结构为核电比重占 13% 以上，当征收碳税时，则核电的比重应进一步提高。因此，核电仍然是重要的电力供应来源。

近年来，许多学者开始关注台湾向再生能源转型的困境研究。庄明志等（Ming Chih Chuang et al.，2013）通过构建"多样化指数"研究不同的能源资源对能源系统的贡献以评价能源多样化对降低台湾能源供应短缺和价格波动风险的影响。台湾学者杨儒颖（2016）通过分析国际上主要国家的能源转型动态、发展趋势及比较德国、美国、法国的能源转型经验，阐述了台湾发展再生能源的困难与挑战；曾友嵘（2015）则主要从能源认知差异、专家政治、发展型经济体等社会层面分析台湾能源转型的困境。

第二节　两岸能源合作问题的文献回顾

关于两岸能源合作的问题，现有文献多集中于研究两岸能源合作的必要性与可行性、两岸能源合作的竞争性和互补性的分析、两岸能源贸易特征的探讨等，鲜有文献较为全面地对两岸潜在合作项目的可行性与风险进行综合评估。

对于两岸能源合作的必要性和意义，林珏（2009）从国家领海主权问题的角度，对加强两岸能源合作的意义、合作现状、合作途径进行探讨；张天舒、徐铭辰（2012）从大陆和台湾的资源、技术和人才出发，重点分析两岸能源领域合作的互补性。大部分学者则基于具体能源的角度分析两岸合作的意义，王勇（2012）分析台湾核电产业的现状、核电特色以及能源结构调整下对核电的现实需求，并从加强两岸核电安全专业机构合作的角度提出相应的政策建议；王勇（2011）分析了台湾绿能产业的发展概况、两岸绿能产业合作的优势，并对ECFA签署后两岸在绿能产业的合作提出相应的政策建议；任力等（2011）在研究福建碳排放现状的基础上，提出闽台可以在合作开发低碳能源、加强低碳产品标准和质量认证上的合作、低碳产业、低碳城市等方面加强低碳经济合作；曹小衡、邵帅（2016）分析了两岸绿能产业合作现状，认为合作尚处在起步阶段，未来应上升为两岸新兴战略合作产业。

对于两岸如何进行能源合作，两岸的学者分别从不同角度提出相应的政策建议。整体的意见认为在宏观层面，两岸相关机构应搭建有利平台，考虑机制的制度化与稳定性问题；在微观层面，则需要考虑企业合作的具体可操作性。大陆学者刘叶志（2008）指出，一方面，两岸可通过各自的能源管理机构在协商沟通的基础上建立能源合作组织，包括海峡两岸新能源合作组织、两岸共同能源市场、新能源开发建设信息咨询平台；另一方面，实行以企业为主体的新能源合作，以适应市场竞争，有效配置资源；于立军（2015）等对两岸能源合作提供了如下建议：一是以企业为主体，以市场化为推动，投资分摊、风险共担、成果共享；二是逐渐推进两岸在能源贸易、投资、能源服务、技术研发与学术交流等领域的合作；三是需要高效的组织协调，制定两岸能源战略合作的近期、远期规划，促进两岸循序渐进地推动实现能源安全合作的全方位合作目标。台湾"国家政策研究基金会"研究报告（2009）指出，两岸之间要建立常态化绿能产业交流及合作机制，定期召开两岸绿能峰会，签署两岸绿能科技与产业全面合作协定。合作内容包括：两岸共建绿能产业链、绿能产业联盟、绿能资讯平台、绿能专利库、标准化工作机制、共同设置绿能检测验证平台六方面。两岸相关机构还应在科研方面增加资金投入，并且推动环保理念的普及。

综上所述，对于台湾的能源转型问题，尚未有文献较全面地进行分析，尤其是对于台湾当局"2025 非核家园"能源转型的影响或存在的问题进行详细的评价。在两岸能源合作方面，鲜有文献较为全面地从各种能源领域对两岸潜在合作项目的可行性与风险进行综合评估。

第三章　台湾能源转型的必要性和迫切性

第一节　能源转型是经济可持续发展的要求

一、可持续发展的内涵

可持续发展作为一种新的、日益重要的发展理念和战略，其概念来源于生态学，最早出现于 1980 年发布的《世界自然保护大纲》（*The World Conservation Stratagem*）。可持续发展被定义为："为使发展得以继续，必须考虑社会和生态因素以及经济因素，考虑生物及非生物资源基础。"（张德平等，2003）

从经济角度来讲，可持续发展的核心是经济发展。1989 年，巴比尔（Barbier）在《经济、自然资源：不足和发展》一书中，把可持续发展定义为："在保护自然资源质量和和其所提供服务的前提下，使经济发展的净利益增加到最大限度。"在发展过程中自然资本的使用应是可持续的，一定存量的资源不应下降，当前使用资源不应减少未来的实际收入。可持续增长政策应寻求在不耗尽自然资源资本存量的条件下维持一种可接受的人均实际收入增长率（Barbier，1989）。皮尔斯的定义为："在自然资本不变的前提下实现经济发展，或今天的资源使用不应减少未来的实际收入。"定义中的经济发展是以"不降低环境质量和不破坏世界自然资源基础的经济发展"，并且这种发展"能够保证当代人的福利增加时，也不应使后代人的福利减少"。可持续发展应当满足每一代人平等地获得资源和机会的需求（Pearce，1996）。

总体来说，可持续发展有两个鲜明的特征：一是发展的可持续性，即发展应能持续满足现代人和未来人的需要，达到现代与未来人类利益的统一；二是发展的协调性，即经济和社会发展必须充分考虑资源和环境的承载力，强调社会、经济与资源、环境的协调发展，追求的是经济高效率、社会公平、代际兼顾、人和自然的和谐。基于这两个特征，可持续发展问题归结为经济增长、社会公平、资源可持续利用和环境保护。

二、能源转型是经济可持续发展的要求

（一）经济可持续发展的内涵

传统的经济发展模式忽视资源的有限性和对环境的破坏，完全立足于市场而追求经济的增长。这种发展模式导致世界资源和环境承受着前所未有的压力，并且也存在着社会的不公平性，贫富差距扩大，贫穷人口的基本生活需要仍得不到满足。而可持续发展则坚持公平性和长期的持续性，立足于满足人的合理需求而发展，强调人对资源的可持续利用和对良好生态环境的维持，目的是追求社会的全面进步和和谐发展。

经济可持续发展可以理解为在保护自然资源与环境质量的前提下，使经济发展的净福利实现最大化，并尽量满足每一代人平等地获得资源的机会和需求（林伯强等，2009）。经济可持续发展包括两个重要方面：一方面，经济增长既要重视数量的增加，又要重视质量改善；另一方面，经济的可持续性是建立在自然资源和环境的可持续性的基础上。随着经济的不断发展，自然资源和环境不仅构成经济增长的物质条件，而且成为经济持续增长的约束条件，因此，这就要求经济发展

必须要与自然资源、环境相协调。

（二）经济可持续发展对能源转型的要求

由于能源的特性及其在生产消费中的作用，能源问题成为经济可持续发展的核心。国内外学者对能源与可持续发展的关系进行了研究，主要表现在定性层面上。世界环境与发展委员会（WCED，1987）以及戈尔登贝格和约翰逊（Goldemberg 和 Johansson，1995）认为，有效的能源利用以及保证经济、环保、安全的能源供给是可持续发展的重要且必不可少的组成部分；穆纳辛格河（Munasinghe，2002）则提出，能源是可持续发展的核心，涉及可持续发展的三个方面——经济、社会和环境，能源是宏观经济增长的重要物质基础，是满足人类基本需要和服务的前提，能源的利用也是环境压力的主要来源；潘家华（2002）提出，如果说生活质量是当前人文发展的结果或状态，那么能源消费则是人文发展的投入性指标。

以上研究从概念上分析了能源与可持续发展的关系。概括而言，对于耗竭性自然资源的可持续利用，"可持续"可用资源节约、环境保护及社会公平等三个方面对人类实现经济增长目标的制约或在这种制约下实现经济增长的过程来定义。这是一种可能用于政策实践的关于可持续发展的定义（林伯强等，2009）。

从这个基本思想出发，经济可持续增长对能源转型的要求是：在维持经济增长的前提下，协调好经济发展、能源使用和环境保护之间的矛盾，实现能源开发利用的可持续性，用以保障安全、经济有效、持续的能源供给，实现社会和谐，主要表现在资源、环境与社会三个层面。

首先，从资源约束的角度，随着对煤、石油等不可再生能源不断的开采利用，资源耗竭形势日趋严重，资源的稀缺已对经济和社会发展起一定程度的限制作用。可持续发展要求人类未来的发展能够获得充足的能源供应，即能源的可获得性（Accessible）。

其次，从环境压力的角度，能源尤其是化石燃料的开采、加工、利用是导致区域性乃至全球环境压力的主要因素。事实上，许多能源问题来自对环境的担忧。以化石能源为主的能源结构使台湾的环境形势较为严峻，能源发展面临着巨大的环境挑战。台湾地狭人稠，其资源禀赋决定了以化石能源为主的能源结构在短期内难以改变，能源活动过程中产生的环境问题将随着能源生产和消费的增长而日趋严峻。可持续发展要求人们尽快正视能源转型问题，以应对日益严重的环境污染问题。

最后，从社会公平的角度，能源是满足人的基本需要和服务的前提，能源供应和质量的不均衡配置是反映社会和谐与否的重要因素之一。可持续发展在社会层面上要求我们必须关注能源的数量和质量在整个社会的有效配置，使贫困人口也能获得可负担得起的（Affordable）能源。

三、全球能源转型趋势分析

（一）气候变化使全球能源转型迫在眉睫

最近几十年来，气候变化已经对所有大陆和海洋的自然系统及人类系统产生了影响。政府间气候变化专门委员会（IPCC）《第五次评估报告》认为：自工业化以来，在经济增长的驱动下，人为温室气体排放呈上升趋势，温室气体浓度增加极有可能是自 20 世纪中叶以来观测到全球变暖的主要原因。如果人类不在目前基础上采取额外的减缓努力，到 21 世纪末，全球变暖将在高风险水平上，使全球面临严重、广泛和不可逆的影响（IPCC，2014）。

为了进一步控制温室气体排放，2015 年 12 月，《联合国气候变化框架公约》195 个缔约方在巴黎气候变化大会上达成《巴黎协定》，推动各方以"自主贡献"的方式参与全球应对气候变化行动，积极向绿色可持续的增长方式转型，把全球平均气温升幅控制在低于工业化之前的水平 2℃ 之内，则到 2100 年大气中温室气体的浓度应控制在450ppm 二氧化碳当量。因此，大幅削减温室气体排放，减缓和适应气候变化迫切要求全球能源转型。

（二）未来的全球能源转型趋势分析

根据《BP 世界能源展望（2018 年版）》的预测，如图 3–1 所示，在渐进转型情景下，至 2040 年，全球 GDP 将以年均 3.25% 的速度增长（基于购买力平价计算），与过去 25 年间的增长率大致一致。经济增长将推动全球能源需求以年均 1.3% 的速度增长。能源需求的增长速度比过去 20 年（超过 2% 的速度）有所下降，主要原因是能源强度的下降。其中，近 70% 的一次能源增长将用于电力生产，电力需求增长的速度比其他能源快 3 倍。全球将持续电气化，电力消费增长强劲。

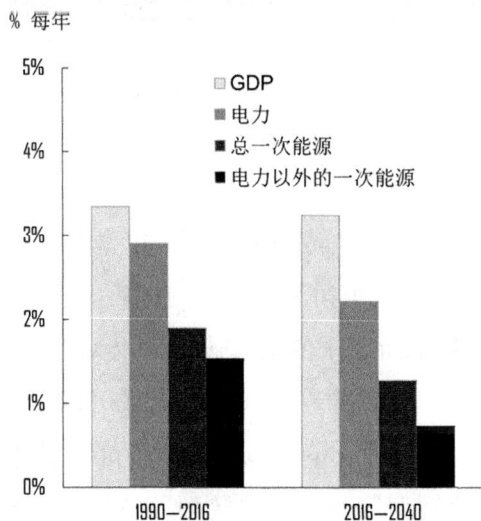

图 3–1　全球 GDP、一次能源和电力的增长率

发电能源结构将发生实质性改变。风能和太阳能竞争力的上升将

使得再生能源的强劲增长成为可能。可再生能源将以年均 7.5% 的速度增长，在总发电量的比例将由现在的 7% 增加到 2040 年的约 1/4。煤炭的下降比例最大，但到 2040 年仍然是电力的最主要能源，占比近 30%。天然气的变化则相对平缓，其占发电量的比例将缓慢上升到 20% 左右。此外，核电、水电的发电量也将持续增长，石油发电则将大幅减少，详见图 3-2。

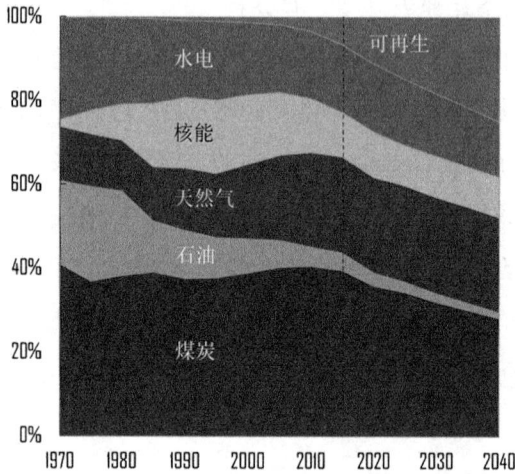

图 3-2　全球发电能源结构的变化及预测

资料来源：BP 世界能源展望（2018）。

　　如图 3-3 所示，在渐进转型情景下，能源使用所产生的碳排放仍保持增长趋势，预计到 2040 年约增长 10%，该增长速度远高于实现《巴黎协定》气候目标所要求的增长速度，仍无法实现《巴黎协定》中的碳排放下降幅度。这意味着，如果要达成气候目标，需要进一步采取一系列推动能源转型的政策，包括提高碳价、提升能源效率等措施，才能实现在“快速转型”和“更快转型”情景下碳排放的下降，这将在未来 25 年对全球的能源体系产生重大影响。

亿吨 CO_2

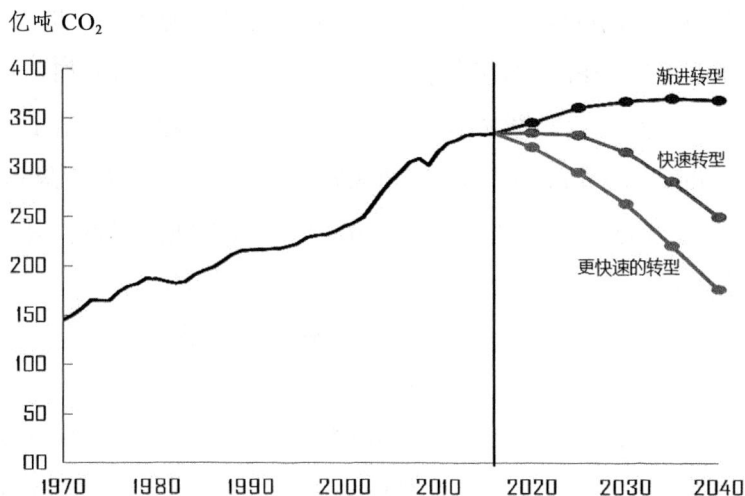

图 3–3 各种情景下的全球碳排放预测

资料来源：BP世界能源展望（2018）。

第二节 台湾能源转型的必要性和迫切性

台湾地狭人稠，是典型的海岛型经济体，能源供应高度依赖进口，且能源结构以化石能源为主，易受国际能源情势动荡与能源价格波动影响。在国际能源价格大幅波动、全球温室气体减排压力渐增以及岛内能源需求持续增长的情况下，如何提高能源多元化与自主发展，在确保能源供应安全的前提下，维持能源价格稳定及兼顾温室气体减量，是台湾能源系统所面临的课题与挑战。

一、台湾面临的能源问题

（一）能源安全

台湾能源资源匮乏，且为独立能源供应体系，能源安全体系脆弱。

20世纪60年代以前，台湾的能源供给以自产能源为主；进入70年代后，随着岛内经济的迅速发展，对能源的需求量逐渐增加，岛内可开采的煤、天然气等日渐枯竭。岛内自产能源占能源总供给量的比重从1976年的24.02%降为1991年的4.74%，2016年进一步下降到2.05%。2016年台湾的一次能源总供给量为131.9百万吨油当量，其中，进口能源占总供给量的97.95%。

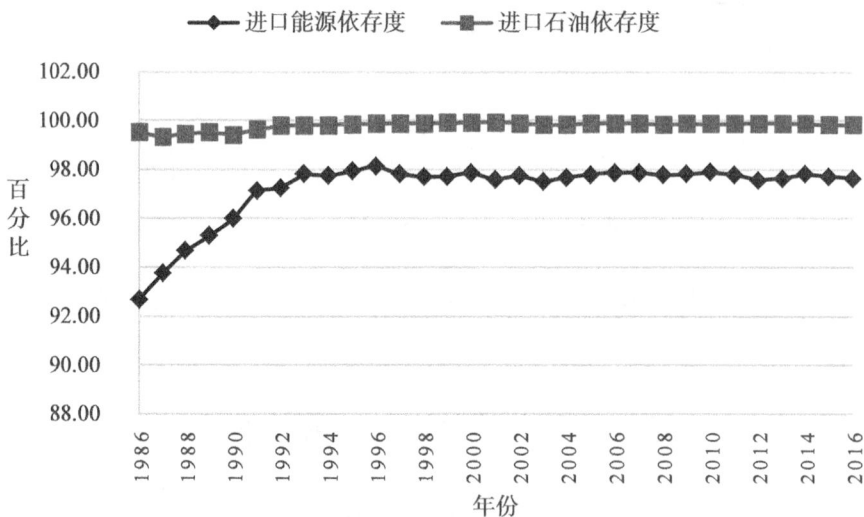

图3–4 台湾1986—2016年的能源进口依存度

数据来源：台湾"经济部能源局"。

如图3–4所示，作为能源安全指标之一的进口能源依存度一直上升，由1986年的92.67%上升至2016年的97.95%。在能源总供给中，煤炭全部依赖进口，石油进口依存度高达99%，天然气进口依存度也高达88.8%。能源进口值占GDP的比率，自2004年的6.25%提高至2014年的12.26%；人均进口能源值由2004年的32589元新台币增加至2014年的84886元新台币，10年来增加2.6倍以上，严重影响了产业竞争力。

就进口能源的来源分析，台湾的石油进口来源地主要集中分布于沙特阿拉伯（31%）、科威特（21%）、伊朗（8%）等中东国家；液化天然气进口来源地主要集中在卡塔尔（42%）、马来西亚（17%）、印度尼西亚（14%）等亚洲国家；燃料煤进口来源则主要分布于澳大利亚（63%）、印度尼西亚（17%）、俄罗斯（15%）等国家。

（二）能源结构

1.能源供给结构

台湾的能源供给量由 1986 年的 73.3 百万吨油当量增长到 2016 年的 131.9 百万吨油当量，以年均 3% 的速度增长。从能源供给结构看，台湾能源高度依赖煤炭、石油及天然气等化石燃料，化石能源的比例由 1989 年的 83% 增至 2016 年的 90% 以上。迄今为止，台湾可再生能源装置容量仅占总容量的 2%，占发电量的 4%，远低于大陆逾 10% 的水平。2016 年台湾地区一次能源供应结构中，石油占 48.9%、煤炭占 29.4%、天然气占 13.7%、核电占 6.3%，可再生能源占比仅有 1.8%，如表 3–1 所示。

从各类能源的占比来看，石油比重虽由 1986 年的 54.8% 降为 2016 年的 48.9%，但仍高居首位；煤炭比重则由 1986 年的 25.9% 提高到 2016 年的 29.4%；核能发电在 1985 年曾超越煤的比重（煤为 21.10%，核能为 21.20%），但 1985 年以后由于没有新核电厂加入运转，核电比重逐渐下跌为 2016 年的 8.3%；天然气比重（包含自产及进口）则由 1986 年的 5.2% 提高到 2016 年的 13.7%。

表 3-1 台湾地区 2016 年能源供给情况

单位：百万吨油当量

能源类别	总计		自产能源		进口能源	
	数量	份额	数量	份额	数量	份额
总供给	131.9	100.0	2.7	100.0	129.2	100.0
煤炭及煤产品	38.7	29.4	0.0	0.0	38.7	30.0
原油及石油产品	64.6	48.9	0.1	2.9	64.5	49.9
天然气	18.0	13.7	0.3	9.5	17.8	13.8
核能	8.3	6.3	0.0	0.0	8.3	6.4
可再生能源	2.4	1.8	2.4	87.6	0.0	0.0
水电	0.6	0.4	0.6	20.9	0.0	0.0
生质能及废弃物能	1.5	1.1	1.5	54.8	0.0	0.0
太阳光电及风力发电	0.2	0.2	0.2	8.2	0.0	0.0
太阳热能	0.1	0.1	0.1	3.7	0.0	0.0

数据来源：台湾"经济部能源局"。

注：1. 再生能源包括太阳光电、风力发电和太阳热能。

　　2. 非能源消费仅含润滑油、柏油、溶剂油。

2. 能源消费结构

台湾的能源需求随着经济增长而迅速增加，能源消费由 1986 年的 62.3 百万吨油当量增至 2016 年的 105.1 百万吨油当量，年均增长率为 2.7%。台湾的人均能源消费量也日益增加，由 1986 年的 72.93 公升油当量增加到 2016 年的 107.39 公升油当量，与德国、日本等发达经济体相比，台湾的人均能源消费尚未与经济增长脱钩。

从能源消费结构来看，工业为能源消费量最大的产业，尽管工业占能源消费的份额略有下降，但始终保持在 50% 以上；其次为运输业，而服务业和住宅部门的份额则分别由 2012 年的 10.9%、10.7% 上升到 2016 年的 15.1%，详见表 3-2。工业部门中，化学材料制造业、计算机外设及视听电子产品制造业（以下简称电子业）为前二大能源消费产业，而电子业的能源消费持续增长，近五年的年均增长率为 3%。

表 3-2　台湾地区近 5 年的能源消费结构

单位：百万吨油当量

类别	2012 年		2013 年		2014 年		2015 年		2016 年	
	数量	份额	数量	份额	数量	份额	数量	份额	数量	份额
能源消费	74.0	100%	75.0	100%	75.5	100%	74.9	100%	75.6	100%
工业	39.2	53.0%	40.2	53.6%	40.0	53.0%	39.2	52.3%	39.1	51.7%
运输业	11.9	11.7%	11.9	15.9%	12.1	16.0%	12.3	16.4%	12.7	16.8%
农业	0.9	0.9%	0.9	1.2%	0.9	1.2%	0.9	1.2%	0.9	1.2%
服务业	11.1	10.9%	11.1	14.8%	11.3	15.0%	11.4	15.2%	11.4	15.1%
住宅部门	10.9	10.7%	10.9	14.5%	11.2	14.8%	11.1	14.8%	11.4	15.1%

数据来源：台湾"经济部能源局"。

注：表中的能源消费量不含能源部门自用及非能源消费。

（三）能源效率

能源效率指单位能源所生产出的国民生产总值。如图 3-5 所示，台湾的能源使用效率处于上升的趋势，由 1986 年的 92.28 元/公升油当量上升到 2016 年的 135.89 元/公升油当量，年均增长率为 1.30%。仍有相当改善空间。但与其他经济体比较，台湾能源效率虽高于美国、加拿大、韩国与澳洲，但仍低于日本与欧盟等先进经济体，仍有相当改善空间。

能源强度即产生每一单位国内生产总值（GDP）所需使用的能源量，该指标值与能源效率互为倒数。若从能源强度的比较来看，由图 3-6 可知，经购买力平价调整 [1] 后，台湾地区的能源强度比日本及英国分别高 18% 和 44%，仅次于中国大陆、韩国和美国；大陆则分别为台湾、日本及英国的 1.69 倍、2 倍及 2.44 倍。因此，台湾的能源效率未来仍有增长潜力，提升能源效率促进节能减排仍是重要的方向。

---

[1]　未经购买力平价调整的能源强度，其分母（GDP）仅反映当前汇率，而经购买力平价调整的能源强度则可以反映长期的能源竞争力。

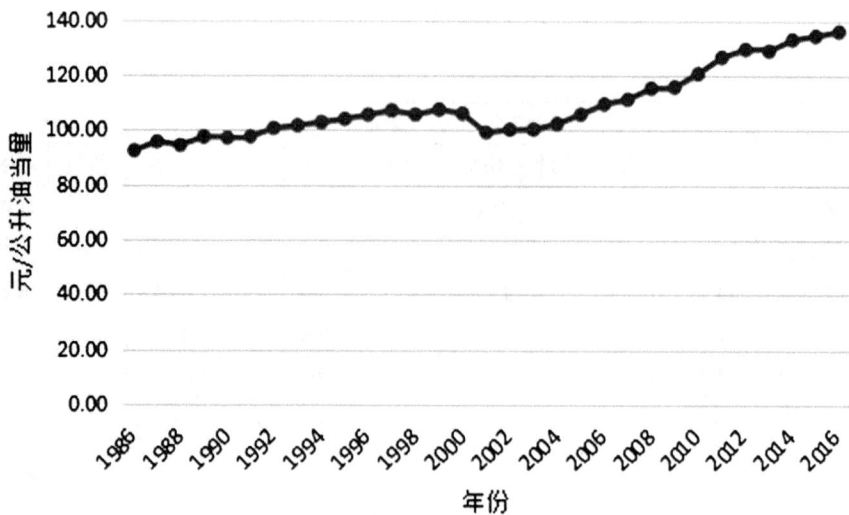

图 3-5　台湾 1986—2016 年的能源效率

数据来源：台湾"经济部能源局"。

注：以 2011 年为不变价。

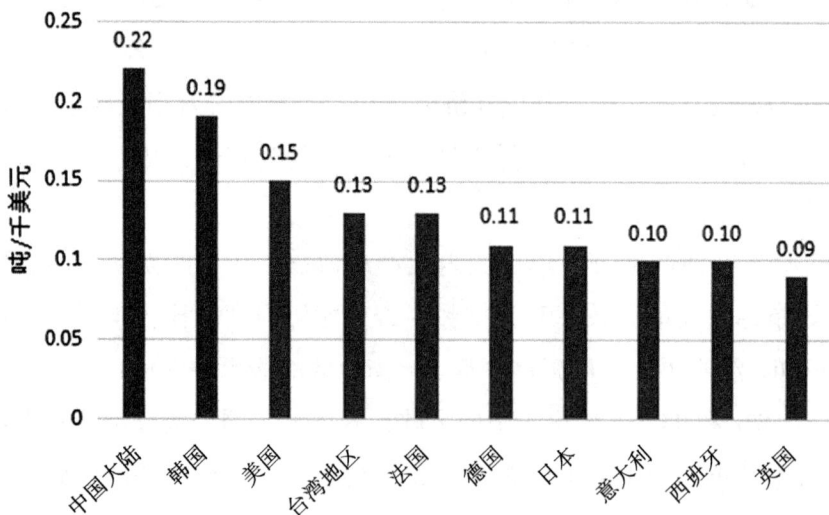

图 3-6　2013 年主要经济体的能源强度比较（经购买力平价调整）

资料来源：IEA，2015 Key World Energy Statistics

（四）二氧化碳排放

根据国际能源署（IEA）的资料显示，台湾 2011 年燃料燃烧的二氧化碳排放总量为 2.64 亿吨，占全球碳排放总量的 0.84%，全球排名第 23 位；人均碳排放量为 11.31 吨，居亚洲第二。如图 3-7 所示，1990—2010 年全球碳排放增长率为 47.03%，其中，《京都议定书》的附件一国家[①]增长了 27.08%，非附件一国家则增长了 64.86%，中国大陆的 CO_2 排放增长率则高达 2.67 倍。而这段时期，台湾地区也增长了 1.58 倍，高于全球大部分地区，主要原因是：首先，台湾的制造业，特别是能源密集产业的能源消费占总能源消费量的比重偏高，2016 年工业能耗占比为 38.4%；其次，台湾属于出口导向型经济体，出口占 GDP 的比重近 70%，而出口产品的隐含碳排放较高。因此，未来降低碳排放的主要方向在于产业转型和能源结构转型，即降低耗能产业和高碳能源的占比。

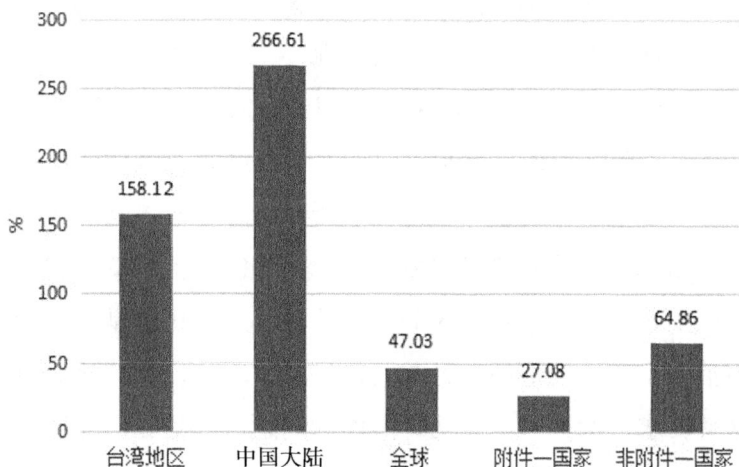

图 3-7 1990—2010 年碳排放增长率比较

资料来源：IEA, International Energy Agency. http://www.iea.org/。

---

① 《京都议定书》中的附件一国家指在 1992 年 5 月《联合国气候变化框架公约》中附件一所列的缔约方。

总体来说，从上述台湾能源经济指标的变化趋势可以发现台湾能源供给系统的脆弱性。从能源安全角度来看，由于进口依存度高，台湾的能源供应极易受到国际能源市场变动的影响，提高能源供应自主是台湾能源安全的一个重要课题；从能源结构来看，以化石能源为主的能源结构决定了资源稀缺和环境污染是台湾未来经济发展所面临的约束；从能源消费来看，台湾的能源消费总量和人均消费量日益增加，与经济增长并未脱钩；且与其他经济体相比，能源效率偏低，提升能源效率是促进节能减排是重要的方向。台湾的碳排放增长率较高，面对国际减排的压力将日益增大。因此，未来如何实现碳排放与经济增长的脱钩是需要着重考虑的问题。

二、台湾能源转型的必要性和迫切性

（一）台湾为海岛型经济体，能源自给能力严重不足

首先，台湾地狭人稠，自有能源匮乏，自20世纪90年代开始，能源进口依存度长期维持在95%以上，进口石油依存度更是高达99%；其次，台湾为孤岛型独立电网系统，缺乏有效的备援系统，一旦发生停电事故，无法从其他地区取得电力；再次，从前一部分台湾能源经济指标的变化趋势可以发现，台湾的能源消费总量和人均消费量日益增加，与经济增长并未脱钩；最后，工业仍然是台湾能源消费和电力消费量最大的部门，且与其他经济体相比，台湾的能源效率偏低。这就要求台湾必须深思两个方面的问题：一是如何提高能源供给的自主性是台湾实现未来永续能源发展的重要方向之一；二是如何促进能源转型和产业结构的优化，向低耗能的生产方式转变。

（二）能源进口渠道较为单一，能源安全体系极为脆弱

无论是供应来源还是供应价格，台湾地区的能源安全面临着越来

越严峻的形势。从供应来源的角度看，台湾地区的能源进口渠道较为单一，主要依赖中东及亚太地区。进口煤炭、石油、天然气的路线主要有三条：一是通过马六甲海峡，现阶段50%以上的煤炭、90%以上的原油以及几乎全部的液化天然气都要经马六甲海峡抵达台湾；二是走太平洋路线，将美国、加拿大及澳洲的资源输送至台湾；三是通过中国大陆及东北亚路线，将中国大陆以及俄罗斯的资源运输至台湾。运输路径集中在海运，替代线路不足，一旦遇到暴风等恶劣天气，能源供应就会受到影响。以燃气发电为例，台湾的发电燃料主要是进口自亚太地区的液化天然气（LNG），而这部分供应随时可能由于天气原因而中断，造成大面积的停电事故。从供应价格的角度看，由于能源进口价格受国际市场影响较大，一旦发生地缘政治事件，必然会大幅推高国际能源价格，加大台湾进口能源的成本负担。比如，福岛核电事故爆发后，日本大量增加了从亚太地区的天然气进口量，进而推高了亚太地区的整体气价。因此，能源安全体系的脆弱性使得台湾的产业特别是制造业，极易受到外部因素的影响，国际能源价格的波动、供应地区局势的动荡乃至天灾的影响，都会对岛内的经济稳定造成冲击。

（三）不合理的能源结构亟待调整

一方面，台湾的能源结构高度依赖化石能源，2016年的一次能源结构中，煤、石油、天然气等化石能源占92%（其中，石油占比高达48.9%），而可再生能源占比不到2%；电力结构中，煤、石油、天然气等火电占总发电量的比例为81.9%（其中，燃煤占比高达45.4%），而可再生能源仅占4.8%。以化石能源为主的能源结构不仅使台湾的能源对外依存度居高不下，还给台湾实现节能减排目标带来压力；另一方面，"去核化"的能源结构调整使台湾当局必须在环境污染和能源成本之间进行权衡。在2011年福岛核电站事故后，台湾电力发展逐渐进入一个"去核化"的发展阶段。然而，台湾水力资源丰枯期分布不均，高频率的台风暴雨以及高强度的地震给水电开发带来了极大难度（程念高等，2012）[①]，台湾岛内水力发电的发展空间受限。弥补核电缺口的办法只有加大火电比例或者增加可再生能源发电的比例，但是前者存在温室气体排放的问题，而后者则存在能源成本问题。

（四）环境污染问题日益严重，减碳压力迫切要求台湾的能源转型

台湾正面临着气候变化与水资源匮乏的全球环境危机，同时也遭受着经济发展所衍生环境质量持续恶化的挑战。近年来，台湾的环境污染事故频发，如云林六轻工业区的空气污染、2013 年高雄日月光废水事件、高雄林园工业区地下水污染等，这意味着，能源消费导致的环境外部成本日益增加。并且，以化石能源为主的能源结构导致台湾的碳排放增长率较高，人均碳排放与经济增长尚未脱钩，仍为高排碳社会。台湾地区的二氧化碳排放量呈现逐年增加的趋势，由 1990 年的 1.09 亿吨增加到 2016 年的 2.58 亿吨，增长了 1.36 倍。目前，台湾的人均碳排放居亚洲第一，远高于中国大陆和日本。2015 年 7 月，台湾颁布"温室气体减量及管理法"，明确长期减量目标为 2050 年温室气体[②]排放量降为 2005 年排放量的 50%。如果要实现到 2050 的碳排放目标，则人均碳排放量应减少到 5.4 吨，这意味着至少要减少 1.43 亿吨 CO_2 的排放，即大约 5500 万吨标准煤[③]的使用量。温室气体减量压力将直接冲击台湾的能源结构与产业结构，台湾需在环境保护、产业发展与能源供需等相关政策间，寻求台湾最有利的发展目标，降低经

① 程念高，罗锦华：《台湾电力与水电发展情况及启示》，《水力发电》2012 年 10 月第十期，第 3 页。

② 根据"温室气体减量与管理法"第三条："温室气体指二氧化碳（CO_2）、甲烷（CH_4）、氧化亚氮（N_2O）、氢氟碳化物（HFCs）、全氟碳化物（PFCs）、六氟化硫（SF_6）、三氟化氮（NF_3）及其他经中央主管机关公告者。"

③ 标准煤为能源的度量单位，即每千克标准煤为 29271 千焦耳（7000 千卡），按污染物减排计算，每燃烧一吨标煤排放二氧化碳约 2.6 吨，二氧化硫约 24 公斤，氮氧化物约 7 公斤。

济冲击。

本章小结

本章从可持续发展的理论出发，阐述了经济可持续发展对能源转型的要求及全球能源转型的背景，在分析台湾面临的能源问题的基础上，探讨了台湾能源转型的必要性。本章的主要结论如下：台湾的经济可持续发展面临着能源安全、资源稀缺、环境污染等约束。实现能源转型是台湾未来实现经济可持续发展的要求。台湾面临的能源问题决定了其能源转型的必要性和迫切性，主要体现在以下几方面：一是台湾天然资源蕴藏缺乏，能源进口依存度高，能源自给能力严重不足；二是能源进口渠道较为单一，能源供应易受国际形势影响，能源安全体系极为脆弱；三是以化石能源为主的能源结构决定了台湾面临着资源约束和环境压力；四是温室气体减排压力将倒逼台湾的能源转型。这也意味着，能源供应安全、国际能源价格的波动、温室气体减量压力及传统能源耗竭寻求替代能源日益迫切等课题，均直接冲击台湾的经济发展。如何有效掌握岛内外能源情势变迁，透过政策手段建立清洁、安全和稳定可靠的能源供应体系，兼顾成本与环保要求，是台湾未来能源转型的主要任务。

第四章　台湾经济发展阶段的能源消费与能源政策

第一节　台湾经济发展阶段的能源消费特点

一、台湾的经济发展与产业结构演变

（一）台湾的经济发展历程

台湾地区的经济发展在历经 20 世纪 50 年代的恢复后，在 60 年代后实现快速增长，并在其后较长时期内保持着高增长态势。20 世纪 60 年代，经济增长速度达到年均约 10%，20 世纪 70 年代与 80 年代仍保持较快的增长速度，年均增长率分别为 9.4% 与 8.1%。这一时期，台湾经济发展的特点是：在经济快速增长的同时，物价较为稳定、所得分配相对平均化（李非等，2009），产业结构也相应由农业为主导转变为新兴的工业化地区，创造了"台湾经济奇迹"。进入 20 世纪 80 年代中期以后，台湾经济进入转型发展的新时期，其标志为：一方面，经济发展由持续高速增长进入中速增长阶段，1991—2000 年平均经济增长率下降为 6.52%；另一方面，经济结构也由工业为主导向服务业为主导转变，自 1988 年起服务业占 GDP 的比重超过 50%，台湾地区开始进入所谓后工业化社会。产业结构由传统的劳动密集型产业转向技术密集型产业，以电子信息业为主的高科技产业取代传统的纺织、塑

胶等工业成为经济增长的新支撑点。与此同时，经济体制也在渐进的改革中朝向"自由化、国际化"发展。

自 1949 年以后，台湾地区经济发展主要经历了以下四个阶段：

1. 1949—1961 年，农业为主导的发展阶段。此阶段的台湾经济，农业部门无论在生产、就业或对外贸易方面均具有相当大的比重，工业则较为薄弱。台湾当局一方面继续重视农业发展，另一方面动员农业剩余，发展劳动密集型工业。在"以农业培养工业，以工业发展农业"的政策下，通过出口农产品赚取外汇，进口工业发展所需的机器设备及原料，再投入工业发展，使进口替代工业得以顺利发展。

2. 1962—1979 年，台湾经济的高速发展时期，也是工业为主导的阶段。在这一阶段中，台湾在工业化和城市化快速发展的同时，实现了 GDP 增长率年均 10% 的高速增长。1962 年，台湾的工业产值开始超越农业产值，进入工业化时代。从 1964 年开始，台湾地区的经济增长率开始出现两位数的成长（最高达 12.3%），并首次实现了贸易顺差，人均国民生产总值突破 200 美元。台湾当局在全台各地规划设置工业区，协助厂商取得工业用地，加速工业化。经历了两次石油危机后，台湾逐步由劳动密集型产业向资本与技术密集产业发展，通过增加出口产品的附加值，减轻对外贸易的依存度以促进经济结构的转型。

3. 1980—2000 年，台湾经济的中速发展时期，也是台湾产业升级、科技进步和向第三产业加速转移时期。这一时期，台湾经济保持了 20 年的中速增长（GDP 年均增长率约 7.3%），产业结构开始向服务型经济过渡，逐步迈向后工业化社会；生产形态从以传统的轻纺和石化工业为主导，逐步转向以技术密集和附加值较高的策略性工业为重点，并选择新的电子信息工业作为主导产业。1981 年，台湾新竹科学工业园区成立，电子、电脑、半导体产业开始发展，奠定了日后台湾信息产业的基础。到 2000 年底，科学园区总产值约占岛内制造业生产总值的 10%，而其中的电子信息产值则约占岛内电子信息产业的 30%，信息产业逐渐成为台湾的支柱产业。此阶段，台湾当局取消"戒严"，并于 1987 年开放大陆探亲，两岸经贸往来开始频繁。从 1991 年到 2005 年，台商到大陆投资高达 472.56 亿美元，大陆成为台商对外投资的首要地区，台湾经济正式迈入两岸经贸时期。

4. 2000 年至今，台湾经济进入低速增长时期。此阶段，台湾已经进入第三产业为主导的知识经济时代。但受世界经济增长趋缓、岛内外市场需求不振等因素的影响，台湾经济出现了 50 年来罕见的衰退，进入一个新的转折期，发展速度明显下降，从"中速增长"阶段转入"低速增长"阶段。目前台湾经济仍看不出在短期内有恢复较快增长的可能性，有可能在今后 10 年内仍将维持低速、平缓的发展态势。

（二）台湾的经济增长过程中的产业结构演变

从经济发展历程来看，台湾的经济增长经历了高速增长、中速增长和低速增长三个阶段；并且，经济增长与产业结构的变化密切相关，经济增长的过程也是产业结构转变的过程（李非等，2009）。认真研究台湾经济发展过程中的产业结构演变，可以看出台湾产业结构在经历了从农业主导到工业主导的转变后，迈向服务业主导的时代，逐步从工业化社会向后工业化社会发展，详见表 4-1。

在推进工业化的进程中，台湾当局采取"四步走"的策略：第一步，20 世纪 50 年代"进口替代"策略，通过发展纺织、肥料、水泥、玻璃、人造纤维等工业以代替进口商品，为 60 年代以后的加工工业发展奠定了基础；第二步，60 年代"出口扩张"战略，通过发展外销工业扩大出口，实现出口导向型经济；第三步，70 年代实行"第二次进口替代"的产业政策，通过积极发展资本密集型的重化工业及中间材料工业，实现部分原材料、零部件和生产设备的进口替代，促进产业层次由下游的加工工业向中上游原材料工业逐步升级；第四步，80 年代以来的"科技导向"策略，通过制定高科技产业规划，优先发展策略性工业和服务业，进而建立科技产业。产业结构成功地完成从劳动密集型向技术密集型的转型升级，高新技术产业迅速发展，精密机械制造和光电信息产业成为台湾的优势产业。

表 4-1　台湾经济发展阶段的产业结构演变过程

时期	经济发展阶段	产业结构的演变
1949—1961	二战后，经济恢复发展	以农业为主导，工业相对薄弱
1962—1979	经济高速增长	工业为主导，第三产业保持稳定
1980—2000	中速增长，向服务型经济过渡	第三产业主导，高科技产业蓬勃发展
2000 年至今	经济转型期：低速增长	信息产业为支柱产业

资料来源：作者自行整理。

伴随着经济的成长，台湾的产业结构也发生显著的变化。台湾"行政院主计处"的数据显示，80 年代以前，台湾产业结构表现为农业与工业在整体经济活动中地位的消长，而服务业则保持稳定。至 1963 年，台湾工业比重开始超过农业。80 年代初，服务业比重开始超过工业，经济结构开始向服务业主导迈进。到 1990 年，三次产业比重结构为 4.0∶39.3∶56.7[①]，服务业在经济结构中的优势地位明显加强，处于中等发达地区向发达地区转变的阶段。此后，工业比重趋于下降，服务业比重进入快速增长期，并逐步拉大与工业在 GDP 中比重的差距，并于 2001 年达到 68.78%，其产业结构已经达到发达经济体的水平。

2000 年以后，台湾经济进入低速增长，如何进行产业结构的转型升级以适应未来的挑战是经济发展所面临的一个重要问题。在产业结构转型方面面临的主要问题包括：产业外移的威胁、原有代工模式的困境、产业发展结构过于集中、企业规模小、服务业后劲不足。尽管台湾的产业结构已由制造业为主转变为以服务业对导向的经济，但制造业对经济增长的贡献仍具有重要的角色。过去十几年来，从晶圆代

———————
① 数据来源：台湾"行政院主计总处"。

工到电脑产业的模式显示出制造业的生产力具有举足轻重的作用。然而，以代工为主的模式由于可替代性强，面临着新兴经济体的竞争。在制造业的发展上，台湾目前已步入发展高科技工业时期，以资讯电子业为发展重心，在产值结构上，制造业也朝向电子零部件业明显集中，代表着资讯电子业的重要性与日俱增，目前面临的瓶颈是产业发展相当不均且企业规模较小，不具有市场竞争优势。另外，各产业在面临全球化的竞争压力下，多采用专业分工的经营策略，故仍需依赖服务业加以辅助，以提供更专业并具有效率的服务。以目前占比最高的服务业来看，由于服务业多为劳务形式，中间投入较低，因此对台湾其他产业的影响程度较低。在相关规定及管理、组织结构、技术不健全以及高素质人力资源不足的情形下，产业的转型升级需考虑如何进一步提升服务业发展的质量和专业性，并强化产业及研发服务、广告服务等连结，以促进市场定位朝向国际化发展。

二、台湾经济发展阶段的能源消费

（一）经济发展阶段中的能源消费特点

台湾自 20 世纪 50 年代开始发展石化产业，并推动造船、石化、钢铁业等大型基础设施建设。台湾的工业化进程始于 20 世纪 60 年代初，出口扩张的工业化政策推动了岛内工业的迅速发展。60 年代初到 80 年代中期，台湾工业产值以每年近 16% 的速度增长，成为经济的主导产业。1965—1985 年，台湾经济年均增长 10.1%，其中工业年均增长 16.2%，工业净产值占 GDP 的比例从 28.6% 上升到 44.9%，工业产品出口值占总出口值的比例从 46% 上升到 93.8%（张骥、韩晓彬，2000）。在工业化的进程中，台湾的城市人口在 60 年代急剧膨胀，城市规模日益扩大。城市人口占总人口的比例从 1952 年的 47.6% 增长到 1960 年的 50.2%，首次超过农村人口，至 1985 年达到 78.3%，逐渐形成了以台北、高雄两大城市为南北两地的核心，以基隆、新竹、台中、台南、嘉义等5个中等城市为各区域的中心，以小城镇为纽带的全岛范围的多层次的城市布局（李非，1987）。

工业化和城市化的迅速发展带动能源的大量需求，台湾的能源消费量由1965年的619万吨油当量增加到1985年的3435万吨油当量，年均增长率为8.9%。其中，由于在七八十年代台湾重点发展石化、钢铁、电力和交通等重化工业，重工业在工业中所占的比例从1950年的24.8%增长到1970年的44.7%，1975年的49.8%，到1980年达到54.5%（金泓汛、郑泽清等，1986）。高耗能产业的发展大幅增加了对能源的需求，1970—1980年的能源消费增长率高达11.4%。

80年代以后，台湾进行产业结构的调整和转型，经济逐步向技术密集型发展，城市化的进程减慢。到80年代末，服务业比例超过工业，成为经济的主导，能源消费的增长率也随之减慢：能源消费量从1986年的3733万吨油当量增加到2016年的1.12亿吨油当量，年均增长率为3.73%。

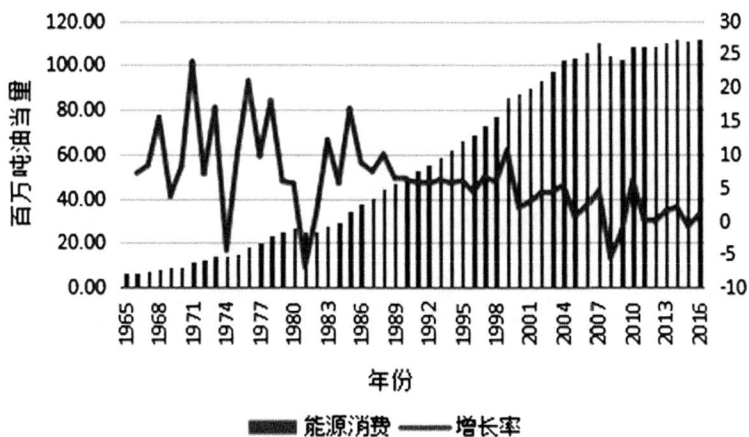

图4-1　台湾1965-2016年的能源消费及增长率

数据来源：BP Statistical Review of World Energy June 2007，英国BP公司网站，http：//www.bp.com。

（二）能源结构的变化

台湾的能源供给在 1965 年以前以煤炭为主，占全部供给结构中的 50% 以上，之后逐年下降，到 1967 年，石油占能源供给比例已超越煤炭，到 1977 年，石油的比重更达到 77% 的高峰。然而，历经 20 世纪 70 年代及 80 年代初的二次石油危机，在能源多元化的政策之下，石油占能源供给的比重近年来已降至 50% 以下。此后核电快速发展，1985 年，核能发电占总能源供给比例最高时曾达到 18.9%，1975—1985 年的 10 年电力大发展，新增的 1067 万千瓦发电装机容量中，核电占 48%。但是在没有新机组加入的情况下，核能发电的比重随其他能源供给量的增加有所下降。

与能源供给的结构相似，台湾的一次能源消费在 1965 年以前也以煤炭为主，但之后急剧下降，到 1967 年，石油占能源消费的比例超越煤炭，成为最主要的能源消费形式，最高曾在 1977 年达到 75.3%，之后下降到 1984 年的 50% 左右，然后在 40%—50% 左右波动；核电的比例从 1978 年的 2.6% 增长到 1985 年的 18.9%，之后开始逐渐下降，到 2016 年，一次能源消费中的 41.6% 为石油，34.4% 为煤炭，15.3% 为天然气，核电仅为 6.4%。

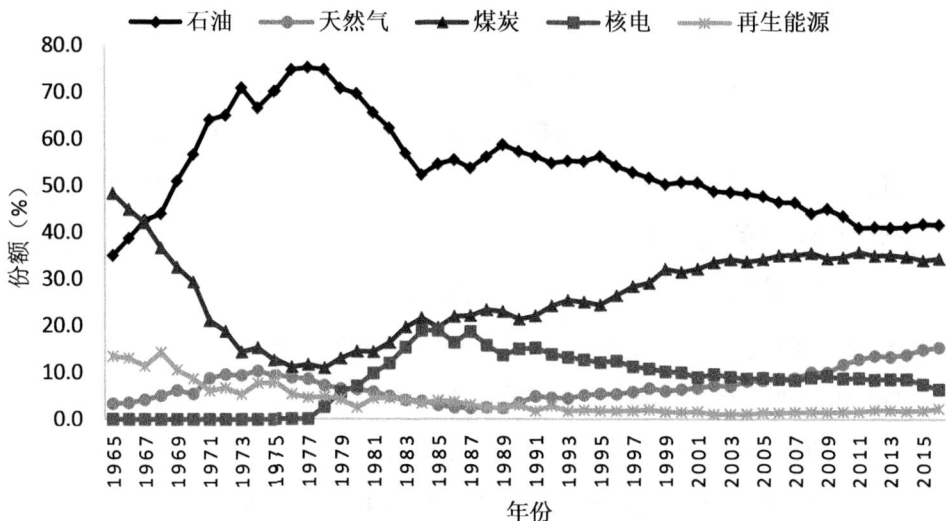

图4-2　台湾的能源供给结构（1965—2016）

数据来源：BP Statistical Review of World Energy June 2017，英国BP公司网站，http://www.bp.com。

以部门观察终端能源消费，工业部门为主要的能源耗用者，所占比例一直在60%左右，运输部门次之，并呈逐渐上升的趋势。住宅部门与服务业的能源耗用则随生活水平的提高与服务业产值的扩充而在比例上逐年扩充，在1975—1995年，服务业以11.4%的年平均成长率最高，其次为运输部门的9.1%。工业的比例尽管有所下降，但仍是耗能大户，2016年，能源消费结构中，工业能源消费仍占比51.8%，其次为运输业，占比16.8%，服务业和住宅业各占比15.1%。

（三）能源强度的变化

从能源强度的变化趋势来看，大致可以分为三个阶段：

1. 第一阶段（1965—1985年）：这段时期台湾处于工业化和城市化进程中，能源强度基本在0.4—0.5千克油当量/美元之间波动，其中，80年代初由于受石油危机的影响，能源强度曾下降到0.4千克油当量／美元左右；

2. 第二阶段（1985—1992 年）：这段时期随着台湾产业结构的转型，服务业比重超过工业，城市化进程减慢，能源强度处于快速下降的趋势，从 1985 年的 0.477 千克油当量／美元下降到 1992 年的 0.265 千克油当量／美元，年均下降率为 8.7%；

3. 第三阶段（1992—2016 年）：这段时期的能源强度基本在 0.25—0.35 千克油当量／美元之间波动，其中，1992—2002 年，由于高科技产业的蓬勃发展，能源强度有所上升（从 0.265 千克油当量／美元逐步上升到 0.362 千克油当量／美元）；2002 年以后，随着经济低速增长，能源强度趋于下降，到 2016 年，降为 0.244 千克油当量／美元。

图 4–3 台湾能源强度的变化（1965—2015）

数据来源：台湾 GDP 数据来自台湾"行政院主计处"，能源消费数据来自 BP Statistical Review of World Energy June 2017，实际 GDP 以 1990 年不变价计算。

三、能源消费的国际比较

（一）工业化阶段的能源需求增长率最高

从美国、日本和台湾地区经济发展过程的不同发展阶段来看，工业化阶段是经济快速发展的阶段，也是能源消费增长率最高的阶段。在工业化阶段，工业是国民经济的主导，工业资本积累推动了城市化的快速发展，而城市化发展要求大规模基础设施建设，带动了对钢铁、水泥等高耗能产品的需求。工业化和城市化进程共同促进了能源需求的快速增长。如表4–2所示，美、日、台在工业化阶段的能源需求年均增长率分别为2.71%、9.09%和10.17%。

表4–2　美国、日本和台湾地区不同发展阶段的能源消费变化

单位：%

发展阶段	时间	GDP年均增长率	一次能源消费年均增长率	人均能源消费年均增长率
美　国				
工业化阶段	1890—1950	6.61	2.71	1.21
工业化后期阶段	1950—1980	4.40	2.42	1.12
信息化阶段	1980—至今	2.67	0.73	0.05
日　本				
工业化阶段	1950—1970	10.32	9.09	7.91
工业化后期阶段	1970—1980	4.51	2.40	1.25
信息化阶段	1980—至今	1.99	0.69	0.39
台湾地区				
工业化阶段	1960—1980	10.36	10.17	7.69
工业化后期阶段	1980—1990	5.72	7.29	5.11
信息化阶段	1990至今	2.18	3.18	2.61

数据来源：工业化阶段划分根据文献整理。美、日、台1965年以后的能源消费数据来自BP 2007，GDP和人口数据来自世界银行；对于更早期的数据，来自美国能源署网站和日本统计局网站。

（二）能源需求增长率呈现阶段性递减的趋势

如表 4-2 所示，美国、日本和台湾地区在经济发展的不同阶段，能源消费增长率伴随着 GDP 增长率的变化，也呈现出阶段性递减的趋势：工业化阶段的能源消费增长率最高，其次是工业化后期阶段，增长率最慢的是信息化阶段。

能源消费增长率不同的主要原因在于各阶段的产业结构差异所致。随着产业结构的调整，能源消费增长率逐渐下降。美国于 20 世纪初开始发展工业，第二产业上升为主导产业，其增加值占 GDP 的比例在 53% 左右。20 世纪 70 年代以后，第二产业比例逐渐下降，第三产业大幅度上升。日本则在 20 世纪 50 年代至 70 年代初，推行重化工业化战略，构筑了以重工业为核心的工业结构；70 年代后向知识密集型产业结构转变，第二产业比例逐步下降，第三产业比例明显提高。台湾的工业化进程始于 20 世纪 60 年代初，至 80 年代后，产业结构向第三产业转移，城市化进程减慢；90 年代后，第三产业成为主导产业，能源消费增长率进入低速增长。

（三）后发国家（地区）由于工业化进程缩短，能源需求的年均增长率更高

日本和台湾地区的工业化阶段和工业化后期阶段的时间跨度都远小于美国，美国在工业化和工业化后期阶段分别历时 60 年和 30 年，而日本和台湾地区则在这两个阶段分别只用了 20 年和 10 年。不同经济体的经济发展历程由于经济的基本规律而体现共性的同时，也由于所处历史阶段的不同而表现出了独有的特性。由表 4-2 可以看出，日本和台湾地区的工业化速度快于美国，这主要是技术进步的结果。日本和台湾地区的工业化进程在美国之后，技术的进步和推广大大缩短了二者的工业化时间，美国的发展也为日本和台湾提供了经验和教训。另一方面，经济全球化为加速工业化发展速度提供了可能，使得日本

和台湾可以缩短工业化的时间跨度。由于工业化进程缩短，为满足工业化所需的能耗量，能源需求的年均增长率将大幅提高。日本、台湾地区在工业化阶段的能源需求年均增长率分别为 9.09% 和 10.17%，远高于美国的年均增长率（2.71%）。

（四）即使进入信息化阶段，能源需求仍保持增长

进入信息化阶段后，尽管经济发展进入低速增长阶段，产业结构以服务业为主，但能源需求的增长率仍为正。如表 4–2 所示，美、日、台在进入信息化阶段后，GDP 年均增长率分别下降为 2.67%、1.99%、2.18%，能源消费增长率分别下降为 0.73%、0.69%、3.18%。尽管增速下降，能源需求仍然保持增长的趋势。从美国、日本的经验可以看出，尽管未来台湾的经济发展可能处于长时期的低速增长阶段，能源需求的增长率下降，但能源需求总量仍处于增长的趋势。

台湾的经济可持续发展面临能源安全、资源稀缺、环境污染等约束，而未来台湾的能源需求仍将保持增长的趋势。那么，未来台湾的经济增长需要多少能源？在能源转型过程中能不能有足够的能源支持未来的经济增长？如何保证足够的能源？本章的下一节将通过建立能源需求的计量经济模型预测台湾未来的能源需求。

第二节 台湾中长期能源需求预测

一、能源需求的经济模型构建

本部分通过建立一个能源需求的宏观经济模型来预测中长期台湾的能源需求。能源既是一种生产要素，又是一种生活资料。在生产活动中，厂商以能源作为原材料进行生产，这种生产性需求会随着生产规模的扩大而增加。消费者在生活中消费能源以满足自身需求，此种

生活性需求会随着消费者收入水平的提高而上升。从需求函数出发，能源需求主要取决于能源价格和收入水平。王锋等（2011）认为面对能源资源的日益耗竭和价格上涨，人们有动机提高能源利用效率促进节能减排以降低能源需求。因此，经济增长、产业结构和人口增长都会影响能源需求。基于以上简要分析，并借鉴已有文献的研究结果，本研究主要考虑以下五个因素来解释台湾的能源需求。

（一）能源需求的影响因素

1. 国内生产总值

经济的快速增长拉动能源需求的急剧增加。GDP除了能反映国民收入水平外，还包含了经济增长的信息，众多文献的研究结论认为能源需求与GDP之间具有显著的正相关关系（如林伯强，2003；何晓萍等，2009）。本书把GDP引入能源需求函数，以解释经济增长对能源需求的影响，并将当年价格计算的GDP换算为以2011年价格计算的不变价GDP

2. 能源价格

根据需求函数的定义，能源价格是影响能源需求的重要因素。台湾的能源价格机制并未完全市场化，能源价格基本由政府制定和管制，没有充分反映市场供求信息和资源稀缺、环境影响，能源价格整体偏低。关于能源价格数据的选取，由于台湾没有统计综合的能源价格指数，本书采用主要能源（石油、天然气）的价格指数与它们在一次能源消费中所占的比例进行加权所得的指数作为能源价格指数，并将数据转换为以2011年为基期的定基比价格指数。

3. 产业结构

库兹涅茨和钱纳里认为工业化和城市化是经济社会两个最根本的结构转变，人均收入的上升、工业化的演进导致产业结构的转变。一般来说，工业化过程具有三个基本特征：一是国民收入中第二产业所占比例的提高；二是在第二产业中的就业人口比例增加；三是在这两种比例提高的同时，整体的人均收入也增加。王锋等（2011）认为这三个基本特征实质也对应着另外三层含义，即经济结构的调整、城镇化进程的推进及人均收入的提高，从能源需求的角度来看，这三个方面正是影响能源需求的重要因素。因此，工业化水平是一个综合三方面信息的解释变量，应该被引入到能源需求函数中。

如图4-5所示，尽管自20世纪80年代中后期开始，台湾已向服务型经济过渡，产业结构以第三产业为主导，但工业仍然是台湾能源消费量最大的行业。2016年，工业的能源消费占总能源消费量的37.2%，而服务业的能源消费仅占总能源消费的10.8%。而且，自2002年起，工业增加值占GDP的比重开始上升，从2001年的29.4%上升到2016年的34.8%。因此，本书用工业增加值占GDP的比例反映台湾产业结构的变化。能源消费与工业增加值占GDP的比例之间应该存在着正相关的关系。

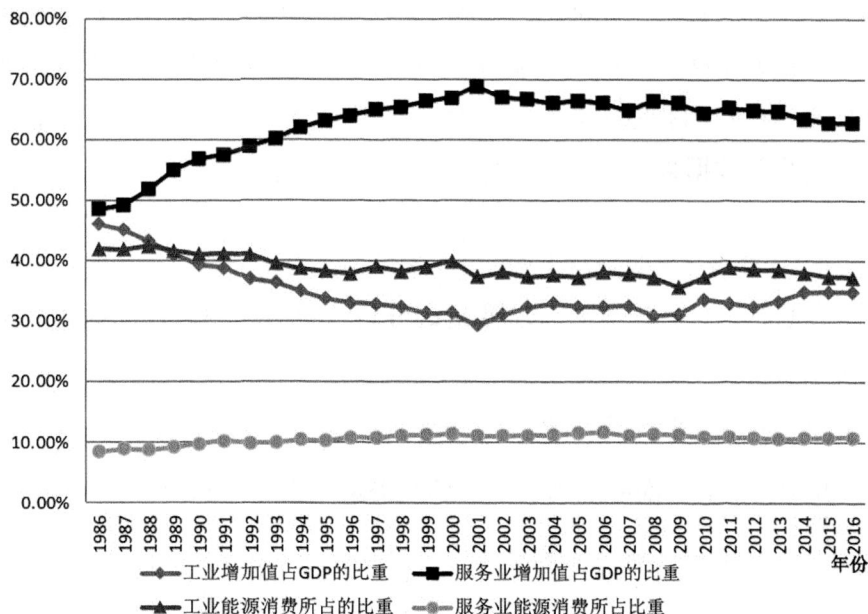

图4-4　台湾工业、服务业部门的增加值及能源消费所占的比重

4. 人口增长

能源消费的最终目的是为了满足人们对物质产品和服务产品的需要。从理论上讲，人口增加，能源需求上升。林伯强（2003）及王锋（2011）都把人口数量引入到能源需求函数中，得出结论表明人口是影响能源需求的一个显著因素。因此，在研究能源需求时，人口增长率是不可忽视的一个重要变量。

5. 能源效率改进

面对能源资源的日益耗竭、环境污染和能源价格的上涨，政府和厂商都有动力提高能源利用效率促进节能减排。1986—2016 年，台湾的能源强度[①]（即单位 GDP 能耗）一直保持下降趋势，由 10.84 公升油当量／千元下降为 7.36 公升油当量／千元，这说明了提高能源效率对节能有显著的积极影响。随着技术的进步以及节能政策的实施，能源消费与能源效率之间应该是负相关的关系。由于台湾工业部门的能源消费量所占比重最高，因此，工业部门的能源效率最能反映能源利用水平。本书用台湾工业部门的能源生产力指数作为能源利用效率指标。

以上所提及的变量中，能源消费量、各种能源的价格指数、工业部门能源生产力指数来自台湾"经济部能源局"，GDP、工业增加值、人口数量等数据来源于台湾"行政院主计总处"。

（二）能源需求模型的建立

根据以上对影响能源需求变量的分析，台湾能源消费的函数表达式为：

$$Q_t = f(GDP_t, S_t, POP_t, E_t, P_t) \qquad (4-1)$$

其中 Q_t 表示一次能源消费量；GDP_t 表示国内生产总值；S_t 表示工业

[①] 能源强度以每产生千元 GDP（国内生产总值）所消耗掉的能源表示。单位 GDP 能耗是反映能源消费水平和节能降耗状况的主要指标。本书的单位能耗是以 2011 为基准年计算得到。

增加值占 *GDP* 的比例；*POP* 表示人口增长率；E_t 表示能源效率，用工业增加值 / 工业的能源消费量来表示；P_t 表示能源价格。为消除异方差的影响，对除人口增长率以外的各变量取自然对数，分别记为 *LQ*，*LGDP*，*LS*，*LE* 和 *LP*。具体的表达式为：

$$LQ = \beta_1 LGDP + \beta_2 LS + \beta_3 POP + \beta_4 LE + \beta_5 LP + c \tag{4-2}$$

1. 统计检验

协整关系描述了两个或多个非平稳时间序列的长期均衡关系。协整定义可规范地表述为：如果向量 $xt = (x1t, x2t, \cdots, xnt)$ T 的所有序列都是 *d* 阶积分过程 *I*（*d*），而且存在向量 $\beta = (\beta1, \beta2, \cdots, \beta n) \neq 0$，使得 $zt = \beta' xt \sim I(d\text{-}b)$，其中 $b > 0$，那么向量 *xt* 就是 *d-b* 阶协整，记为 $xt \sim CI(d, b)$，向量 *xt* 称为协整向量。

对变量之间的协整性检验，从检验的对象上可以分为两种方法：一种是恩格尔和格兰杰（Engle、Granger，1987）基于回归残差的单位根检验（简称 E-G 两步法），如果自变量和因变量存在着协整关系，因变量不能被自变量所解释的部分构成的残差序列应该是平稳的。此方法隐含地假设变量之间只存在一个协整关系，不适用多变量系统；另一种是约翰森（Johansen，1995）与约翰森和朱瑟刘丝（Johansen、Juselius，1994）提出的基于回归系数的的最大似然估计法。此方法以多元 VAR 为基础，允许变量之间的即时相互反馈作用，并允许多个变量以不同的速度对扰动项进行反映与调整，使得系统向长期均衡靠近。因此，该方法是较为理想的方法。

Johanse 协整关系的检验统计量主要有 Trace 统计量和 Max － Eigen 统计量。Trace 统计量的原假设是存在 r 个协整关系，备选假设是存在 k 个协整关系。计算关系为：

$$\lambda_{trace} = -T \sum\nolimits_{i=r+1}^{\xi} \ln(1 - \lambda_i) \tag{4-3}$$

其中，r 为假设的协整关系个数，λ_i 为 Π 的第 i 个特征值的估计值。对应的零假设是 H_0：协整关系个数小于等于 r。备选假设是 H_1：协整关系个数大于 r。λ trace 实际上是一个联合检验：

$$\lambda_{r+1} = \lambda_{r+2} = \cdots = \lambda_{\xi} = 0 \qquad (4-4)$$

如果 λ trace 大于临界值，则拒绝零假设，说明存在的协整个数大于 r，这时应继续检验新的零假设：协整关系个数小于等于 $r+1$，…，直到 λ_{trace} 小于临界值，假定此时的零假设关系协整关系个数为 n（n<g），则 n 就是协整关系的个数。整个检验过程从 0 开始。

Max-eigen 统计量的原假设是存在 r 个协整关系，备选假设是存在 r+1 个协整关系。计算关系为：

$$\lambda_{max}(r, r+1) = -T \times LN(1 - \lambda_{r+1}) \qquad (4-5)$$

最大特征值检验对应的零假设是 H_0：协整关系个数等于 r。相应的备则假设是 H_1：协整关系个数为 $r+1$。当 λ_{max} 大于临界值时，拒绝协整关系个数等于 r 的原假设，重新检验直到 λ_{max} 小于临界值，此时不能拒绝零假设，假定此时的零假设是协整关系个数为 q，则得出结论：协整关系个数为 q，因为特征值是从大到小排列的，如果 $\lambda_{max}(r, r+1)$ 不显著，那么 $\lambda_{max}(r+1, r+2)$，$\lambda_{max}(r+2, r+3)$…也都是不显著的。

（1）单位根检验

由于大多数经济变量都是非平稳的时间序列，如果对非平稳的时间序列直接进行 OLS 回归，则会产生伪回归现象。根据协整的定义，建模前必须首先检验各变量的平稳性。ADF 检验法和 PP 检验法是实践中常用的两种单位根检验方法，若模型包含差分项，需要反映动态结构，一般用 ADF 检验法；若模型只描述了水平变量的关系，对随机干扰项只做了一般假设，那么可选用 PP 检验法。本书同时采用了 ADF（Augmented Dickey-Fuller）和 PP 单位根检验法，若用样本计算的 ADF 值（PP 值）＞临界值，则 H_0 不能被拒绝，结论是 Y 非平稳。ADF 值（PP 值）＜临界值，则 H_0 被拒绝，结论是 Y 平稳。检验结果如表 4-3 所示，所有的变量序列的水平值都是不平稳的，而其一阶差分在 5% 的显著性水平下是平稳的，因此所有的变量满足构造协整方程的条件。下面将检验这一协整关系是否存在。

表 4-3　对时间序列的单位根检验

序列	水平统计量		一阶差分统计量	
	ADF	PP	ADF	PP
LQ	−0.344	3.412	−1.957**	−2.033**
LGDP	−1.735	−2.001	−5.408***	−10.480***
LS	−1.391	−1.577	−5.426***	−7.767***
POP	−2.013	−2.179	−4.916***	−4.916***
LE	−0.896	−0.870	−5.590***	−5.587***
LP	−1.726	−0.891	−3.978***	−4.032***

注：1. 趋势假设：检验方程仅包含截距项。

2. *、** 和 *** 分别代表 10%、5% 和 1% 的显著性水平下拒绝原假设。原假设是存在单位根。

（2）Johansen 协整检验

Johansen 协整检验的结果对模型中变量的滞后长度相当敏感，因此选择准确的滞后长度很重要。通用的处理方法是首先用不经过差分的数据估计向量自回归（VAR）模型，然后运用与传统 VAR 模型一样的滞后长度进行协整检验。在建立 VAR 模型时，由于受到样本容量的限制，可以选择的 VAR 模型最大滞后长度为 3。但对建立的 3 阶 VAR 模型进行滞后结构检验时，发现滞后 3 阶的 VAR 模型不稳定。因此把滞后长度缩短为 2 阶，对 2 阶 VAR 模型进行滞后结构检验，其中输出的 AR 根图形中的所有单位根都落于单位圆内，这表明所建立的滞后 2 阶的 VAR 模型是稳定的。滞后长度选择标准的结果也表明，LR、FPE、AIC、SC 和 HQ 统计量都选择滞后长度为 2。因此，本文把 VAR 模型的滞后长度最终确定为 2。

进行 Johansen 协整检验时，滞后间隔（Lag interval）设定是指在辅助回归中的一阶差分的滞后项的设定，而不是原序列。由于上文针对原序列建立的 VAR 模型的滞后长度为 2，所以协整检验时的滞后间隔设定为"1 到 1"。根据以上设定，协整检验的结果见表 4-4。

表 4-4　Johansen 协整检验结果

原假设 CE 数量	Trace 统计量	5%临界值	极大特征值 统计量	5%临界值
None	121.6095*	95.7537	47.6684*	40.0776
At most 1	73.9411*	69.8189	27.8010	33.8769
At most 2	46.1401	47.8561	16.7493	27.5843
At most 3	29.3908	29.7971	13.0798	21.1316
At most 4	16.3110	15.4947	10.2155	14.2646
At most 5	6.0955	3.8415	6.0955	3.8415

注：1. * 表示5%的显著性水平下拒绝原假设，原假设是不存在协整关系；

　　2. 趋势假设：时间序列数据存在线性确定性趋势，协整等式只有截距项。

　　3. 滞后间隔：1 到 1 。

以上的协整检验结果表明，变量之间存在着协整关系。经过标准化的协整方程如下（括号为标准差）：

$$LQ = 0.7799LGDP+0.1574LS+0.2294POP-0.1304LP-0.2580LE-6.3078 \quad (4\text{-}6)$$
$$(0.0246) \quad (0.0452) \quad (0.0195) \quad (0.0297) \quad (0.0411)$$

上述方程反映了 1986—2016 年台湾的能源消费与 GDP、工业比例、人口增长、能源价格和能源效率之间的长期均衡关系。协整方程中各解释变量的系数是显著的，而且系数的符号均与理论预期相同。

从协整方程的结果可看出，经济增长对能源需求的影响最大，

GDP 每增长 1%，能源需求将增加 0.78%，也就是说能源需求对经济增长的长期弹性系数为 0.78；其次是能源效率对能源需求的影响，能源效率与能源需求负相关，能源效率每提高 1%，能源需求就会减少 0.258%，这一结果与前文的理论预期一致；人口增长率的影响位居第三，人口每增长 1%，能源需求将增加 0.229%；工业增加值占 GDP 的比例每上升 1%，能源需求就增加 0.157%。能源价格对能源需求的影响在五个变量中最小，其长期弹性系数仅为 -0.13。可见，在 1986—2016 年，能源价格的变动对能源需求的影响比较小，主要原因是台湾的能源价格机制并未完全市场化，能源价格受政府管制，导致价格不能反映能源的市场供需情况和能源的耗减成本。尽管长期弹性系数较小，但统计检验表明其结果仍然是显著的。

二、台湾能源需求的中长期预测

（一）各解释变量的情景设定和趋势预测

为了研究未来能源消费的趋势，本书将预测 2017—2040 年台湾能源消费的长期需求。首先是对各变量的情景设置：

第一，经济增长。1986—2016 年台湾 GDP 的年均增长率为 5.80%，但 2000 年以后，台湾经济进入了低速增长时期，2000—2016 年台湾的 GDP 年均增长率仅为 3.27%，而 2016 年，台湾地区实际增长率只有 1.48%。从目前情况来看，台湾地区未来的经济形势并不乐观，李非、胡少东（2009）指出台湾经济中长期趋势可能出现 L 型走势，即转入"长衰期"。本书汇总了能检索到的一些研究机构的预测结果，如表 4-5 所示，台湾"行政院主计处""中央研究院"、中华经济研究院等机构对 2017 年台湾经济增长率的预测在 2.1%—2.2%。台湾"国发会"发布的"国家发展计划"则预测 2017—2020 年台湾的 GDP 年均增长率在基准情形下为 2.37%，在积极政策方案下为 3.00%，若考虑

到下行风险 [①] 则为 2.50%。因此，本书在上述研究报告的基础上，结合近 5 年台湾的经济发展情势，对已有的研究结论进行调整，并对 GDP 增长率的设定延伸到 2040 年。借鉴何晓萍等（2009）的研究思路，本书把台湾未来经济增长设定为高速、中速和低速三种情景（详见表 4–5），并把每一个情景划分为三个时间段，在三个时间段里经济增速是逐段递减的，以求更为全面地分析经济增长对用电需求的影响。

表 4–5　2017 年台湾地区经济增长率预测

单位：%

机构	"主计总处"	"中央研究院"	台湾经济研究院	中华经济研究院
2017 年	2.13	2.18	2.08	2.14

2017—2020 台湾地区经济增长率预测（"国发会"）

基准方案		积极政策方案		积极政策方案 + 下行风险	
2017—2020	2017	2017—2020	2017	2017—2020	2017
2.37	1.87	3.00	2.50	2.50	2.00

资料来源：本研究整理。其中，各机构的预测数据来源于各机构网站，2017—2020 年经济增长率预测来源于台湾"国家发展委员会"网站。

　　第二，产业结构。2013 年 2 月台湾"经济部能源局"的"全国长期负载预测与电源开发规划"数据显示：台湾的工业增加值占 GDP 的比重由 1981 年的 43.83% 下降到 2001 年的 29.37%，服务业比重则由 48.82% 上升到 68.78%；但 2001 年以后，台湾的工业比重开始上升，到 2016 年上升到 34.82%。根据整体变化趋势静态推测并结合台湾"经济部能源局"（2013）[②] 的预测，本书预计未来台湾工业增加值占 GDP 的比重将由 2016 年的 34.82% 缓慢上升到 2040 年的 37.22%，

---

① 下行风险根据 IMF 2016 年 10 月公布的《全球经济展望报告》。
② 台湾"经济部能源局""全国长期负载预测与电源开发规划"，2013 年 12 月。

即未来 23 年将以年均 0.1 个百分点的速率上升。

第三，人口增长。"人口老化"与"少子化"已渐成为全球发达国家（地区）的共同现象，台湾也不例外。台湾"行政院主计总处"的数据显示 1986—2006 年台湾的人口增长约 350 万，其中，近 10 年仅仅增长了 70 万[①]。台湾"国家发展委员会""人口推估"报告显示，台湾地区的人口数量预计于 2021—2025 年出现负增长，在这期间将达到人口数量最高峰为 23.7 百万人—23.8 百万人，比 2016 年增加 12 万—26 万人。根据该预测的结果，台湾未来的人口增长分为高速、中速、低速三种方案。

第四，能源价格。能源价格的变动是一个随机过程，其复杂性不仅取决于能源供求和变化等因素，而且与市场的参与主体、市场微观结构以及国家的宏观调控政策有关，所以对能源价格的未来变动趋势，不能简单地假设其遵循一个固定的速度增长。由于台湾的能源价格还受到行政管制，可预测性较差。因此，参考"经济部能源局"对能源价格的预测，本书以 2016 年的实质电价为基准，将未来台湾的能源价格调整设定为零增长[②]。

第五，能源效率。本书以台湾工业部门的能源生产力指数来衡量能源效率。根据 1986—2016 近 30 年能源效率的变化趋势预测 2017—2040 年的能源效率的变动。通过计算，1986—2016 年，台湾的能源效率年均增长率为 1.84%。并且，自 2001 年以后，增长速度提高，2001—2016 年的年均增长率为 4.55%。但随着能源效率的提高，未来的节能空间有限，增长幅度将会减慢。因此，根据工业能源效率的历史变化趋势，设定 2017—2025 年台湾的工业能源效率以年均 2% 的速度增长，之后每 10 年以 0.5 个百分点的速度递减，详见表 4-6。

根据以上假设，推算出主要解释变量的历年平均变化率，总结如

---

① 数据来源：台湾"行政院主计总处"。
② 零增长代表未来名义能源价格将随物价波动而进行调整，采用实质能源价格零增长有利于简化能源价格调整的不确定因素。

表 4-6 所示：

表 4-6　主要解释变量的增长率设定

时期	2017—2025	2026—2035	2035—2040	增速
	3%	2.5%	2%	高
GDP	2.5%	2%	1.5%	中
	2%	1.5%	1%	低
	0.14%	0.11%	0.04%	高
POP	−0.14%	−0.23%	−0.36%	中
	−0.41%	−0.55%	−0.70%	低
E	2%	1.5%	1%	—

注：POP 指人口增长率，E 代表能源效率。

（二）预测结果

根据上文模拟的协整方程结果及上述假设，能源消费总量和年均增长率的预测结果如表 4-7 所示。预测结果表明，在经济高速、中速、低速增长情景中，能源需求将分别以年均 2.6%、2.3%、2.1% 的速度增长。到 2025 年，三个经济增长情景中的能源需求量将分别上升为 137.4、134.4 和 132.8 百万吨油当量；到 2040 年，三个经济增长情景中的能源需求量将分别达到 192.6、181.7 和 171.7 百万吨油当量。

表 4-7　2020—2040 年台湾能源消费量预测值

单位：百万吨油当量；%

年份	能源消费量预测值			年均增长率		
	高速	中速	低速	高速	中速	低速
2020	122.1	121.1	120.7	3.8	3.6	3.5
2025	137.4	134.4	132.8	2.4	2.1	1.9
2030	153.1	148.2	144.7	2.2	2.0	1.7
2035	172.6	165.2	158.7	2.4	2.2	1.9
2040	192.6	181.7	171.7	2.2	1.9	1.6

通过表 4-7 可以看出，尽管经济增长速度的减缓和能源效率的改

进使能源需求的增长率总体呈下降的趋势，但整体的能源需求总量仍保持增长的趋势，这与上一节的预期结果一致。预测结果中不同经济增长水平下的能源需求差异较大，并呈逐年扩张的趋势。2025 年和2040 年，经济较高增速下的能源需求分别比较低水平下多 500 万吨和2000 万吨油当量，这说明较高的 GDP 增速需要更多的能源作为支撑，能源效率的提高和技术进步的节能不足以大幅度减少能源消费。在未来的时期内，伴随着经济增长，台湾的能源需求总量仍将保持增长的趋势。

第三节　台湾的能源政策演变及分析

一、早期台湾能源政策的演变历程

在第一次石油危机以前，台湾尚未形成清晰的能源理念和系统的能源政策。1963 年，台湾"行政院经济合作发展委员会"成立"能源规划发展小组"，具体负责台湾能源发展相关工作。1968 年，台湾制定了"台湾地区能源发展原则"，确定了"以发展工业为目标，鼓励能源的探勘开发及经济使用、保持能源的稳定与廉价供应为手段"的能源发展计划，并于 1970 年成立了"经济能源政策审议小组"。

1973 年第一次石油危机后，台湾"行政院"首次核定颁布了"台湾地区能源政策"（共 42 条），主要内容包括"稳定供应、能源来源多元化、鼓励核电、倡导节能"等方面。1979 年第二次石油危机后，台湾当局对首次颁布的能源政策进行第一次修订，将能源政策分为能源的开发与供应、能源价格、能源的运储、能源的利用与节约、防治能源对环境的污染、能源的研究发展以及准备能源"立法"及执行机构等七个部分，并于同年成立了"经济部能源委员会"，全面负责制定和监督执行能源政策。1984 年台湾第二次修订能源政策，核心是强调节能、增加自产能源供给、鼓励煤炭消费以减少对石油的依赖，制定了积极储备进口液化天然气的政策。1990 年，台湾第三次修订能源政策，其中，包括 LNG 发电、汽电共生、核废料处理、节约能源及教育宣导等政策。此次修订突出了防止污染环境、强调进口煤炭来源地的多元化、用经济手段奖励离峰用电、不鼓励发展高耗能工业等。1996 年，为适应能源产业自由化、民营化与国际环保趋势，台湾第四次修订能源政策，修订为 6 大政策方针、17 项政策条文及 54 条执行措施，总目标是建立自由、秩序、效率、洁净的能源供需体系，能源政策的重点转向"能源产业自由化及民营化、重视环保安全"（杜强，2007）。

为应对 1997 年底《联合国气候变化框架公约》缔约国大会通过的温室气体排放减量及相关决议，台湾在 1998 年召开的"能源会议"明确提出，发展太阳能、风能等可再生能源，并于 2000 年开始实施再生能源五年示范推广计划。2002 年台湾行政主管部门核定施行"再生能源发展方案"，并由"立法院"审议"再生能源发展条例（草案）"实施细则，并把再生能源列入"挑战 2008 国家发展重点计划"予以重点扶助。2004 年，台湾在原能源管理机构的基础上正式成立了"经济部能源局"，主要职责为拟订能源政策、法规；进行能源供需预测与规划；审核能源开发、生产、运储、分配、销售等相关事务，发展再生能源以及推动能源事业的自由化。为规划二氧化碳减量目标、时间安排及应对措施，台湾于 2005 年 6 月再次召开了能源会议，拟定了 191 项具体行动方案，包括将采取的具体行动方案、推动计划、相关措施及完成具体行动方案的时间等。

二、台湾近年的能源政策

（一）2011 年日本福岛事故发生之前的能源政策

2008 年 9 月 4 日，台湾"行政院"核定"永续能源政策纲领"与推动节能减碳计划，并依据台湾能源会议的结论与共识，推动低碳家园为主轴，以追求永续发展为目标，兼顾"能源安全""经济发展"与"环境保护"。具体目标包括提高能源效率、发展洁净能源、确保能源供应稳定三方面，以创造能源、环保与经济的三赢目标，详见图 4-6。

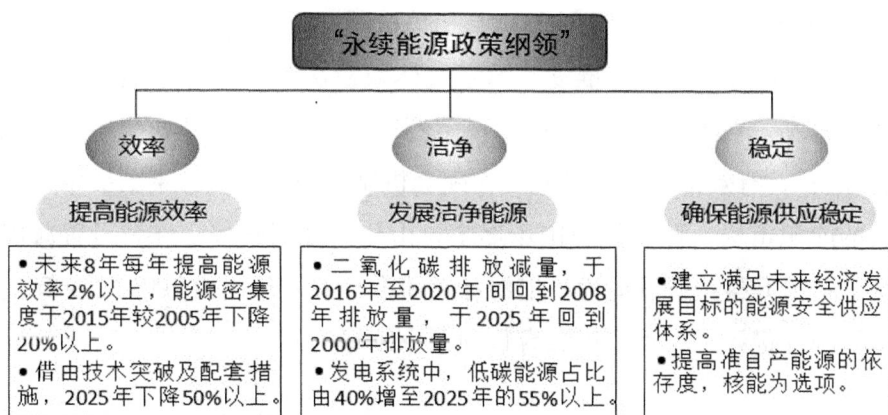

图 4-5　台湾"永续能源政策纲领"

资料来源：台湾"经济部能源局"，"永续能源政策纲领"（核定本），2008 年 6 月。

在具体政策措施方面，主要包括以下三个方面[①]：

1.推动能源结构改造与效率提升

积极发展再生能源，于 2025 年占发电系统的 8% 以上；增加低碳天然气使用，于 2025 年占发电系统的 25% 以上；促进能源多元化，将核能作为无碳能源的选项；订定电厂整体效率提升计划，并要求新电厂达全球最佳可行发电转换效率水平；引进净煤技术及发展碳捕捉

[①]　资料来源：台湾"经济部能源局"，"永续能源政策纲领"（核定本），2008 年 6 月。

与封存，降低发电系统的碳排放；促使能源价格合理化，短期能源价格反映内部成本，中长期以渐进方式合理反映外部成本。

2. 推动各部门的实质节能减碳措施

促使产业结构朝高附加价值及低耗能方向调整，使单位产值碳排放强度于 2025 年下降 30% 以上；核配企业碳排放额度，促使企业加强推动节能减碳产销系统；建构便捷大众运输网和"智能型运输系统"；推动"低碳节能绿建筑"；推动政府机关学校未来一年用电用油负成长，并以 2015 年累计节约 7% 为目标。

3. 建构完整的"法规"基础与相关机制

在"立法"方面，推动"温室气体减量法"和"再生能源发展条例"完成"立法"；研拟"能源税条例"并推动"立法"；修正"能源管理法"，有效推动节能措施。在配套机制方面，建立公平、效率及开放的能源市场，促使能源市场逐步自由化；规划碳权交易及设置减碳基金；提升科技研发能力，能源相关研究经费 4 年内由每年 50 亿元倍增至 100 亿元；推动全民教育倡导及永续绿校园。

（二）2011 年日本福岛核事故发生后的能源政策

1. 2011 年"稳建减核"政策

日本福岛核灾事故发生后，岛内民众对核电安全的疑虑提升，台湾当局于 2011 年 11 月 3 日台湾当局宣布了新的能源政策（"稳健减核"政策），推动以"稳健减核"的方法逐步迈向非核家园的目标。主要在汲取日本及德国经验的基础上，避免采取"立即废核"或"快速减核"所造成的对电力供应、电价及温室气体减量目标的冲击，在"确保不限电、维持合理电价、达成国际减碳承诺"等 3 项原则下，积极实践各项节能减碳与稳定电力供应，主要内容详见表 4-8。

表 4–8　台湾 2011 年 "稳健减核" 政策内容

主轴	政策措施	
"稳健减核"	(1) 确保电力稳定供应 (2) 既有核电厂不延役，核四厂确保安全无虞才运转 (3) 2016 年以前核四若稳定商转，核一厂将提前除役	
打造绿能低碳环境	开源	节能
打造绿能低碳环境	(1) 推动 "千架海陆风力机" 及 "阳光屋顶百万座" 计划 (2) 促进天然气使用最大化 (3) 研发新能源科技 (4) 开放新一波的燃气民营电厂	(1) 建构有利节能减碳的市场机制与法规 (2) 落实能源价格合理化 (3) 推动能源税及温室气体减量法
确保核能安全	(1) 进行全面核安总体检，对核四厂核安测试的评估视察 (2) 对所有核电厂建立断然处置的标准作业程序 (3) "行政院" 成立核能安全督导机制	

资料来源：作者根据台湾 "经济部能源局" 的相关资料进行整理。

此外，在 2011 年的 "稳健减核" 政策中，台湾当局进一步扩大各类再生能源推广目标，规划到 2025 年总装机容量达 9952MW（占发电总装机容量的 14.8%），新增装机容量 6600MW，提早五年达成 "再生能源发展条例" 所定 20 年增加 6500MW 目标，2030 年扩大至 12502MW（占总发电装机容量的 16.1%），发电量可达 356 亿度，相当于 890 万家庭用户的年用电量，也较 2010 年提出的 2030 年再生能源设置目标（10858MW），提高 15%；其中，有关风力发电的推广，规划推动 "千架海陆风力机" 计划，先开发陆域风场，再扩展离岸海域风场；在有关太阳光电方面，则推动 "阳光屋顶百万座" 计划：先缓后快，先屋顶后地面。

2. "能源发展纲领"

为确保台湾能源供需的平衡与稳定，并兼顾环境保护与经济发展目标，台湾 "行政院" 于 2012 年 10 月核定 "能源发展纲领"。该纲领确定了台湾能源发展愿景（目标）、政策原则、政策方针、应变机制与风险管理、低碳施政与法制配套，揭示未来台湾能源发展方向，其发展愿景是建构安全稳定、效率运用、洁净环境的能源供需系统，以达成台湾节能减碳目标，实现台湾永续能源发展，目标是通过增加可再生能源的供给量，提高能源使用效率，减少对能源需求，推进绿色能源的利用。基本目标和基本原则包括三个方面，如表4-9所示：

表4-9 "能源发展纲领"的基本目标和原则

	目标	原则
安全	建立可负担、低风险的均衡能源供需体系	稳定能源供给来源与管道，确保能源供需均衡
效率	逐步降低能源密集度，提升能源使用质的成长	提高能源转换、输配及使用效率
洁净	逐步降低碳密集度与减少污染排放，达成国际减碳承诺	发展低碳能源及运用低碳技术，降低能源的开发及使用

资料来源：台湾"能源发展纲领"，作者自行整理。

在政策方针方面，分别从能源需求端、供给端、系统端提出相应要求，并提出台湾施政计划、基础建设、产业发展应将节能减碳纳入考虑；推动能源价格合理化，建立公开透明的检讨及调整机制，促使能源价格合理反映内部及外部成本，以符合使用者付费原则；订定台湾能源科技发展策略，积极扩张新能源及再生能源、节能减碳等相关能源科技研发能量；推动绿色能源产业发展，带动绿色成长与促进绿色就业；深化能源科学教育，培育能源科技人才等。

3. "温室气体减量及管理法"

2015年6月15日，台湾当局颁布"温室气体减量及管理法"，明确台湾到2050年的长期减量目标及以五年为一期的阶段管制目标，并逐步建立从免费核配到有价配售的总量管制与交易制度。

（1）长期目标："温室气体减量及管理法"订立的长期减量目标为2050年温室气体排放量降为2005年排放量的50%。

（2）为应对气候变迁，政府相关"法律"与政策的规划管理原则包括：一是拟定逐步降低化石燃料依赖的中长期策略，订定再生能源中长期目标，逐步落实"非核家园"愿景；二是温室气体排放额度的核配应逐步从免费核配到配售方式规划；三是根据二氧化碳当量，推动进口化石燃料的税费机制；四是积极协助传统产业节能减碳或转型，发展绿色技术与绿色产业；五是提高资源与能源使用效率，促进资源循环使用。

相比较而言，2015 年颁布的"温室气体减量及管理法"是在 2008 年"永续能源政策纲领"的基础上，通过政策规定的形式确立了台湾 2050 年的减碳目标。概括而言，2008 年之后，台湾的能源政策以节能减碳为主轴，设定短、中、长期减碳目标，后续因应福岛核灾的新能源政策，制定的"温室气体减量及管理法"也仍然不偏离 2008 年 6 月宣布的"永续能源政策纲领"，减碳将是未来台湾能源转型的重要方向。

4．"2025 非核家园"

2016 年 5 月，民进党上台后，台湾"经济部"提出"启动能源转型与电业改革"，包括五个方面的内容："一是建立低碳永续、高质稳定、效率经济的能源体系；二是核四停建，核一、二、三厂不延役，2025 年完成非核家园；三是积极开发绿色能源，2025 年再生能源发电量占总发电量的比例达 20%；四是加速兴建第三座天然气接收站，扩大使用天然气，降低现有火力发电厂的污染与碳排放；五是完成电业法修法，提供能源转型所需的市场结构与法制基础。"[①]

2016 年 9 月 17 日，台湾"行政院"发布"为迈向 2025 非核家园目标，推动新能源政策"新闻稿，提出"能源转型与电业改革以长短期策略相互搭配，确保电力供应；同时积极推动节约能源及扩大再生能源发展，全面推动包括节能、创能、储能及智能系统整合等措施，

---

① 资料来源：台湾"经济部能源局"，"新能源政策"。

希望带动新兴绿能产业发展与促进绿色就业，引领产业与全民共同朝非核家园迈进。"①，主要内容详见表4-10。

表4-10 2016年新能源政策的主要内容

序号	策略	内容
1	稳定开源及扩大需量管理，确保供电	①确保未来3年（2017—2019年）不缺电 ②规划2010至2015年的长期电力供应
2	全面前瞻节能，提升能源效率	①强制能源耗用标准（MEPS）、分级标示及节能标章推动 ②行政机关学校节约能源 ③推动产业部门节能措施 ④结合地方政府推动民生部门节电
3	积极多元创能，促进洁净能源发展	①确保低碳及高效率传统基载发电 ②降低现有火力电厂污染排放 ③全力扩大再生能源发展至2025年占比达20%以上 ④布局新兴能源/氢能燃料电池
4	加速布局储能，强化电网稳定度	①改善现有抽蓄水力电厂设备，增加电力系统调频能力 ②增建抽蓄水力电站
5	推动智慧电网与智慧电表兴建	①布建智慧电表，积极完成关键通讯技术与模组开发验证，都会区优先开设 ②改善既有抽蓄水力电厂设备增加电力系统调频能力；增建抽蓄水力电厂
6	培养系统整合，输出国外系统市场	①统筹绿能政策方向，整合产官学研资源；成立能源及减碳办公室 ②推动能源产业科技研发及示范应用；沙仑绿能园区 ③推动岛内生产，建立太阳光电及离岸风力产业供应链
7	电业改革，提升供电效率与品质	①推动厂网分离，现行综合电业台电公司分割成发电及输配电两家公司 ②成立电业管制机关，开放发电业与售电业申设、开放电力代输与直供、提供用户购电选择权

资料来源：台湾"经济部能源局"，"新能源政策"。

2017年1月11日台湾通过"电业法"修订，并于1月26日公布施行，对"2025非核家园"正式"立法"，明确所有核电厂应于2025年全面停止运转，实现所谓的"能源转型"。台湾"经济部"于2017年5月16日对外说明能源转型路径规划，提出到2025年，"再生能源

① 资料来源：台湾"行政院"，https：//www.ey.gov.tw，2016年9月17日。

发电占比提升为20%，天然气发电占比提升为50%，燃煤发电占比降为30%”，既有核电厂（核一、二、三）不延役，同时核四废止，于2025年实现“非核家园”。

2017年4月，台湾“行政院”对“能源发展纲领”进行修订，以“能源安全、绿色经济、环境永续、社会公平”作为推动能源转型政策的指导方针，后续依推动机制订定“能源转型白皮书”并每5年检讨，以加速能源转型推动与落实。此次增修的主要内容为：

在“能源安全”方面，由能源需求面、供给面及系统面建构稳定、可负担及低风险的能源供需体系；

在“绿色经济”方面，区分“打造绿能产业生态系”“普及绿能在地应用”及“创新绿能减碳科技”三大方针，形成具有全球竞争力的绿能产业生态系，通过绿色就业及绿色成长，带动经济发展新动能。

在“环境永续”方面，针对近来地方关切的空污议题、能源设施布建的环境冲击与2025年非核家园目标，新增“维护空气质量”“划适当区位”与“达成非核家园”方针，同时保留原能源部门温室气体减量及建构低碳环境等相关策略。

在“社会公平”方面，强化能源领域公众参与及风险沟通、建构公平竞争的能源市场。在政策配套方面，新增推动绿色金融发展、中央与地方共同推动区域能源治理及深化能源风险沟通与教育，以强化能源转型政策配套；另订定包含能源发展目标、具体推动措施及政策工具的“能源转型白皮书”并定期检讨，作为纲领后续具体推动机制。

三、能源政策的比较与分析

（一）“稳健减核”与“2025非核家园”的比较

1.“非核家园”的提出

台湾关于核电存废的议题争议已久。1978年，台湾电力公司首次提议建设核四厂，但该项目自诞生之日起便几经起伏，风波不断。从1986年开始，民进党组织反核游行，成为了台湾反核运动的主导力量，尤其在1988年，民进党组织的"反核自救会"将核电形容为台湾的终结者。在强大的社会压力下，台湾当局不得不冻结"核四"项目。直到1999年，经过持久充分讨论，"核四"才重新开工建设。2000年台湾首次政党轮替，民进党执政后当即宣布停建核四厂，并开始推动台湾废核。2001年，台湾"立法院"与"行政院"对核四案签署协议，提出"在能源不虞匮乏的前提下，规划台湾总体能源发展方向，达成核四复工续建及逐步建立非核家园愿景的共识"。2002年12月，台湾"立法院"通过"环境基本法"，其第二十三条明确规定"政府应订定计划，逐步达成非核家园目标"。"非核家园"的理念由此法制化（毛继军，2017）。

2. 马英九时期的"稳健减核"政策

2008年国民党上台执政后，马英九当局颁布"永续能源政策纲领"，明确规定"促进能源多元化，将核能作为迈向低碳社会的无碳能源的选项"，首次通过能源政策将核能确立为"无碳能源"，提出"未来稳健减核过程仍然不能放弃核能的使用"。

2011年日本福岛核电站事故爆发后，台湾民众对核能产生了疑虑，国民党当局于同年11月3日提出"确保核安、稳健减核、打造绿能低碳环境、逐步迈向非核家园"的能源发展愿景，在"确保不限电、维持合理电价、达成国际减碳承诺"三大原则下，积极实践节能减碳与稳定电力供应两大配套措施，以稳健态度逐步降低对核能发电的依赖。

随后，台湾"经济部能源局"制定了"稳健减核"的详细路径：三座核电厂到期后不延役，其中，核一厂1号、2号机分别预定于2018年、2019年除役；核二厂1号、2号机于2021年、2023年除役；核三厂1号、2号机于2024年、2025年除役；核四厂两部机组则预定于2015年及2017年陆续投入商转，并按设计寿命于2044年退役，至此实现"非核家园"的终极目标。

3. 民进党的"2025非核家园"政策

民进党向来将"反核"作为重要的政治斗争工具。2005年，民进党提出"非核家园推动法"草案，首次提出明确的时间节点，将核三厂2号机组的设计寿命到期年限2025年作为达成非核家园的时间节点，即"2025非核家园"，但在国民党"立法委员"的反对下未能通过"立法"。最后，民进党当局于2005年能源会议结论中谈到"核四厂依计划进行，核一、二、三厂正常营运"，以维持现状决议。2008—2016年国民党主政期间，民进党不时提出反核议题，尤其在2011年日本福岛核事故发生后，作为2012台湾选举的"神主牌"之一，以蔡英文为首的民进党多次重申"2025非核家园"目标，并以此为题不断向国民党当局施压。

2016年民进党执政后，为了政治利益，重申"2025年完成非核家园"决心，强调台湾当局不会让民众只能在"缺电"与"核电"之间二选一。2016年9月17日，台湾"行政院"发布的《为迈向2025非核家园目标，推动新能源政策》新闻稿，提出"确保电力供应，……朝非核家园迈进"。2017年1月11日台湾通过"电业法"修订，对"2025非核家园"正式"立法"，明确所有核电厂应于2025年全面停止运转，同时核四废止，实现所谓的"能源转型"。

4. "稳健减核"与"2025非核家园"的比较

台湾地狭人稠，资源匮乏，其孤岛的地理条件和能源窘境决定了核能在其能源构成中的重要性，任何冒进性的能源结构变动都可能对经济和社会造成巨大的负面影响，对此，国民党当局有清醒的认识，认为非核家园的意涵并非只是立即关掉所有的核能电厂，而是应基于整体的能源供需考量，包括对能源的稳定供应、未来能源结构的调整方向、核电厂的除役、替代能源的开发目标、台湾的产业竞争力、核安全等方面整体考虑的基础上，对能源政策进行修正。

对比"稳健减核"与"2025 非核家园"政策，二者的不同之处在于：

（1）"稳健减核"是以渐进的方式逐步废核，而"2025 非核家园"则是以"快速减核"的方式关闭或停建所有的核电厂

"稳健减核"的政策认为：台湾能源资源匮乏，且能源进口来源渠道较为单一，在可再生能源产业发展成一定规模以前，核电仍具有重要的角色。因此，在有足够能源可使用的前提下，逐步停止核能供应才能确保能源供应的稳定。因此，"非核家园"的推动为一循序渐进的过程，而不会在未来能源供应的相关规划尚未完备时，以"快速减核"的方式断然将核电厂关闭或停建。

（2）"稳健减核"要求"非核家园"应建立在三个前提之上

"稳建减核"政策要求"非核家园"应建立在不缺电、电价合理化、达成减碳承诺等三项前提之上，符合前瞻性、可行性、渐进性三项原则。通过完成"非核家园"的相关"法规"基础，规划推动非核家园的实施步骤及配套机制，再逐步落实核能电厂的除役，降低核能发电配比，最终达成"非核家园"的愿景。

（3）可再生能源目标的设置差异

为实现"2025 非核家园"目标，民进党当局重点寄希望于可再生能源上，并在转型目标上提出要在 2025 年达到可再生能源年发电量 515 亿度，占总发电量 20% 的目标。而国民党八年执政期内，也将发展可再生能源列为其能源政策重点，并先后多次对可再生能源的发展目标进行调增，其最后的规划为：2025 年达到 12513MW，年发电量 292 亿度。其中，风力发电装机容量目标为 3200MW，而太阳光电装机容量目标为 6200MW。

表 4–11　台湾 2025 可再生能源推广目标

新能源	"2025 非核家园"目标		"稳健减核"目标		装置容量增加率 /%
	装置容量 / MW	发电量 / 亿度	装置容量 / MW	发电量 / 亿度	
太阳光电	20000	250	6200	78	222.6
陆域风力	1200	29	1200	29	0
离岸风力	3000	111	2000	68	50
地热能	200	13	150	10	33.3
生质能	813	59	813	59	0
燃料电池	60	5	NA	0	NA
水力	2150	48	2150	48	0
总计	27423	515	12513	292	119.2

资料来源：台湾"工研院"绿能与环境研究所《绿能科技发展现况及趋势》，2016年 10 月 24 日。

通过对比可以看出，两党主张的区别在于对可完成目标的预估上。如表 4–11 所示，民进党当局将 2025 年的可再生能源装置容量目标，由马当局时期的 15213MW 调高至 27423MW，发电量目标由 292 亿度提高到 500 亿度，装机容量和发电量目标增加了将近一倍；而可再生能源发电量占比的目标更是由 4% 提高到 20%，二者设置的可再生能源发展目标可谓相去甚远。对此，国民党在台湾"经济部"电子版上也予以批评，指出"台湾可再生能源的推动必须务实，不宜浪漫，台湾地狭人稠，能在 2030 年发电达到 400 亿度已是困难重重，要想在 2025 年达到发电量 500 亿度的构想，完全不切实际"。[①]

整体来说，国民党八年执政期内推行的能源政策显得更为务实。"非核家园"政策的制定必须在能源安全、能源成本与环境保护三点之间建立平衡的发展架构。平衡点的决定应根据台湾目前所处的内外发展环境而定，并配合产业结构的改变而随时间动态调整，建立具有效

---

① 台湾"经济部"电子报，《2025 再生能源发电 500 亿度遥不可及》，2015-11-27。

率的互动程序。

（二）台湾能源政策的形成机制

如前所述，核电议题已在台湾高度政治化和民粹化。2011 年日本福岛核事发生之后，在民众反核浪潮以及民进党的不断施压下，2014 年 4 月，国民党当局被迫宣布核四 1 号机组进入封存状态，2 号机组则全面停工，未来核四是否商转，将交由"全民公投"决定。这是一个双方妥协的结果。2018 年 3 月 15 日，台电公司宣布，核四厂目前存放的 1744 束核燃料，将在 2021 年前全部运回美国处理，旧有厂区将转型为综合电力园区。这意味着，目前处于封存状态的核四厂自 1980 年提出兴建计划后，前后历经 5 位台湾当局领导人、3 次政党轮替、多次停工及复工，确定未来不再启动。

能源政策攸关经济社会的生产、生活。当前的台湾又是一个选举政治与政党政治社会。执政党为了可以继续执政，在野党为了可以赢得执政，在能源政策的形成方面尽量迎合公众的意见与建议。因此，公众对台湾能源政策形成的影响力巨大，甚至具有决定性作用。特别是在一人一票的选举制度下，作为能源需求者的台湾公众的意志，成为左右台湾能源政策的主要力量。这使得台湾能源政策特别是能源价格政策具有较高的公众敏感性，这也是台湾能源价格长期偏低的一个根本原因。

台湾能源政策是由台湾社会中众多利益主体以及台湾当局相互博弈形成的。这些利益主体基本上可归属于能源生产者与能源需求者两类。作为能源需求者，包括居民与企业，当然首先希望能源价格低廉，其次希望能源安全、清洁，供给稳定；作为能源生产者，则希望提供能源获得的利润最大化，并希望能源需求稳定增长。台湾当局希望能源安全、清洁，供给与需求稳定。

在台湾能源政策的实际形成过程中，能源生产者与需求者会通过台湾内部政治运作过程，努力将自身的利益诉求上升成为台湾当局的意志。例如，将自己的诉求通过游说民意代表，而尽可能上升为"立法院"通过的能源"法规"；甚至通过有组织的游行示威影响台湾当局的能源政策，而台湾当局基于台湾经济社会的可持续发展与可以继续执政的双重目标考虑，努力说服各方让步妥协，达成各方均可接受的阶段性的能源政策。

此外，台湾已经成为发达经济体，台湾民众的环保意识普遍较强。而政党政治与选举政治的社会实践，又提升了台湾民众的公民社会意识，并强化了台湾民众表达自身诉求和影响台湾能源"法规"政策的渠道与机制。这些不仅增强了台湾公众在台湾能源政策形成中的影响力，而且也制约着台湾政策的发展方向。"核四"的封存就是一个标志。台湾所谓的民主程序使得专业领域的决策采取"全民公投"的方式，其实是泛民主化的体现。尽管保证了决策过程的"程序合法性"，却无法保证决策结果的科学性和专业性。并且，台湾当局在制定能源政策的过程中往往还会考虑是否影响未来的选票。由于民众的非专业性，在泛民主化的环境下，很容易导致专业技术问题政治化。然而，台湾的地理环境和能源问题决定了核能在能源构成中的重要性，那么，在当前台湾面临的内外环境和经济形势下，"2025 非核家园"的提出是否符合台湾当前的实际情况？短期内核电归零将对台湾的经济乃至社会造成什么样的影响？台湾能源的未来出路在何方？

本书的以下章节将进一步分析：按 2025 年节点实现非核家园的能源转型将对台湾的电力供应、碳减排目标、电价水平乃至经济的发展造成什么样的影响？

本章小结

研究台湾的能源转型问题，首先须对台湾在经济发展过程中能源消费的特征有一个规律性的认识。本章首先分析了台湾经济发展阶段的产业结构变化和能源消费特点。台湾的能源消费与经济增长和产业结构的变化密切相关。20世纪60年代至80年代，台湾进入工业化阶段，这段时期的经济高速增长，能源消费也快速增长；80年代至20世纪末，台湾的产业结构由工业为主导向服务型经济过渡，经济中速增长，能源消费的增长率也随之减慢；2000年以后，产业结构以服务业为主导，并进入信息化阶段，经济进入低速增长阶段，能源消费的增长率也进一步下降。

对比发达国家经济发展进程中的能源消费，可以发现，在经济发展的不同阶段，能源消费增长率呈现出阶段性递减的趋势，其中，工业化阶段的能源消费增长率最高。然而，即使进入信息化阶段，能源需求增长率始终为正。这意味着，尽管经济已进入低速增长，但能源需求仍保持增长。那么，本书需要回答的第一个问题是：台湾未来的经济增长需要多少能源？

通过采用协整模型，本书估计出能源需求的收入弹性、结构弹性、效率弹性、人口弹性及价格弹性，分析了影响能源需求的主要因素。基于对台湾中长期产业结构、人口增长、能源效率、能源价格等因素的假定，预测结果是：在经济高速、中速、低速增长情景中，台湾的能源需求将分别以年均2.6%、2.3%、2.1%的速度增长。到2025年，三个经济增长情景中的能源需求量将分别上升为137.4、134.4和132.8百万吨油当量。结果表明，尽管经济增长速度的减缓和能源效率的改进使能源需求的增长率总体呈下降的趋势，但整体的能源需求总量仍保持增长的趋势。并且，较高的GDP增速需要更多的能源作为支撑。

本章的第三节梳理了台湾经济发展阶段的能源政策演变过程，并比较了马英九时期的"稳健减核"政策和民进党提出的"2025 非核家园政策"，"稳健减核"政策提出"非核家园"应建立在不缺电、电价合理化、达成减碳承诺等三项前提之上，通过完成"非核家园"的相关"法规"基础，循序渐进地停止核能供应，而不是在未来能源供应的相关规划尚未完备时，以"快速减核"的方式断然将核电厂关闭或停建。整体来看，国民党推行的"稳健减核"政策显得更为务实。

然而，从台湾能源政策的形成机制来看，其政治因素和民主程序使得专业领域的决策往往无法保证决策结果的科学性和专业性。那么，在当前台湾面临的内外环境和经济形势下，2025 年核电归零的能源转型将对台湾的电力供应、碳排放以及电价造成什么样的影响？这是本书在后续章节将要回答的问题。

第五章　台湾的能源转型对电力短缺的影响

第一节　台湾电力行业的发展概况

一、电力供给发展概况

（一）发电量和发电装机容量

1888 年，清朝台湾巡抚刘铭传于台北市创立兴市公司，装有小型燃煤发电机，主要是低压供给照明。1904 年，台湾在龟山建成了首座水电站，1919 年成立台湾电力株式会社，兴建日月潭水力发电工程，并在台湾西部建造贯通南北的输电干线，至 1944 年总装机容量达 32 万千瓦。1945 年台湾光复后，台湾电力公司于 1946 年 5 月成立，自此，台湾地区的电力有了很大发展。

从 20 世纪 60 年代开始，台湾的发电就一直保持较高的增长率。发电装机容量从 1969 年的 224.5 万千瓦增长到 1979 年的 818.7 万千瓦，年均增长率达到 13.8%。如图 5-1 所示，发电量从 1969 年的 111 亿千瓦时增长到 1979 年的 379 亿千瓦时，年均增长率为 13.1%，到 1990 年已达到 90.2 亿千瓦时。1990 年以后，台湾的发电量仍以年均 7.4% 的速度增长到 2000 年的 1849 亿千瓦时。2000 年以后，年均增长率有所下降，以年均 2.3% 的速度逐渐增长到 2016 年的发电量为 2641 亿千瓦时。

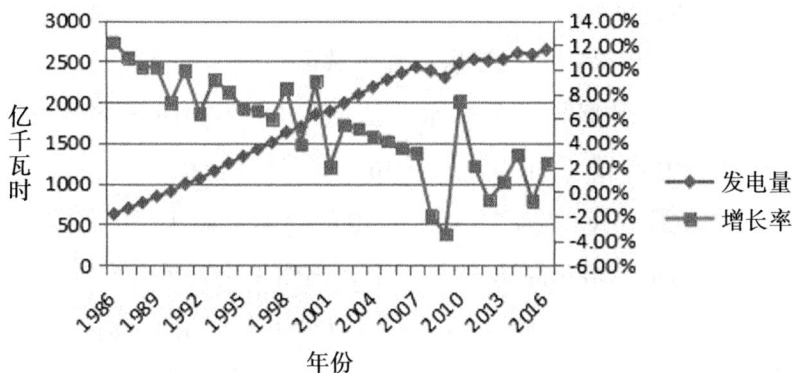

图 5-1 1986—2016 年台湾发电量增长情况

资料来源：bp statistical review of world energy 2017，本研究整理。

1996 年到 2016 年，台湾新开发电源为 1888 万千瓦，其中天然气发电比例最高，占 34.7%；燃油占 22.1%，居第二；燃煤占 21.3%，居第三。核能发电是台湾 70 年代末以来发展起来的新兴电力工业，1977—1985 年台湾先后建成了 3 座核能发电厂，装机容量达 514.4 万千瓦。

表 5-1 1980—2017 年台湾发电装机容量

单位：万 kW；%

年份	发电装机容量	年均增长率	新增发电装机容量
1980	9061.1	—	—
1985	15978.1	12.01	6917.0
1990	16891.4	1.12	913.3
1995	21898.7	5.33	5007.3
2000	34772.3	9.69	12873.6
2005	43162.6	4.42	8390.3
2010	48884.4	2.52	5721.8
2017	49905.7	0.35	1021.4

注：非连续年份增长率为该段时间内增长率的年平均值。

资料来源：台湾电力公司网站 http://www.taipower.com.tw/content/new_info/new_info-c36.aspx？ LinkID=13。

（二）电力供应结构

总体来说，台湾电力的发展进程大致可划分为五个阶段：

第一阶段：发展初期的"水主火从"（1945—1965 年）。此阶段的台湾电力生产以水电为主，1946 年，水电装机容量占总装机的 99.2%，火电仅占 0.8%；之后，火电的比例不断上升。这段时期尽管电力供给的年均增速高达 10% 以上，仍然无法满足电力需求。

第二阶段："火主水辅"（1966—1974 年）。此期间台湾工业发展迅速，用电量剧增，台电重点开发大容量高效率的火电。自 1966 年起，火电的装机容量超过水电，并逐步由燃煤转到部分燃油。70 年代中期以后，燃煤、燃油并举，并增加天然气的使用，实现了火力发电燃料来源的多元化，至 1974 年，系统总装机容量达 435.8 万千瓦，年发电量 205.3 亿千瓦时，其中水力发电占 22.8%，火力发电占 77.2%，电力系统进入"火力为主，水力为辅"时期。此外，输变电系统建设了 345 千伏超高压输电线路。

第三阶段：以核电为基载的能源多元化（1975—1990 年）。两次石油危机的影响促使台湾当局实施能源多元化政策：一是积极推广核能发电，二是继续引进大容量高效率的火力机组，并将若干燃油机组改为燃煤机组，大幅减少对燃油的需求。1975 至 1985 年，先后建成 3 座核电厂，核电装机容量达 514.4 万千瓦；新增的发电装机容量 1067 万千瓦中，核电占 48%，煤电和油电占 41%。台湾大力发展核电主要有以下几个原因：一是基于能源供应安全的因素：台湾煤、油资源匮乏，水力资源有限，能源进口依赖性强。与煤、油相比，核电的铀燃料体积小，储运十分方便；二是来自于外援的大力支持：台湾与美、加等国签署了原料供应和技术援助协议；三是基于核电的低发电成本：台湾核电每度燃料成本只有煤燃料成本的 1/3，油燃料成本的 1/5。电力系统因核能电厂的加入而进入能源多元化时期。

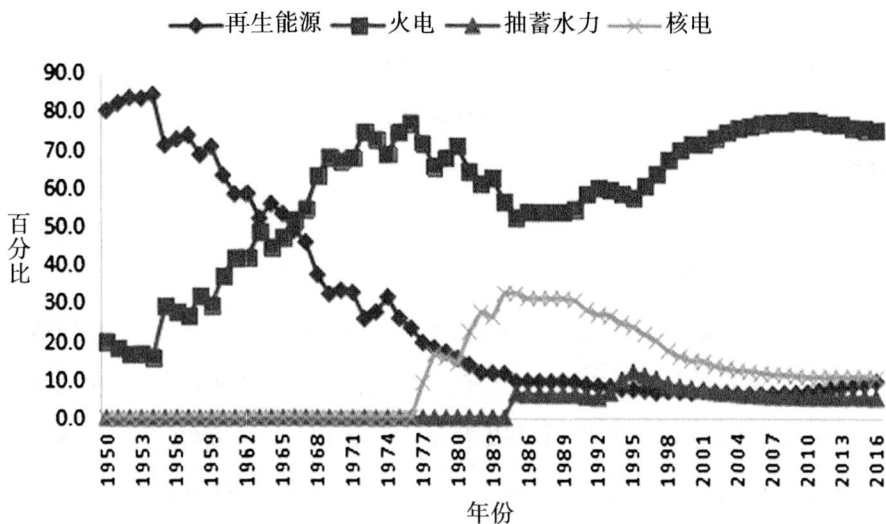

图 5–2 台湾电力结构的变化（1950—2016）

数据来源：台湾电力公司网站，台湾"经济部能源局"。

注：再生能源含惯常水电。

第四阶段：开放发电业时期（1990—2006 年）。这段时期，台湾除兴建大型火力、开发优良水力外，开始注重电力需求侧管理，推行峰谷电价、时间电价、可停电力、节约用电，以满足电力供需平衡；同时，由于电源开发因地狭人稠而日益艰难，为满足迅速增长的电力需求，台湾从 1994 年开始开放民间兴建独立发电厂（IPP，Independent Power Plant）以加速电源开发，并鼓励推行汽电共生厂，台湾发电市场进入开放发电业时期。

第五阶段：节能减碳和"非核家园"时期（2007 年迄今）。自 2006 年起，国际化石燃料价格大涨，严重冲击电业的经营环境。台湾自产能源缺乏，为确保电力供需平衡，在供给面发展低碳电力，在需求面全力推动节约用电及提升用电效率。在 2011 年日本福岛核电站事故发生后，台湾电力发展逐渐进入一个"去核化"的发展阶段。"反核"浪潮下，已经建设 30 多年、花费 3000 亿元新台币的核四厂于 2015 年 7 月 1 日停工封存。2017 年台湾"经济部"提出"既有核电厂（核一、二、三）不延役，同时核四废止，于 2025 年实现非核家园目标"。

二、电力市场结构

台湾地区能源资源贫乏，能源供应的对外依存度大，电力行业是台湾最大的能源行业。在台湾经济发展初期，台湾地区的发电与输配电市场基本由台湾电力公司（以下简称"台电"）垄断经营，维持了一个公营且独占的电力供应体系。成立于 1946 年的台电公司为政府控股公司，是一家垂直一体化的综合电力公司，其业务涵盖了台湾地区（台湾岛、澎湖及金门和马祖）电力的开发、生产、输配及销售四个环节。并且，所有发电厂都必须将其所发的电力出售给台电，再经由台电向终端用户销售。

20 世纪 90 年代中期，台湾地区出现较为严重的电力供不应求，台湾当局决定放开部分公有发电权、引入民间投资者参与发电行业，以提高发电能力并缓解供电压力。1995 年，台湾开始实施"发电业自由化"，开放民营企业设立独立发电厂，先后有星能、森翁和长昌等 11 家独立发电厂获准建立，装机容量超过 1000MW。民营电厂主要集中在火电，所用燃料主要为煤与天然气，所发出的电力由台电公司议价购入，再由其负责所有的输电与配电。

表 5-2　1996—2016 年台湾电力市场结构的变化

项目	1996 年		2006 年		1996—2006 年年均增长率	2016 年		2006—2016 年年均增长率
	MW	占比 /%	MW	占比 /%		MW	占比 /%	
台电公司	23763	100	30094	80.5	2.40	32467	65.1	0.80
水电	4288	18	4501	12	0.50	4652	9.3	0.30
火电	14331	60.3	20401	54.6	3.60	22358	44.8	0.90
燃煤	7550	31.8	9200	24.6	2.00	8400	16.8	−0.90
燃油	5559	23.4	3610	9.7	−4.20	3323	6.7	−0.80
燃气	1222	5.1	7591	20.3	20.00	10635	21.3	3.40
核电	5144	21.6	5144	13.8	0.00	5144	10.3	0.00
风电	0	0	48	0.1	—	294	0.6	19.90
太阳光电	0	0	0	0	—	18	0	—
民营电厂	0	0	7286	19.5	—	9330	18.7	2.50
汽电共生	0	0	0	0	—	8109	16.2	—
总计	23763	100	37380	100	4.60	49906	100	2.90

注：非连续年份增长率为该段时间内增长率的年平均值。

资料来源：台湾"经济部能源局"。

为进一步保障电力供给、平衡供需，提高能源效率，台湾当局推行"汽电共生"，鼓励制造业主将其生产过程中产生的多余热气回收并再利用于发电，所发电力为其自用，如果还有剩余电力，则将由台电公司（不分时段地）义务收购。台电公司依照"能源管理法"以及 2002 年"经济部"公布的"汽电共生系统实施办法"，对"汽电共生"所发的富余电力有收购义务，并且需依照相关规定订立购电合同。由表 5-2 可知，到 2016 年，汽电共生厂的发电装机已达 8109MW，占比 16.2%。台湾地区现行的电力市场结构如图 5-3 所示。

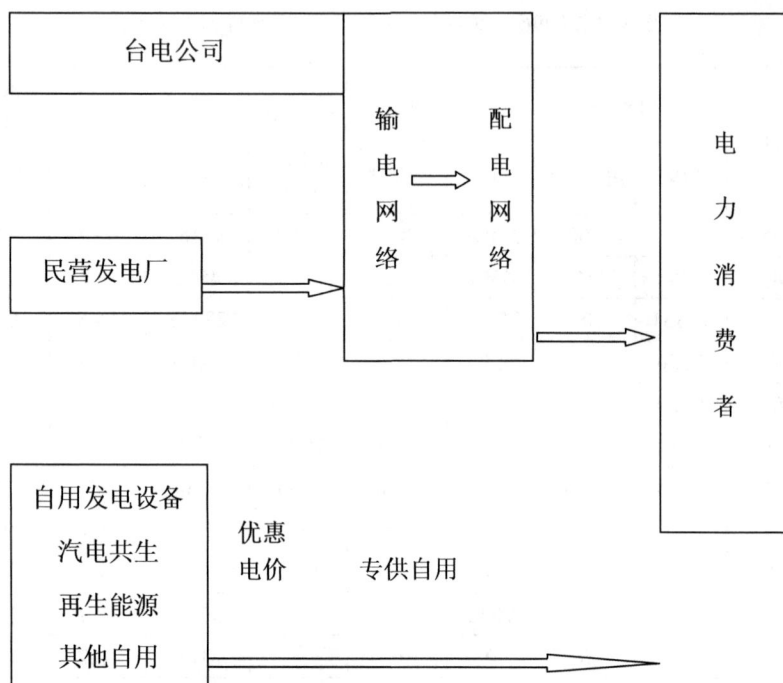

图 5–3　台湾地区现行电力市场结构

数据来源：台湾电力公司网站。

第二节　台湾中长期电力需求预测

一、电力需求现状分析

（一）电力消费总量与电力结构

电力是现代文明的标志。随着经济的发展，台湾的电力需求也持续增长，从 1986 年，台湾的电力消费总量为 593.9 亿千瓦时，至 1995 年，该数值上升为 1260 亿千瓦时。之后，电力消费量从 1996 年的 1343 亿千瓦时翻一番增至 2016 年的 2553.8 亿千瓦时（详见图

5-4)。同时，伴随着电力消费总量增长的是电力在能源消费结构中所占的比例，1986 年电力消费在整体能源消费中仅占 38.9%，1996 年达到了 45.3%，2016 年进一步提高到 48.4%，几乎接近台湾能源终端消费的一半，为所有能源最终消费之首。

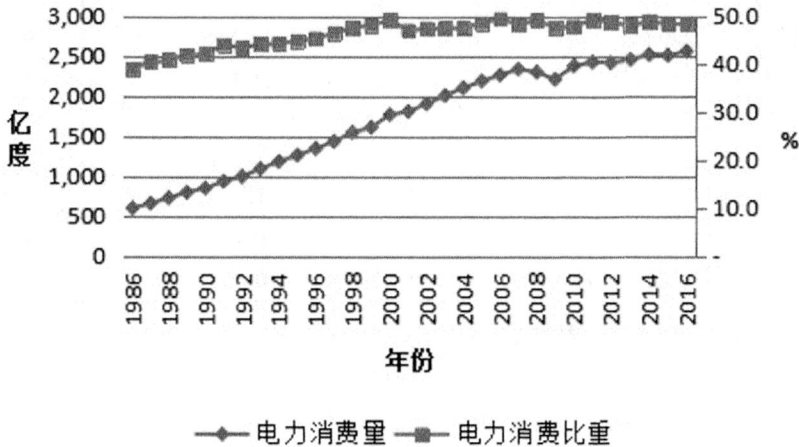

图 5-4　台湾的电力消费总量及比重

数据来源：台湾"经济部能源局"。

从电力消费的增长速度来看，与发达经济体的情况类似，台湾电力消费的增长速度逐步下降，1996—2006 年电力消费的年均增长率为 5.3%，而近 10 年则下降为 1.2%，如表 5-3 所示。在电力消费结构中，工业部门的消费比重最大，并且呈现增长的趋势，工业用电量占总用电量的比重从 1996 年 46.9% 增加到 2016 年的 53.1%，工业用电是促进用电量增长的主要因素。其他部门的比重分别为服务业（19.2%）、住宅（18.5%）、商业部门（10.5%）、农业部门（1.1%）、运输部门（0.5%），能源部门自用占 7.4%。

表 5-3　台湾的电力消费结构

单位：亿度；%

项目	1996 年		2006 年		2016 年		1996—2006 年均增长率	2006—2016 年均增长率
工业	629.4	46.9	1134.8	50.2	1356.8	53.1	6.1	1.8
服务业	270.5	20.1	465.8	20.6	491.5	19.2	5.6	0.5
住宅	275.8	20.5	424.6	18.8	473.3	18.5	4.4	1.1
能源部门自用	142.6	10.6	202.9	9.0	189.3	7.4	3.6	-0.7
农业	22.2	1.7	26.0	1.2	29.2	1.1	1.6	1.2
运输	2.5	0.2	5.5	0.2	13.6	0.5	8.2	9.5
合计	1343.1	100.0	2259.7	100.0	2553.8	100.0	5.3	1.2

资料来源：台湾"经济部能源局"。

（二）电力消费的区域差异

由于地理位置的差异，在城市化进程中，台湾的人口及产业活动主要集中在西部走廊①的北、中、南三大都会区域，而花东、离岛、偏乡等地区，受地理因素的限制发展较为落后，并且，随着城市化进程的发展，出现区域发展差距逐步扩大的现象。根据台湾《2011 年工商及服务业普查报告》，北部区域的生产总额占全台工商及服务业的 64.57%，人口占全岛的 47.2%；中、南部区域的生产总额占全台工商及服务业的 34.78%，而人口占 49.8%；而东部及离岛区域的生产总额均未达 1%，人口合计仅占总人口约 3%。

依据台湾本岛地理环境及输变电系统供电辖区范围，将供电区域

———————

① 西部走廊指台湾西半边的地理区域，包括台湾北部（不含宜兰县）、台湾中部与台湾南部的非山地地带，濒临台湾海峡，占台湾本岛总面积的 1/2，是台湾的经济重心。

划分为北、中、南三区①。北部地区由于经济较为发达，人口密集，电
力消费较为集中，常出现发电不足以供应用电需求的情况；而中南部
地区的电力供应较为充足，需要中电北送以满足北部地区的需求。以
2016年为例，北部地区的电源供电能力为11721MW，仅占全系统的
34%；而其用电量为14764MW，占比39%，因此，在机组运转情况
及经济调度考虑下，将中、南部地区的富余电力通过345千伏特超高
压主干线输送至北部，如图5-5所示。

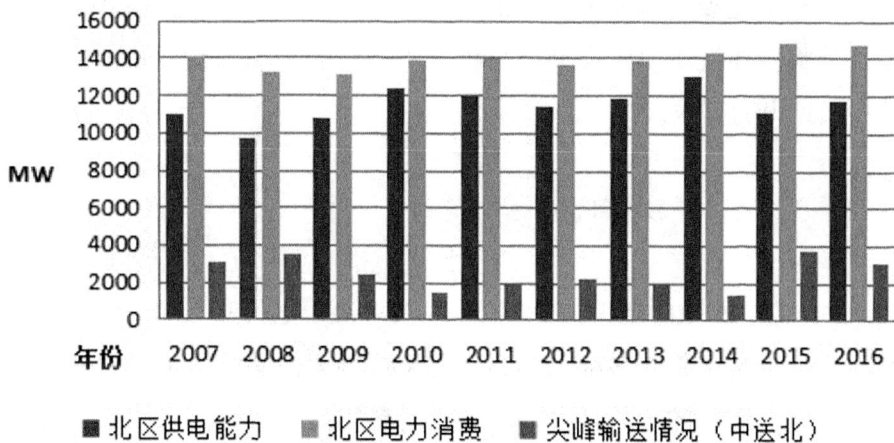

图5-5 台湾北部地区尖峰电力供需情况

数据来源：台湾电力公司网站。

二、基于协整模型的电力需求总量预测

制定系统的电力规划要着眼于电力需求与经济增长之间的长期关
系，以避免严重过剩或短缺，并尽可能减少冲击。电力需求的预测是
成功实施电力系统规划的前提条件。学术界对电力需求的研究可以说

① 北部地区：指新竹县凤山溪及花莲县清水断崖以北地区，包括宜兰、基隆、台北与桃
园等县市；中部地区：指新竹县凤山溪及花莲县清水断崖以南，浊水溪以北地区，包括新竹、苗
栗、台中、彰化、南投与花莲等县市；南部地区指浊水溪以南地区，包括云林、嘉义、台南、高
雄、屏东与台东等县市。

已经相对深入，对电力与经济两者定量关系的研究基本上是两大类：一是以统计指标为基础对电力与经济关系进行研究，并采用自回归法（AR）、移动平均法（MR）、一般指数平滑法等方法进行预测，常用指标包括电力消费弹性系数、电力消费强度等。基于电力消费弹性系数的研究在早期文献中比较多见，但是电力消费弹性系数只是一个相对概念，无法反映电力和经济间错综复杂的关系；二是利用计量经济分析方法考察电力消费与经济增长之间的长期均衡关系和短期波动关系。采用的模型主要有标准 Granger 因果检验模型、误差修正模型 ECM。本部分将主要运用协整模型来分析电力消费的影响因素，并预测台湾的中长期电力需求。

（一）电力消费影响因素的选择

1. GDP

根据需求函数的定义，电力需求主要取决于电价和 GDP 两个因素。经济增长也是文献中最常见的解释能源或电力消费的决定因素。总体来说，电力消费的增长是多种因素综合作用的结果，例如国民经济的发展情况、经济结构的变化、电价的水平及其构成、收入水平、消费习惯及气候变化等。但就长期来说，电力总需求的变化主要由经济的发展情况决定，所以，本部分首先将 GDP 引入模型来解释电力需求的变动。

2. 电价水平

从需求函数出发，电价是影响电力需求的另一个重要因素。台湾的电价分为电灯用电和电力用电两大类，且电价仍然由行政确定，没有充分反映市场供求信息和资源稀缺性。考虑到电力用电占主要比重，本书采用电力价格指数来反映电力价格的变动。

3. 产业结构

台湾自 20 世纪 80 年代以后，产业结构开始向服务型经济过渡，至1990年，服务业比重已将近60%，进入以第三产业为主导的后工业化社会。在整个产业结构的变化过程中，台湾的工业耗电量在全社会用电量中始终占据最大比例，且该比例的变化基本与工业比重的变化趋势一致。特别是近年来随着工业比重从2001年的29.37%上升到2016年34.82%，工业用电占全社会用电的比重也逐步上升到接近60%（详见图5-6）。因此，本研究把变量GYH（工业增加值在GDP中的比重）引入模型来反映台湾产业结构的变化趋势。

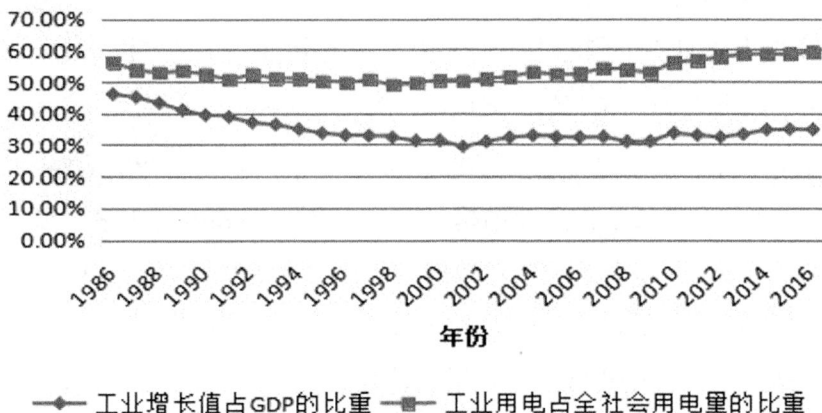

图5-6　台湾的工业化水平及工业用电比重

数据来源：台湾"行政院主计处""经济部能源局"。

4. 人口增长

电力消费的最终目的是为了满足人们对物质产品和服务产品的需要。林伯强（2003）指出，人口增长是促进电力消费增加的重要因素之一。从理论上讲，人口增加，电力需求上升。因此，在研究电力需求时，人口增长率是不可忽视的一个重要变量。

5. 电力使用效率

面对能源资源的日益耗竭、环境污染和能源价格的上涨，政府和厂商都有动力提高能源利用效率促进节能减排。随着新技术与节能措施的引入，单位产值耗电量会逐步减低，并带动总用电量的下降。由于台湾工业部门的电力消费量所占比重最高，因此，工业部门的电力效率最能反映能源利用水平。为研究效率提高对电力消费量的积极影响，本书用2011年不变价格计算的工业增加值与工业部门电力消费量之比，作为电力效率指标（E）。

（二）计量经济及实证分析

1. 模型和数据选取

根据上述对于中国电力消费影响变量的分析，建立方程如下：

$$Y_t = f(GDP_t, POP_t, GYH_t, E_t, P_t) \tag{5-1}$$

其中，Y_t 为电力消费总量，GDP_t 为国内生产总值，POP_t, GYH_t, E_t, P_t 分别代表人口增长率、产业结构、电力使用效率和电价水平。以上变量中，电力消费和电力价格指数的数据来自于台湾"经济部能源局"，其他数据均来自于台湾"行政院主计总处"，样本区间为1986—2016年，GDP、电力价格指数和工业增加值均折算为2011年不变价格水平。由于 POP_t 已经表示人口增长率，为反映变量的弹性关系，对除人口增长率以外的各变量取自然对数，分别记为 LY，$LGDP$，$LGYH$，LE 和 LP。

2. 平稳性检验

如表5–4所示，ADF 检验和 Phillips-Person（PP）检验的结果一致表明，所有变量均可在5%的显著性水平下达到一阶平稳，满足构造协整方程组的必要条件。

表5–4 单位根检验结果

序列	水平		一阶	
	ADF	PP	ADF	PP
LY	−0.804	−0.759	−6.645**	−6.850***
LGDP	−1.7348	−2.001	−5.408***	−10.480***

续表

序列	水平		一阶	
	ADF	PP	ADF	PP
POP	−0.661	−0.672	−5.022***	−5.033***
LGYH	−1.391	−1.577	−5.426***	−7.767***
LP	−1.382	−1.513	−5.154***	−5.246***
LE	−2.621	−1.941	−3.450**	−3.501**

注：* 表示在 10% 的水平下显著；** 表示在 5% 的水平下显著；*** 表示在 1% 的水平下显著。

3.实证分析

（1）Johansen 协整检验

表 5–5　Johansen 协整检验结果

协整向量个数原假设	Trace 统计量	临界值	Max-Eigen 统计量	临界值
没有	136.6840***	95.75366	52.18448***	40.07757
最多 1 个	84.49957***	69.81889	41.02120***	33.87687
最多 2 个	43.47836	47.85613	17.67082	27.58434
最多 3 个	25.80755	29.79707	14.80967	21.13162
最多 4 个	10.99788	15.49471	8.615993	14.26460
最多 5 个	2.381886	3.841466	2.381886	3.841466

注：***、**、* 分别表示在 1%、5%、10% 的显著性下拒绝原假设；趋势假设：时间序列数据存在线性确定性趋势，协整等式只有截距项；滞后间隔：1 到 1。

如表 5–5 所示，根据 Max-Eigen 统计量的检验结果，在 5% 的显著性水平下，各变量之间有 2 个协整关系，即存在着长期的均衡关系。考虑存在协整关系假定下的经过标准化的协整系数，可得出长期均衡方程如下（括号内为标准差）：

$$LY=0.937211LGDP+0.4432LGYH+0.0990POP-0.1103LP-0.9877LE+1.3225$$
$$\quad(0.0197)\qquad(0.0533)\qquad(0.0215)\quad(0.0212)\quad(0.0555)$$

$$(5-2)$$

上述检验结果表明了在 1986—2016 年电力消费量与 GDP、工业比重、人口增长、电价和电力使用效率之间存在长期的均衡关系，并且所有变量均通过显著性检验，其系数符号均符合经济学含义。其中，影响最显著的是电力使用效率，工业部门的电力效率每提高 1 个百分点，电力消费就会反方向变动 0.99 个百分点，也就是说，提高能源效率对节电具有显著的促进作用；其次是 GDP，每变动 1 个百分点，电力消费将同方向变动 0.94 个百分点，也就是说，电力消费与 GDP 的增长基本是 1 ∶ 1 的关系；再次是工业增加值在 GDP 中所占比重，其系数为 0.44；而电价每增加 1 个百分点，会使电力消费下降 0.11 个百分点，由于台湾的电力价格由行政确定，电价未能合理反映供电的有效成本及能源使用的外部成本。因此，电价对电力需求的抑制作用较为有限；最后，人口增长率每增加 1 个百分点，将使电力消费增加 0.09 个百分点。

（2）历史数据检验

为检验方程对历史数据的拟合程度，将模型估计值与实际值进行对比。

表 5–6　模型历史数据检验结果

年份	电力消费量对数值			电力消费量		
	实际值	估计值	相对误差	实际值	估计值	相对误差
1990	2.93	2.95	0.78%	18.76	19.19	2.32%
1995	3.28	3.28	−0.09%	26.67	26.59	−0.30%
2000	3.64	3.67	0.69%	38.27	39.25	2.56%
2005	3.83	3.82	−0.21%	46.18	45.82	−0.79%
2010	3.90	3.89	−0.27%	49.21	48.69	−1.06%
2015	3.92	3.91	−0.25%	50.61	50.12	−0.96%
2016	3.93	3.94	0.25%	50.90	51.41	1.01%

由表 5–6 数据和图 5–7 可看出，模型对历史数据的拟合程度很高，

1986—2016 年，电力消费量估计值与实际值的年均误差为 0.28%。除此以外，模型对历史数据的预测值基本与实际值吻合，模拟效果如下图所示：(图中，Y 为实际电力消费量，Y' 为由模型估计的电力消费量)

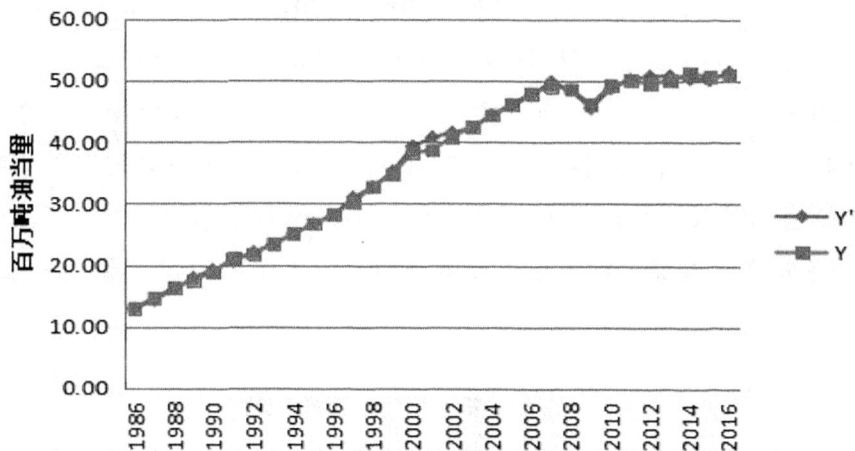

图 5-7　模型历史数据模拟效果

（三）中长期电力需求预测

1. 情形设定

对于经济增长、产业结构和人口增长等变量的设定在第三章第二节已详细说明，这里不再赘述。本部分主要说明对电价和电力效率两个变量的设定。

（1）电价。从过去电力价格指数的变化趋势来看，电价呈现一定的波动性，1991 年至 2004 年逐年下降，2005 年后则呈上涨趋势。从 1996 年至 2016 年，年均增长 0.89%。由于电价的变动受经济、社会、政治、天气等很多不可预期因素的影响，而台湾的电力价格还受到行政管制，无法根据发电燃料成本反映电价，可预测性较差，因此，参考台湾"经济部能源局"对电价的预测，本书以 2016 年的实质电价为基准，将未来台湾的电价调整设定为零增长 [①]。

（2）电力效率。根据 1986—2016 近 30 年电力效率的变化趋势预测 2017-2040 年的电力效率的变动。1986—2016 年间，台湾的电力效率总体上呈现下降再上升的过程，1986—2001 年年均下降 2.98%，并于 2001 年达到最低的 30.53 元新台币/千瓦时；此后开始持续上升，至 2016 年达到 40.73 元新台币/千瓦时，2001—2016 年均增长率为1.94%。因此，本书假设 2017—2025 年台湾的工业用电效率以年均2% 的速度增长，之后每 10 年以 0.5 个百分点的速度递减。

根据以上假设，推算出主要解释变量的历年平均变化率，总结如表 5-7 所示：

表 5-7 主要解释变量的增长率设定

年份	2017—2025	2026—2035	2035—2040	增速
GDP	3%	2.5%	2%	高
	2.5%	2%	1.5%	中
	2%	1.5%	1%	低
POP	0.14%	0.11%	0.04%	高
	−0.14%	−0.23%	−0.36%	中
	−0.41%	−0.55%	−0.70%	低
E	2%	1.5%	1%	——

注：POP 的数值是人口规模的年均增长率。

2. 预测结果

根据上文模拟的协整方程结果及上述假设，电力消费总量和年均增长率的预测结果见表 5-8 和图 5-8，相应的人均用电量则根据电力消费总量和人口规模计算，预测结果如下表 5-9 所示。

---

① 零增长代表未来名义电价将随物价波动而进行调整，采用实质电价零增长有利于简化电价调整的不确定因素。

根据协整模型的预测，到 2025 年，在高中低三种增速 [①] 情景中，台湾的电力消费将分别以年均 1.81%、1.37%、0.72% 的速度增长，电力消费总量将由 2016 年的 2553 亿 kWh 分别增加到 2025 年的 3000、2866、2723 亿 kWh；到 2030 年，三种增速情景中的电力消费总量将分别达到 3186、2962、2742 亿 kWh。

表 5–8　基于协整模型的台湾电力消费量预测值

单位：亿 kWh；%

年份	电力消费量预测值			年均增长率		
	高速	中速	低速	高速	中速	低速
2020	2760.04	2702.11	2639.92	1.96	1.42	0.83
2025	3001.12	2866.21	2723.30	1.69	1.19	0.62
2030	3186.26	2962.33	2742.40	1.20	0.66	0.14
2035	3364.27	3047.21	2753.18	1.09	0.57	0.08
2040	3468.69	3063.71	2701.40	0.61	0.11	-0.38

注：表中的增长率是指每个间隔年限的年均增长率。例如，1.96 指的是高速增长情形下，2016 年到 2020 年电力消费的年均增长率。

根据电力消费总量和人口规模可计算相应的人均用电量。那么，到 2025 年，高中低三种情形下，台湾的人均电力消费将由 2016 年的 10863kWh 分别增加到 12605、12076、11546kWh，比 2016 年分别增长 16.03%、11.17%、6.29%；到 2030 年则分别增加到 13420、12559、11773kWh。这意味着，未来台湾的电力消费仍有较大的增长空间。

_____

① 三种增速包括 GDP 和人口的增速。

表 5–9　基于协整模型的人均电力消费量预测值

年份	人均用电量 /kWh			年均增长率 /%		
	高速	中速	低速	高速	中速	低速
2020	11633	11402	11161	1.73	1.22	0.68
2025	12605	12076	11546	1.62	1.15	0.68
2030	13420	12559	11773	1.26	0.79	0.39
2035	14325	13133	12099	1.31	0.90	0.55
2040	15079	13572	12295	1.03	0.66	0.32

$SQ = \dfrac{Q+K}{1-EL}$ 根据上表所预测的电力消费量，我们可以预测 2020-

2040 年所需的供电量（SQ），如下式所示：

$$SQ = \frac{Q+K}{1-EL} \tag{5-3}$$

其中，Q 表示电力消费量，K 表示电业自用电量，包括台电公司厂用电量、事业用电量[①]、抽水蓄能用电量及汽电共生厂用电量，EL 表示线损率。在三种不同增速的情况下，2020—2040 年台湾的发电装机容量（平均负载）预测如表 5–10 所示。

表 5–10　台湾 2020—2040 年发电装机（平均负载）的预测

年份	电业自用电量 / 亿度	线损率 / %	供电量 / 亿度			装机容量（平均负载）/MW		
			高速	中速	低速	高速	中速	低速
2020	204.4	3.8	3081.5	3021.3	2956.7	35177.3	34489.9	33752.0
2025	211.9	3.8	3339.9	3199.7	3051.1	38127.2	36526.2	34830.3
2030	215.5	3.7	3532.5	3299.9	3071.5	40324.9	37670.4	35063.3
2035	220.1	3.6	3718.2	3389.3	3084.3	42445.7	38691.1	35209.2
2040	226.8	3.6	3833.5	3413.4	3037.6	43761.3	38965.6	34675.2

数据来源：电业自用电量的预测数据来源于台湾"经济部能源局"《长期负载预测》；线损率的预测数据来源于台电公司"线损小组"的预估值。

---

① 台电公司事业用电量为台电公司的工程、事业、变电所所内用电、停机时厂外受电等。

以中速增长的情形来看，到 2025 年和 2030 年，平均负载将达到 36526MW 和 37670MW；尖峰负载将分别达到 48702MW 和 50227MW（详见表 5–11）。那么，以备用容量率 15% 的目标计算，所需的系统供电能力的装机容量将分别需要为 56007MW 和 57761MW，比 2016 年的发电装机容量（49906MW）分别增长 12.2% 和 15.7%。

表 5–11　台湾 2020—2040 年尖峰负载和系统所需的供电能力

单位：MW

年份	装机容量（尖峰负载）			系统供电能力		
	高速	中速	低速	高速	中速	低速
2020	46903.1	45986.5	45002.7	53938.5	52884.5	51753.1
2025	50836.3	48701.6	46440.4	58461.7	56006.8	53406.5
2030	53766.5	50227.2	46751.1	61831.5	57761.3	53763.7
2035	56594.3	51588.1	46945.6	65083.4	59326.4	53987.4
2040	58348.4	51954.1	46233.6	67100.7	59747.3	53168.6

注：表中系统供电能力是指按照 15% 的备用容量率计算的在相应尖峰负载下所需的供电能力。

三、基于分布滞后模型的人均电力需求实证分析

利用现代计量经济分析方法分析能源消费和经济关系的研究近年来已成为热点。然而，关于能源消费和经济增长的关系并没有得出一致结论。不同国家的能源消费与经济增长之间有着不同的依从关系；即使是同一个国家（地区），在不同发展阶段也会出现不同的依从关系。存在这个问题的原因可能是在大部分电力消费预测模型中，将电力消费的收入弹性作为常数处理，即采用对数线性方程进行估计。但是，二者之间究竟是否表现为线性关系，值得讨论。经济中生产和消费活动的结构变化可能会改变经济增长影响电力消费的方式和大小，而线性方程很难反映这些结构变化问题。统计数据也说明一些发达国

家（地区）的电力消费与人均收入之间确实存在非线性关系。例如，杨等（Yang，2010）则分析了台湾电力消费与经济增长的关系，发现居民部门的电力消费与 GDP 之间则存在非线性关系。

事实上，一些文献的研究表明经济增长和能源消费之间可能存在类似环境 Kuznets 曲线的非线性关系：加利（Galli，1998）利用亚洲国家的面板数据分析了能源—收入关系，发现了这些国家的能源强度在收入水平达到某一临界值（平均为 3945 美元）后趋于下降。经验研究也表明，中低收入发展中国家的能源消费和收入水平之间的关系并不稳定，长期中二者存在非线性关系；肯尼斯（Kenneth，2001）的研究也发现在人均收入达到一定水平后，能源强度越过拐点开始下降，人均能源消费增长速度随人均收入提高而逐渐放缓；何晓萍（2009）也采用中国大陆 2000—2006 年 29 个省（区）的面板数据验证中国大陆电力消费与人均收入水平之间存在非线性的关系。因此，在预测中长期电力需求时，将需求收入弹性作为常数的假定需要进一步讨论。

本书借鉴肯尼斯（Kenneth，2001）的方法，对电力消费和经济发展的长期动态关系进行研究，以发现人均电力消费和人均收入水平之间的非线性关系。

（一）人均电力需求的分布滞后模型

肯尼斯（Kenneth，2001）能源需求模型从消费函数推导而来，其特殊之处在于假设能源需求的收入弹性是人均收入水平的函数，这意味着能源需求的增长方式随经济发展水平而改变。在一定的能源价格以及人均收入水平下，人均能源需求的长期均衡水平可由下式表示：

$$\ln Q_t^* = a_i + b_1 \ln P_t + b_2 \ln y_t + b_3 (\ln y_t)^2 \tag{5-4}$$

其中，Q_t、P_t、y 分别表示人均能源消费量、能源价格和人均收入水平，* 表示长期均衡水平。显然，预期水平 $\ln Q_t^*$ 是不可观测的。事实上，由于各种因素的影响，实际变化（增量）只是预期变化的一部分，短期水平往往会偏离长期均衡值，需要考虑实际水平向长期水平的动态调整。故有如下的局部调整假设：

$$\ln Q_t - \ln Q_{t-1} = (1-\lambda)\left(\ln Q_t^* - \ln Q_{t-1}\right) \tag{5-5}$$

其中，λ 为调整系数。若 $\lambda=0$，则 $\ln Q_t^* = \ln Q_t$，实际值等于预期值，实现完全调整；若 $\lambda=1$，则表示完全没有调整；若 $0<\lambda<1$，本期实现部分调整。将式（5–5）代入式（5–4），可得到如下的短期动态模型：

$$\ln Q_t = a_i' + \lambda \ln Q_{t-1} + \beta_1 \ln P_t + \beta_2 \ln y_t + \beta_3 (\ln y_t)^2 + \varepsilon_t \tag{5-6}$$

其中，$a_t' = a_t(1-\lambda)$，$\beta_k = b_k(1-\lambda), k=1,2,3$

方程（5–6）只包含收入水平和价格两个解释变量，这意味着经济中影响能源消费的其他因素，包括产业结构、技术进步等因素都体现在收入水平与能源需求的非线性关系中。在上文协整模型的实证中，我们发现产业结构和电力使用效率也是影响电力需求的主要因素。因此，本书在方程（5–6）的基础上加以扩展，将工业化水平和电力效率作为控制变量同时引入方程。因此，人均电力消费的长期均衡方程和分别短期动态方程为：

$$\ln Q_t^* = a_i + b_1 \ln P_t + b_2 \ln y_t + b_3 (\ln y_t)^2 + b_4 \ln GYH_t + b_5 \ln E_t \tag{5-7}$$

$$\ln Q_t = a_i' + \lambda \ln Q_{t-1} + \beta_1 \ln P_t + \beta_2 \ln y_t + \beta_3 (\ln y_t)^2 + \beta_4 \ln GYH_t + \beta_5 \ln E_t + \varepsilon_t \tag{5-8}$$

其中，Q_t 表示人均电力消费量，y_t 表示人均收入，P_t 表示电价水平，GYH_t 和 E 分别表示工业化水平和电力使用效率，β_1、β_4、β_5 分别表示电价、工业化水平、电力使用效率对人均电力需求的短期弹性；相应地，b_1、b_4、b_5 则分别表示这三种因素的长期弹性。

利用方程（5–8），可得到长期电力需求的收入弹性 $b_2 + 2b_3 \ln y_t$ 和单位产值电力消费（电力强度）的收入弹性$(b_2-1)+2b_3\ln y_t$。弹性取决于收入水平变化和参数b_2，b_3的大小。若$b_2>1$，$b_3<0$，则两个弹性将随收入水平的提高先增后降，其间经过一个拐点，使电力消费和收入水平呈倒 U 形关系。当人均电力消费和电力强度达到极大值点所对应的人均收入分别为$y_t=\exp(^{-b_2}\!/\!_{2b_3})$和$y_t=\exp(^{(1-b_2)}\!/\!_{2b_3})$。

1. 变量和数据

本模型的因变量以人均电力消费量（电力消费量除以人口规模）表示，自变量以人均 *GDP* 作为衡量收入水平的指标，以消除人口规模对收入水平的影响。鉴于台湾的电力需求以工业用电为主，电力消费以工业耗电为主。与协整模型一致，工业化水平以工业增加值占 *GDP* 的比重来代表，价格变量以电力价格指数表示，电力效率用工业增加值除以工业电力消费量得到。人均 *GDP*、人口数、工业增加值数据来自"行政院主计处"，电力消费数据和电力价格指数均来自台湾"经济部能源局"。对 *GDP* 数据采用 *GDP* 平减指数折算为 2011 年不变价格水平。方程中各变量均取对数。

由于方程中自变量含有被解释变量的滞后项，对于序列相关问题，首先进行 *Breush-Godfrey LM* 检验，原假设是不存在一阶自相关，从下表中 *F* 统计量和 $T\times R^2$ 统计量的检验结果表明接受了原假设。此外，方程还可能存在滞后因变量Q_{t-1}与随机扰动项相关，导致变量内生性问题，因此，对其采用两阶段最小二乘法（*2SLS*）估计，以全部解释变量及其一期滞后值作为工具变量。模型的估计结果详见表 5-12。

表 5-12　回归方程扰动项序列相关的 LM 检验

统计量	值	P 值
F 统计量	0.3116	0.7356
$T\times R^2$ 统计量	0.8646	0.6490

2. 模型的估计结果

从表中模型的拟合结果来看，调整的 R^2 很高，说明模型的估计结果对于台湾的电力消费具有比较好的解释力。各系数符号与预期值一致，工业比重的系数为正，价格变量及电力效率的系数为负，人均收入的一次项系数为正，二次项系数为负。

从表 5-13 中模型的拟合结果来看，调整的 R^2 很高，说明模型的估计结果对于台湾的电力消费具有比较好的解释力。各系数符号与预期值一致，工业比重的系数为正，价格变量及电力效率的系数为负；人均收入的一次项系数为正，二次项系数为负。根据该表的估计系数，我们用历史人均收入、工业化水平和城市化水平的实际值对人均电力消费量进行了拟合，以检验估计参数的准确性。结果表明，只有个别年份估计误差高于 5%，总体估计误差控制在 4%。[①] 因此。本模型具有比较好的解释力。

表 5-13　模型估计结果

变量	短期方程		长期方程
	参数	t 值	参数
P	−0.116**	−2.293	−0.158
Y	9.267***	3.863	12.591
Y^2	−0.330***	−3.549	−0.448
E	−0.406***	−3.289	−0.552
GYH	0.619***	3.525	0.841
Q（−1）	0.264*	1.963	
Adjusted R^2	0.99		
电力强度收入拐点	273610		
人均耗电收入拐点	1243922		
曲线形状	倒 U 形		

注：***、**、* 分别表示在 1%、5%、10% 的显著性水平。

————

① 由于篇幅限制，历史数据的拟合不在此列出。

　　从估计结果来看，价格变量的系数估计值较小，表明电力价格对人均用电量的影响较小，主要原因是台湾的电价机制并未完全市场化，电价水平整体偏低，无法充分反映市场的供需情况。从产业结构的影响来看，工业增加值占 GDP 的比例每增加 1 个百分点，人均电力消费将增加 0.6 个百分点，工业比重的提高促进了用电需求的增长。

　　人均收入变量的一次项系数符号为正，平方项系数符号为负，表明人均电力消费是收入水平的非线性函数，并且二者之间呈现倒 U 型关系。由估计系数可计算人均电力消费和电力强度峰值所对应的人均收入水平，所计算出的人均用电峰值对应的人均 GDP 水平为 1267371 元新台币，而 2016 年台湾的人均 GDP 仅为 675136 元新台币（2011 年为不变价），二者相差相近一倍。这说明：第一，未来台湾的人均电力消费还将有较长时期的上升空间，这意味着，电力消费总量将有一定的增长空间[1]；第二，人均电力消费和收入水平之间存在非线性关系，在收入水平较高的阶段，人均电力消费的增长速度会降低，这与大多数发达经济体的经验是一致的。

　　如果仅仅考虑收入水平的影响，单位产值耗电（电力强度）将在人均 GDP 为 415145 元时峰值，这相当于 2000 年左右的人均 GDP 水平。这也意味着，自 2000 年以后，台湾的电力效率[2]处于上升的趋势，用电量的增速低于 GDP 的增速。

（二）基于分布滞后模型的电力需求预测结果

　　根据表 5-13 的长期方程估计参数，可模拟人均电力消费的长期增长路径，相应的电力消费量则根据人均用电量和人口规模计算。各种经济变量的情形设定与协整方程中采用的设定一致，预测结果如表

---

　　[1]　根据台湾"国发会"的预测，未来台湾的人口增长将基本处于零增长，并逐渐走向负增长的趋势。
　　[2]　电力效率是指单位耗电量的产值，是电力强度的倒数。

5-14 所示。在高中低三种增速情形下，2025 年台湾的人均电力消费量将分别达到 12636、12466、12295kWh，而电力消费总量将分别达到 3008、2959、2900 亿 kWh。

表 5-14　基于分布滞后模型的电力消费量预测值

年份	人均用电量 /kWh			电力消费量 / 亿 kWh		
	高速	中速	低速	高速	中速	低速
2020	11029	10944	10860	2617	2594	2569
2025	12636	12466	12295	3008	2959	2900
2030	14132	13927	13705	3355	3285	3192
2035	15179	15022	14807	3565	3486	3369
2040	14937	14892	14740	3436	3362	3239

根据厂用电量及线损率的预测，可计算相应的平均负载所需的发电装机容量，计算方法与协整模型的预测一致。由于本研究旨在对不同模型的预测进行比较，因此，这里只取中等增长速度下的情形，表 5-15 给出了主要年份的预测结果。

若按照中速增长的情形计算，到 2025 年和 2030 年，台湾的人均 GDP 将分别达到 835199、927897 元新台币，这相当于 2016 年人均 GDP（675126 元新台币）的 1.24 倍和 1.37 倍；届时，台湾的人均电力消费水平分别为 12466、13927kWh，是 2016 年人均电力消费水平（10863kWh）的 1.15 倍和 1.28 倍；电力消费量则分别为 2959、3285 亿 kWh，是 2016 年电力消费量（2553 亿 kWh）的 1.16 倍和 1.29 倍；尖峰负载将分别达到 50167MW 和 55327MW。那么，以备用容量率 15% 的目标计算，所需的系统供电能力的装机容量将分别需要为 57692MW 和 65090MW，比 2016 年的发电装机容量（49906MW）增长 15.6% 和 30.4%。

表 5-15　基于非线性模型的负载预测

年份	人均 GDP/ 新台币	人均用电量 / kWh	电力消费 / 亿 kWh	发电装机容量（平均负载）/MW	发电装机容量（尖峰负载）/MW
2020	739334	10944	2594	33202	44269
2025	835199	12466	2959	37625	50167
2030	927897	13927	3285	41495	55327
2035	1041393	15022	3486	43883	58511
2040	1153166	14892	3362	42495	56660

注：2016 年为实际值。最后两行表示对应年份的比值。例如，最后一行第二列为 2.62，表示 2020 年全国人均 GDP 为 2006 年的 2.62 倍。根据台湾"经济部能源局"的数据，平均负载大致为尖峰负载的 75% 左右。

四、电力需求预测结果的合理性

（一）不同模型的电力需求预测比较

首先，我们比较中速情形下协整模型、面板模型关于 2025 年电力需求的不同预测结果，详见表 5-16。关于 2025 年的人均电力消费预测，协整模型为 12076kWh，基于分布滞后模型的预测为 12466 kWh，台湾"经济部能源局"（2013）[1] 的预测结果为 12577 kWh，三个预测结果的上下浮动范围不超过 4%。我们认为，基于不同模型得到的结果，这一误差水平可以接受。因此，本书的预测结果为：2025 年台湾的人均电力消费水平在 12000kWh 左右，电力消费在 2900 亿 kWh 左右，平均负载在 37000MW 左右，上下误差在正负 4% 以内。

---

① 台湾"经济部能源局"，《"全国"长期负载预测与电源开发规划（2013—2022)》，2013 年。

表 5-16　不同模型的 2025 年电力需求预测比较

模型	电力消费 / 亿 kWh	人均电力消费 / kWh	发电装机 （平均负载）/MW
协整模型	2866	12076	36526
分布滞后模型	2959	12466	37625
"经济部能源局"（2013）	2979	12577	37243

（二）人均电力消费的国际比较

台湾地区 2016 年的人均用电量为 10862kWh，相当于美国 20 世纪 80 年代中期的水平，与韩国 2016 年的人均电力消费水平（10756kWh/人）大致相当。若 2025 年台湾的人均用电达到 12000 kWh 左右，则大致相当于美国 20 世纪 90 年代初的人均用电水平。从人均用电水平 10800 千瓦时增加到 12000kWh，美国大致用了 8 年时间，根据本研究预测的结果，台湾大致需要 9 年时间。对比美国的同期 GDP 年均增长率为 1.27%，台湾在 2017—2025 年年均增长率为 2.5%（中等增速情况），因此，到 2025 年台湾的人均电力消费量达到 12000kWh 左右是完全有可能的。

表 5-17　电力消费与人均产值比较

国家和地区	年度	人均 GDP （2011 价，$）	人均用电 （kWh/ 人）	耗电强度 （kWh/1000$）
台湾地区	2040	39130	14000	381
德国	2006	39143	7764	198
日本	2016	38240	7871	206
美国	1995	39476	13397	355

数据来源：世界银行《世界发展指数》（WDI）。

由表 5-17 可看出，按照中速增长情形，2040 年台湾的人均 GDP 达到 1153166 元新台币（约 39130 美元，以 2011 年价格和汇率水平计算），那么大致相当于美国 20 世纪 90 年代中期的人均 GDP；德国

2006 年的人均 GDP（2006 年德国人均 GDP39143 美元，人均耗电 7764 kWh）；日本 2016 年的人均 GDP 水平（当年日本人均 GDP 为 38240 美元，人均电力消费水平为 7871kWh）。此时的人均用电量大约在 14000kWh 左右，与美国同期的人均用电量（133970kWh）相当。

从电力强度的比较来看，若基于纵向时间的比较，中长期台湾的单位产值平均耗电水平处于下降的趋势。从单位产值耗电来看，2025 年的电力强度与 2016 年相比下降约 10.7 %。然而，从横向比较来看，台湾的单位产值耗电依然高于其它发达经济体可比同期的耗电水平。由上表可看出，在同样的人均 GDP 水平下，台湾地区的单位产值耗电水平高于其它发达经济体。按照 2011 年价格水平的千美元耗电水平看，台湾地区 2040 年的电力强度约 381kWh。在同样的人均 GDP 水平下，除了美国为 355kWh 以外，德国、日本的千美元耗电均在 300kWh 以下，说明台湾地区提高用电效率的空间还很大。这也是台湾地区人均用电量高于德国、日本的一个主要原因。

（三）电力需求预测的合理性及其含义

本书分别利用时间序列协整模型和分布滞后模型对台湾的电力需求增长进行了对比研究和预测。预测结果表明，到 2025 年，台湾人均电力消费水平大约在 12000kWh 左右，比 2016 年增长 10.5%；电力需求大约在 2900 亿 kWh 左右，比 2016 年增长 13.6%。这意味着未来随着台湾的经济增长，电力消费总量还会有一个增长的时期。本书的预测结果具有合理性。

长期来看，台湾的人均电力需求与人均收入水平之间存在倒 U 形的非线性关系，在倒 U 型曲线的上行阶段电力消费增长较快，而下行阶段电力消费增长比较慢。在模拟期内，台湾的人均电力消费大约在 2035—2040 年到达峰值。与电力强度—收入曲线相比较，人均电力消费曲线的倒 U 型曲线更为平缓，曲线拐点对应的收入水平更高，这说明台湾的人均电力消费水平还有一个长时期的增长过程和上升空间。

基于国际比较，在各国及地区城市化的进程中，随着经济发展以及居民收入和生活水平的提高，人均电力消费量会保持着不断上升的趋势。因此，必须采取相应的能源战略及政策措施，以实现未来经济与社会的可持续发展。

第三节　台湾的中长期电力供给趋势分析

一、台湾电力供应现状

2016 年，台湾地区的总发电装机容量为 4990.6 万 kw，其中，台电公司总装机容量为 3246.7 万 kw，占 65.1%；民营电厂的装机容量为 933.0 万 kw，占 18.7%；汽电共生厂 810.9 万 kw，占 16.2%。从发电结构来看，台湾的发电量由 2001 年的 1885.3 亿 kWh 增加到 2016 年的 2641.1 亿 kWh，但发电结构仍以火电为主，且火电比例由 2001 年的 75.1% 增加到 2016 年的 81.9%，其中，燃煤比例下降，而燃气比例则由 2001 年的 10.9% 上升到 2016 年的 32.4%，核电比例略有下降，可再生能源的比例上升幅度很小，2001 年可再生能源发电占总发电量的 4%，而到了 2016 年，其发电占比也仅为 4.8%。

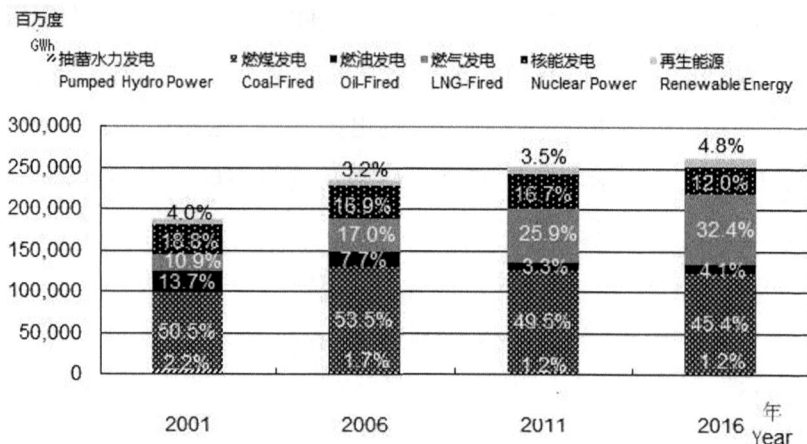

图 5-8　台湾地区的电力供应结构

数据来源：台湾"经济部能源局"。

二、中长期电力供应分析

（一）目前台湾当局的电力政策

就电力行业而言，台湾当局于 2016 年 9 月 17 日发布的的新能源政策具体包含几个方面：（1）在电力供应方面：稳定开源，确保供电；（2）在电力需求方面：推动节能，提高能源效率，降低电力需求的增长；（3）在电力结构方面：促进清洁能源发展，拓展自主绿能产业，朝向"非核家园"迈进；（4）在电网建设方面：加速储能布局，推动智能电网建设，强化电网稳定度；（5）在电力市场方面，完成"电业法"修订[①]，推进能源转型及电力行业改革。

在能源转型方面，台湾"经济部"于 2017 年 5 月 16 日对外说明能源转型路径规划，提出到 2025 年，"再生能源发电占比提升为20%，天然气发电占比提升为 50%，燃煤发电占比降为 30%"，既有核电厂（核一、二、三）不延役，同时核四废止，于 2025 年实现"非

---

① 台湾当局已于 2017 年 1 月完成"电业法"修订，并于 2017 年 1 月 26 日施行。

核家园"，详见表 5–18。

表 5–18　各类能源发电占比目标

单位：%

各类能源发电	2016 年	2025 年
再生能源发电	5	20
燃气发电	32	50
燃煤发电	46	30
核电	12	0
其他	5	0

资料来源：作者整理，2016 年为实际值，该比例表示各种能源发电量占总发电量的比例，数据来源于"经济部能源局"。

（二）既有机组退役时程

根据台湾"经济部能源局"的中长期电源开发规划，除必须满足未来电力成长需求外，还需要弥补既有老旧电厂届龄退役后所造成的电源不足缺口。依据台电公司机组除役运转寿龄规划，"汽力惯常火力电厂的运转寿龄以 40 年计，复循环机组运转寿龄以 30 年计，气涡轮机组运转寿龄以 20 年计，有关核能机组部分，则按运转寿龄 40 年后除役"，现有三座核电厂将在 2025 年前陆续退役，装机容量为 514.4 万 kw；其次，2017—2028 年陆续退役的火电厂装机容量达 962.2 万 kw，其中，燃油、燃气、燃煤电厂退役的装机容量分别为 326.0 万 kw、426.2 万 kw、210.0 万 kw，因此，预计 2017—2028 年台湾地区电力系统届龄退役的总装机容量约为 1476.6 万 kw。

（三）电厂的区域分布及平衡

从区域供需的平衡来看，中区、南区电源充裕，北部地区供电能力较北部尖峰负载不足 58 万 kw，北部地区供电能力包括有高发电成本之协和燃油发电厂及核一、二厂的全黑起动气涡轮机；2019—2023

年北部电源不足以支应北部负载，用电尖峰时须由中南部透过 345KV 超高压主干线路输送电力至北部。在考虑经济性及发电机组需定期检修及偶有故障停机情事发生，中电北送为常态；未来在北部负载持续成长下，对输电损失、供电可靠度具有负面影响，为此需谋求在北部地区增设机组，以改善区域电力供需平衡，提升电力质量等问题。南部地区目前供电能力大于负载需求，2016 年剩余电力为 174 万 KW，预计未来机组陆续届龄退休下，南部供电情形逐渐饱和，需进一步规划南部地区进行更新发电计划的可行性。

表 5-19　2016 年台湾本岛电力区域供需平衡

台湾	净尖峰能力		尖峰负载		富余电力 万 kw
	万 kw	占比	万 kw	占比	
北区	1333.0	33.9	1390.9	38.9	-57.9
中区	1325.4	33.7	1077.4	30.2	248.0
南区	1278.5	32.5	1104.3	30.9	174.2

（四）中长期电力供应预测

依据台电公司所公布的《长期电源开发方案（10605 案）》，2017—2028 年的新增发电装机容量为 2419.2 万 kw（其中，燃气发电装机容量为 1704.6 万 kw，约占 70.5%；燃煤发电 440.0 万 kw，约占 18.2%；可再生能源 272.1 万 kw，约占 11.2%；燃油发电 2.5 万 kw，约占 0.1%），扣除这段时期退役的总装机容量约为 1476.6 万 kw，则实际仅新增 942.6 万 kw 的装机容量。从发电装机结构来看，2022 年后所设置的新建机组基本为燃气机组，除了考虑到减少环境污染的因素，另一方面是为了解决再生能源扩增后的系统运转调度问题。

那么，以 2016 年的装机容量为 4990.6 万 kw 计算，则按照此规划，至 2025 年，总发电装机容量为 5677.7 万 kw，其中，气电装机容量为 2646.1 万 kw，占 46.6%；煤电装机容量为 2041.6 万 kw，占 36.0%；

油电装机容量为 99.0 万 kw，占 1.7%；其他能源（含惯常水电、抽水蓄能及可再生能源等）为 891.0kw，占 15.7%。至 2028 年，台湾的总发电装机容量为 5933.2 万 kw，其中，气电装机容量为 2862.5 万 kw，占 48.2%；煤电装机容量为 1991.6 万 kw，占 33.6%；油电装机容量为 76 万 kw，占 1.3%；其他能源（含惯常水电、抽水蓄能及可再生能源等）为 1003.2 万 kw，占 16.9%。然而，由下表可看出，由于核电机组的陆续退役，总发电装机容量在 2017 年、2019 年、2021 年、2024 年等年份均有所下降；若仅统计至 2019 年，则除役容量为 428.6 万千瓦，新增容量为 516.4 万 kw，新增容量仅 87.8 万 kw。

表 5-20　台湾地区 2017—2028 年的电力供应预测

单位：万 kw；%

年份	发电装机容量						增长率
	煤电	油电	气电	核电	其他	合计	
2016	1761.6	399.5	1584.1	514.4	731.0	4990.6	
2017	1841.6	324.5	1567.7	514.4	731.0	4979.2	−0.2
2018	2001.6	324.5	1657.0	450.8	734.6	5168.5	3.8
2019	2081.6	226.7	1607.0	387.2	775.9	5078.4	−1.7
2020	2081.6	213.0	1708.3	387.2	791.1	5181.2	2.0
2021	2081.6	213.0	1738.3	288.7	792.8	5114.4	−1.3
2022	2081.6	213.0	1738.3	288.7	793.5	5115.1	0.0
2023	2081.6	213.0	1933.9	190.2	823.2	5241.9	2.5
2024	1981.6	113.0	2050.5	95.1	866.2	5106.4	−2.6
2025	2041.6	99.0	2646.1	0.0	891.0	5677.7	11.2
2026	2101.6	99.0	2512.5	0.0	933.2	5646.3	−0.6
2027	1991.6	99.0	2752.5	0.0	933.2	5776.3	2.3
2028	1991.6	76.0	2862.5	0.0	1003.1	5933.2	2.7

注：2016 年为实际值。其他包括惯常水电、抽水蓄能、风电、太阳能及其他可再生能源（包括汽电共生之垃圾及沼气）。

资料来源：本研究整理，数据来源于《台湾电力公司 2017 年长期电源开发方案（10605 案）》。

第四节　台湾能源转型对电力短缺的影响

一、从"815"大停电事故分析台湾的电力短缺

历史上，台湾曾经历过大规模的电力短缺。台湾是能源极其匮乏的海岛，早期的电力以水电为主。20 世纪 50 年代至 70 年代，随着台湾工业化进程的加快和经济的高速发展，台湾开始经历长时期的电力短缺。这段时期尽管电力供给的年均增速高达 10% 以上，但仍无法满足日益增长的电力需求。为了保证电力供应，台湾当局重点开发大容量高效率的火电。70 年代末，两次石油危机的影响促使台湾当局实施能源多元化政策，并积极推广核电。从 1975 年到 1985 年，3 座核电厂共 6 部机组（装机容量达 514.4 万 kw）相继加入供电行列，但电量仍供不应求。根据台电资料，1988 年至 1996 年，每年均发生因备转容量率偏低而限电的事件，1994 年甚至创下 16 次限电纪录。于是在 1995 年，台湾开放民间兴建独立发电厂（IPP, Independent Power Plant）以加速电源开发，进入"开放电业化"时期后，1997 年迄今未再出现因备转容量率偏低而限电的事件。

（一）"815"大停电事故的直接原因：人为误操作

2017 年 8 月 15 日，台湾发生近 18 年来最大规模的停电事故，台北、新北、新竹、桃园等地陆续出现停电，殃及 17 个县市共 99 个乡镇区，约 592 万用户。根据台湾"行政院"就此次事故的专案报告[1]，该事故发生的直接原因是中油工作人员在大潭电厂天然气计量站更换电源供应器时，未遵循标准作业程序操作，造成供气中断，导致大潭电厂 6 部天然气发电机组停机，电力系统供电量瞬间减少约 420 万

---

[1]　2017 年 8 月 21 日，台湾"行政院院长"林全在"立法院"第 9 届第 3 会期第 3 次临时会进行"815 供气中断致大潭电厂跳机停电事件专案报告"。

kw；由于电压突然下降，电力系统自动启动安全保护措施，全台因此多处停电，经统计瞬间停电用户约有 154 万户。而大潭电厂位于最缺电的北部，420 万 kw 的电力损失加剧了北部供电不足的问题，远超过了南电北送的极限，因此，为确保电力系统稳定，台电实施紧急分区轮流停电，影响用户约 438 万户。

（二）"815"大停电事故的实际原因：电力短缺

从表面上看，此次大停电事故是中油人员的人为误操作，但背后的实际原因是台湾地区近期电力的备用容量率不足，即电力供应紧张。

备用容量率（Percent Reserve Margin，PRM）[①] 是衡量电力系统发电端供电可靠性的指标，为确保电力稳定供应，台湾"经济部"核定备用容量率的目标值是 15%。近年来，台湾电力的尖峰负载量年创新高，自 2012 年的 3308 万千瓦增加到 2016 年的 3586 万 kw，2017 年高达 3645 万 kw，为史上最高；而电力的备用容量率则急剧下降。如图 5-10 所示，自 2014 年开始，备用容量率已在安全线（15%）以下，2015 年备用容量率下降为 11.5%，2016 年更下降到 10.4%，并且，若扣除核一厂 1 号机组和核二厂 2 号机组 [②] 的因素，则 2016 年的实际备用容量率仅为 8.1%。

备转容量率（Percent Operating Reserve）[③] 是衡量系统每日供电可靠性的指标，指当天实际可调度的发电容量盈余程度，按照台湾电网系统的规模，该值应在 7% 以上。从该指标来看，2016 年以来，台湾

---

① 备用容量是指电力系统在各发电机组正常发电情况下可提供的最大发电容量（即系统总供电能力）超过全年最高用电量（即系统年尖峰负载）的发电容量，备用容量率为每年的备用容量占尖峰负载的百分比。该指标值越高，代表系统的供电能力越可靠。

② 核一厂 1 号机组和核二厂 2 号机组分别自 2014 年核 2016 年大修完成后，尚未并入电网运转，但仍计入备用容量率的计算。

③ 备转容量是指系统运转净尖峰能力超过系统瞬时尖峰负载的富余量，其中，系统运转净尖峰能力是指已扣除机组大修、小修及故障机组容量、火力机组环保限制、辅机故障、气温变化等因素。备转容量率指备转容量占系统瞬时尖峰负载的百分比。

的电力备转容量率持续走低，在低于 6% 的"供电警戒"（桔灯）线上[①]徘徊。2016 年的桔灯天数达 80 天，2017 年入夏以来，由于持续高温导致用电量不断创新高，备转容量率更是在 3%—5% 波动，远远低于电力系统安全稳定运行的需要，电厂事故频发。同年 7 月 29 日，尼莎台风的登陆导致花莲和平电厂输电塔倒塌，供电减少 130 万千瓦，备转容量率不到 3%，逾 50 万户停电。8 月 8 日，全台最高负荷达 36266MW，创历史新高，备转容量仅剩 624MW，距离黑灯只差 124MW。在如此严重的供需矛盾下，8 月 15 日大潭电厂的供气中断导致系统损失 420 万 kw 负荷（约占系统负荷的 12%），远大于系统备用容量，必然导致全台轮流停电。

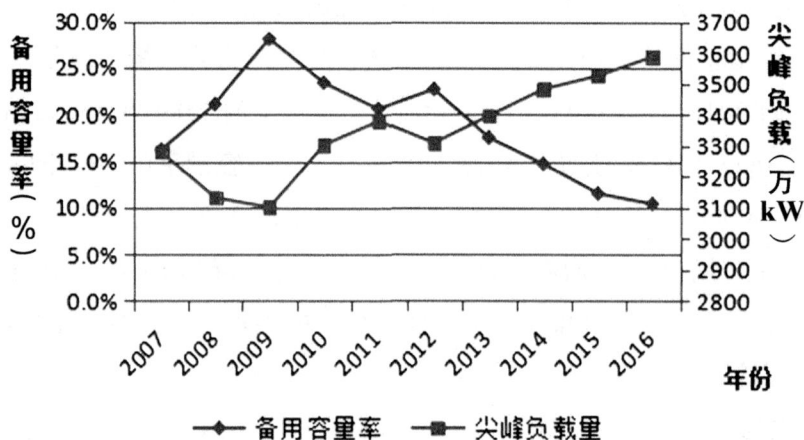

图 5-10　台湾 2007—2016 年电力系统的尖峰负载和备用容量率

数据来源：台湾"经济部能源局"。

本次事故反映出台湾电力系统的脆弱性：一是发电系统过于集中，导致新发电机组在既有电厂内扩建或更换，当发生紧急事故时，影响整体电力供给；二是能源管网设施建设的滞后性，导致现有电网与天

---

①　从供电充裕到限电准备分级，共有绿、黄、桔、红、黑五个讯号。大于等于 10% 为供电充裕绿灯，6%—10% 为供电紧张黄灯，小于等于 6% 为供电警戒桔灯，90 万千瓦为限电警戒红灯，50 万千瓦以下为限电准备黑灯。

然气管网的传输能力不足，缺乏应变及抗灾能力。[①]除了以上原因，此次事故更进一步体现出当前台湾当局提出的"2025 非核家园"能源转型方案存在重大隐忧，台湾当局需要重新检讨并调整能源转型方案。

二、中长期电力短缺趋势预测

2011 年日本福岛核事故发生后，台湾民众对核能产生了疑虑，核电占总发电量的比重由 2011 年的 19.0% 下降到 2016 年的 13.5%，如图 5–11 所示。民进党为了获得选票，不断呼喊"2025 年建设非核家园"的口号。2015 年 12 月，民进党向七大工商团体保证未来不会缺电。2016 年民进党上台后，为了政治利益，重申"2025 年完成非核家园"决心，强调不会让民众只能在"缺电"与"核电"之间二选一；而 2017 年"815"大停电事故爆发后，蔡当局仍然坚称台湾不缺电，核电未来仍然不是选项。那么，未来台湾地区的电力供应是否会出现"缺口"？何时出现？对经济有何影响？

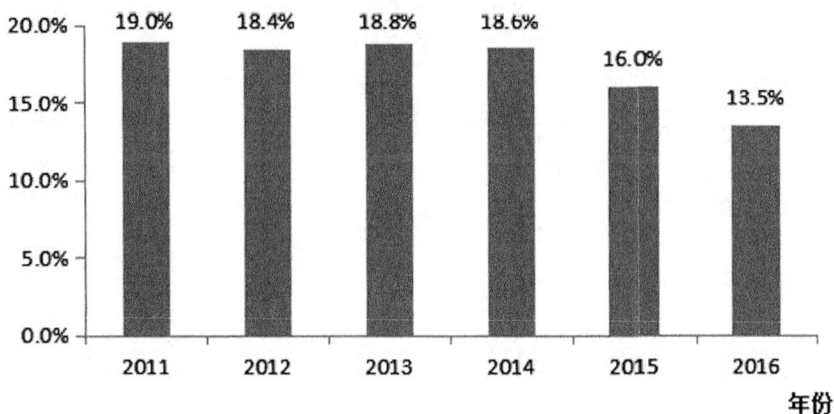

图 5–11　日本福岛核事故后台湾核电占比的变化

数据来源：台湾"经济部能源局"。

---

① 参见台湾"行政院"《815 供气中断致大潭电厂跳机停电事件专案报告》。

（一）规划总装机容量与电力需求的实际"缺口"

未来台湾地区的电力供应是否会出现"缺口"？从供给侧情况来看，根据台湾"经济部能源局"的电源发展规划和既有机组退役情况，对 2017—2028 年的累计电力装机容量净增长情况进行分析，如图 5-12 所示，从短期来看，由于核一厂一、二号机组分别于 2018、2019 年退役（退役容量为 1272MW），燃油机组（大林 3、4 号机组，协和 1、2 号机组）和燃气机组（通宵 CC#1-#3 机组、大林 5 号机组）分别于 2017、2019 年退役，至 2019 年，除役容量为 4286MW，而新增容量为 5164MW，实际新增容量仅为 878MW，比 2016 年增长 1.8%；从中期来看，扣除 2025—2026 年大量完工运转的新建燃气机组及深澳燃煤机组后，若仅统计至 2024 年，则除役容量为 11009MW，新增容量为 12167MW，实际新增容量仅 1158MW，比 2016 年增长 2.3%。

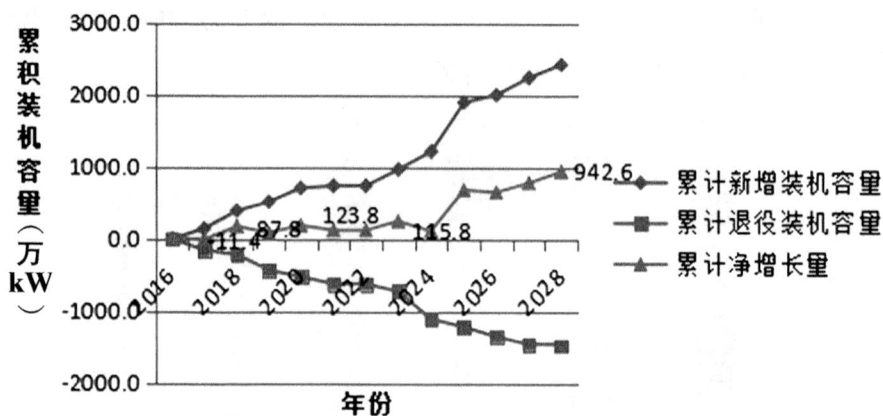

图 5-12 台湾地区 2017—2028 年规划累计发电装机容量增长情况

另一方面，从需求侧情况来看，根据前文的电力需求预测，如图 5-13 所示，未来（2018—2028 年）的用电需求增长幅度远大于电力供给，尤其是 2019 年、2024 年的电力需求分别比 2016 年增长 6.3%、15.5%，而电力供给却分别仅比 2016 年增长 1.8% 和 2.3%。电力供需的增长率在 2019—2024 年将进一步拉开差距。

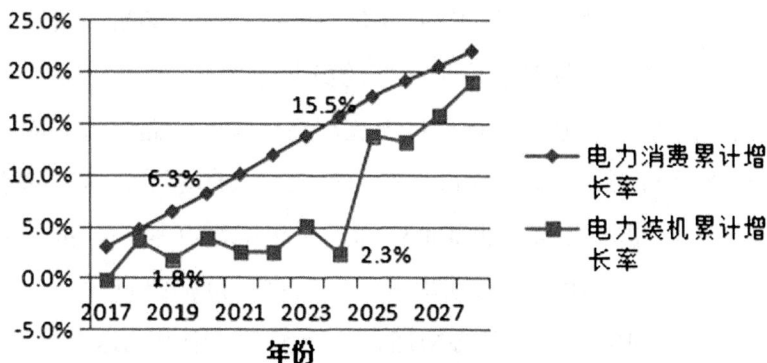

图 5-13　2017—2028 年台湾的电力供需增长预测

通过对台湾电力供需趋势的预测，未来台湾的尖峰负载将由 2018 年的 45485MW 逐年递增至 2028 年的 52597MW，平均年增长 1.5%；而台湾在同一时期预计新增容量为 7647MW，即使这些规划容量全部顺利投产[①]，到 2024 年其可用装机也仅为 51064MW，届时的备用容量率将仅为 2.1%。基于台湾孤岛电力系统的特点，其电力备用容量率安全线为 15%。而根据我们的预测，自 2018 年开始，台湾的备用容量率将逐步下降，由 2018 年的 13.6% 下降到 2024 年的 2.1%，且 2019—2024 年的备用容量率低于 10%，详见表 5-21。[②]

尤其在电力需求占 40% 以上的台湾北部地区[③]，其中 6% 长期依靠中南部供应。自 2013 年至 2017 年，台湾北部地区平均每年用电量约 889 亿度，但发电量仅约 756 亿度，用电缺口达 133 亿度。北部地区以阳明山、淡水河、大汉溪分为北东、北西两供电区，其中，台北市位于北东供电区。北东供电区目前有核二、协和及和平三个电厂。随

---

① 部分煤电机组可能面临争议，台湾的天然气接收站容量也接近极限。

② 根据台湾以往的经验，当备用容量率低于 10% 时，就可能有缺电风险；低于 7.4% 时，则限电几乎无法避免。1990—1996 年，台湾电力备用容量率皆在 7.4% 以下，总计限电次数高达 43 次，其中 1994 年更高达 16 次。2017 年夏天的大停电事故也是因为短期备用容量率不足的原因造成。

③ 台北、新北、基隆、宜兰、桃园、新竹等县市。

着基隆协和电厂、核二厂将于 2023 年前陆续退役（装机容量共 400 万千瓦），北东供电区仅剩下位于花莲的民营和平电厂（装机容量仅 130 万千瓦），未来的供电缺口将超过中北超高压输电线路的可靠输电容量（200—300 万千瓦），供电缺口将更为扩大。长期南电北送，除增加电力输送耗损，也容易构成北部地区稳定供电的潜在风险，再加上台积电、华邦电等大企业未来将在南科、路竹进行巨额投资设厂计划，台湾中南部地区的电力需求势必增加，从而影响"中电北送"的供应量，因此，未来北部地区的供电形势将更为严峻。从 2018 年 3 月 20 日民进党当局通过深澳火力发电厂环评，引起民众争议的事件也进一步说明北部地区的供电紧张。

表 5-21　2018-2028 年台湾电力供需平衡模拟情况

单位：MW

年份	电力需求 （尖峰负载）	电力供应	备用容量率	备用容量率为 15% 所需的供电能力	备用容量率为 15% 的供需缺口
2018	45485	51685	13.6%	52308	−623
2019	46168	50784	10.0%	53093	−2309
2020	46903	51812	10.5%	53939	−2127
2021	47690	51144	7.2%	54844	−3700
2022	48484	51151	5.5%	55756	−4605
2023	49244	52419	6.4%	56630	−4211
2024	50012	51064	2.1%	57514	−6450
2025	50836	56777	11.7%	58462	−1685
2026	51398	56463	9.9%	59108	−2645
2027	51972	57763	11.1%	59767	−2004
2028	52597	59332	12.8%	60487	−1155

注：电力需求尖峰负载的预测来自上述模型的预测，电力供应的预测来自 5.3 节中的估算。备用容量率为系统供电能力与系统年尖峰负载的差额占系统年尖峰负载的比例。

综上所述，按照目前台湾的能源转型政策，未来台湾的电力供需将在 2019 年与 2020 年间开始出现严重缺口，并且该缺口将进一步扩大并持续至 2024 年，缺口值大约在 2100—6500MW 之间，详见表 5-21。更关键的是，若 2025—2026 年不能如期完成 7826MW 的电力装机容量，那么，电力缺口将继续扩大至 2026 年。而作为经贸重镇的台湾北部地区，由于受南北超高压输电线路可靠输电容量的限制，供电形势将更为严峻。

（二）规划装机结构的潜在"缺口"

电力系统理想的电源结构为：基载电源①（包含核电机组、燃煤汽力、IPP 燃煤机组）占 55%—65%，中载电源（包含燃气复循环、IPP 燃气机组、燃气汽力、燃油汽力）占 15%—30%，尖载电源（包含燃气气涡轮、燃油（不含汽力）、抽水蓄能等）占 10%—15%。若基载电源比例较低，将导致整体发电成本偏高；相应地，对备用装机容量的要求也较高，需要进一步优化电源配置。因此，从电源配置的角度讲，为了稳定电力供应，需要提高基载电源的比例，也就是增加核电和煤电的比重，同时减少中载电源的比例。

然而，实际情况是：近年来，台湾的尖峰负载不断增长，从 2011 年到 2016 年增长了 200 万千瓦。另一方面，由于核电等主力电源建设受阻（详见表 5-22），导致发电任务基本由火电承担。而考虑到环境污染的因素，台电公司自 2006 年以后没有新增燃煤电厂，造成煤电项目开发长期不足。因此，作为供电主力的火电、核电等主要类型的电源装机容量并未增长，2016 年仍维持 2011 年水平。新建电厂多为燃气复循环中载机组（其中包括长生、嘉惠、新桃等民营电厂，还有通霄 #6、南部 #4 和大潭等台电公司所属的燃气机组），导致以油气为燃料的电源装机占比达到 33.6%，在供应紧缺的情况下该类电源在台

---

① 基载电源指可以 24 小时持续不间断运转的机组，中载电源则是介于平均负载与基本负载之间的机组，尖载电源指平均负载以上的部分。

湾作为基载使用。然而，由于气电、油电的发电成本高，独立电源供应商（IPP）对气电、油电的投资建设驱动力不足，台湾电力供需矛盾愈发严重。

表 5-22　台湾地区核电厂运转情况

核电厂	装机容量（MW）	规划除役年限	现况
核一厂	1272	2019 年 7 月	1 号机组大修后，由于"立法院"未同意重启，2 号机组则由于 2017 年 6 月 2 日暴雨导致电塔倒塌，被迫提前岁修，目前两部机组均停止运转
核二厂	1970	2023 年 3 月	1 号机组正常供电 970MW，2 号机组已于 2016 年 6 月 27 日完成检修，待向"立法院"报告后才能启动
核三厂	1902	2025 年 5 月	2016 年 11 月 18 日完成大修后重启，现两机组正常供电 1877MW
核四厂	2700	—	自兴建即引发高成本及建造程序等争议，由于反核运动，出于安全的考虑，于 2015 年 7 月封存

资料来源：台湾电力公司。

　　根据台湾当局目前的能源转型目标，到 2025 年实现"零核电"，核电的缺口将由再生能源补上。然而，再生能源不能提供稳定的供电能力，很难取代装机容量达 514.4 万千瓦的核电作为基载电力，只能作为补充。那么，未来随着核电站的陆续退役，台湾地区的基载电源的净增长自 2018 年开始为负，并且，负增长的水平在 2023—2028 年将持续扩大，出现无法保证电力基本负载需求的情况，详见图 5-14。未来基载电源缺口的大小将取决于中间负载电源（主要为气电）对基载电源的补充情况，而这又受制于天然气的供应和储存能力以及电价调整的幅度。并且，随着电力需求的进一步增加，剪刀差将进一步加大。因此，从短期和中期来看，"2025 非核家园"的能源转型将导致基载电源必然会面临比例严重下降的问题，带来电力供应稳定性、可靠性和经济性方面的风险。

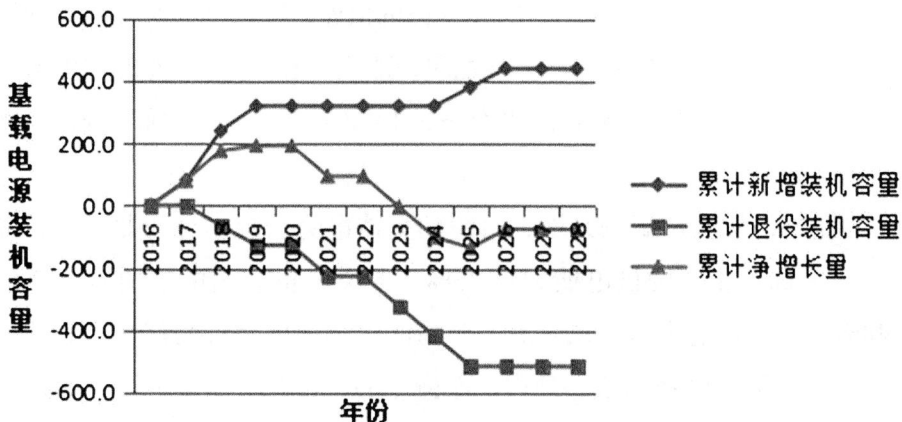

图 5-14 台湾 2017—2028 年规划基载电源累积装机容量净增长情况

三、电力短缺对台湾经济的影响

电力是敏感性商品。根据能源经济学理论，电力短缺的影响主要表现在几个方面：限电、频率和电压降低、频率或电压发生急剧波动、供电完全中断。这些现象将对企业生产、人民生活乃至经济发展带来成本。木纳辛格赫和赛格维（Munasinghe & Sanghvi, 1988）指出，限电成本可作为量化供电质量对经济的影响，它表示当电力需求超过可用供电能力时，由于削减对消费者的服务所产生的经济后果。对限电成本的考察一般基于事故的大小、发生时间、持续时间、频率以及提前通知的能力等。对于生产者来说，电力短缺的直接成本包括：产量减少、要素闲置成本、停工成本、重新启动成本、原材料和设备损坏、备用品成本、健康和安全成本；间接成本则主要包括下游企业和最终用户的成本。

吴桂燕等（Kuei-Yen Wu, 2018）通过采用供给侧投入产出模型估计了台湾能源转型过程中电力短缺的经济影响。模拟结果表明，台湾电力短缺的经济成本为 8.98 元新台币 / 千瓦时，即电力供给每减少 1 千瓦时，总产出将减少 8.98 元新台币。那么，根据前文的预测，未来台湾的电力缺口值大约在 2100—6500MW，按发电小时计算，即缺电量大约在 184—569 亿千瓦时之间，那么，在 2019—2028 年电力短缺对总体经济的影响将在 1652 亿—5113 亿元新台币[①]之间，约占台湾GDP 的 0.94%—2.43%。

此外，从区域影响来看，台湾的整体电力系统划分为北、中、南三个区域，北部的供电能力仅 35%，但尖峰负载用电量约占全岛的40%。当面临电力短缺风险时，台湾的北部地区将首当其冲。北部地区作为台湾的经济重镇，岛内的金融中心、证券公司、大型企业及跨国企业总部多设置于此，是用电量最大的地区，特别需要充足稳定的电力供应。若此区域因缺电、限电风险而导致企业无法正常运作，不但影响投资意愿，还将降低整体的经济增长动力。

台湾地狭人稠，在邻避效应[②]的影响下，台湾电厂的建设周期更长，从规划到建设完成最后商转发电至少需要耗费 8 年时间，这意味着，电力短缺的影响不可能通过短期措施来避免。在电力需求持续增长和既有老旧发电机组陆续退役的情况下，未来电力系统的备用容量率将呈现下降趋势。若台湾当局不尽快调整当前的能源政策，将对台湾的能源供应安全及电力供应的经济性有不可逆的负面影响。

本章小结

2017 年 1 月，台湾通过"电业法"的修订，对"2025 非核家园"正式"立法"，这意味着"快速废核"政策将影响台湾未来的能源转型。在"快速废核"的目标下，首先产生的问题是电力供应短缺的疑虑。本章主要研究以"2025 非核家园"主导的能源转型是否会导致台

---

① 以 2011 年为不变价。
② 指居民或当地单位因担心建设项目（如垃圾场、核电厂等邻避设施）对身体健康、环境质量和资产价值等带来诸多负面影响，滋生"不要建在我家附近"的心理。

湾地区未来面临缺电危机？何时出现？电力供需的"缺口"有多大？对经济有何影响？

本章在分析台湾电力行业概况的基础上，预测台湾未来的电力供求趋势，针对台湾的电力供需平衡进行研析，分析台湾未来可能面临的电力供需缺口，探讨能源转型对台湾电力短缺的影响。本章的结论如下：

首先，通过利用电力需求的协整模型和非线性模型对台湾的电力需求增长进行了研究和预测，预测结果表明，到2025年，台湾人均电力消费水平大约在12000千瓦时左右，比2016年增长10.5%；电力需求大约在2900亿千瓦时左右，比2016年增长13.6%。这意味着未来随着台湾的经济增长，电力消费还有一个增长的时期。

其次，根据对台湾电力供需趋势的预测，以目前台湾的能源转型方案和电力规划，台湾未来将面临严峻的电力供需形势：(1)电力供需将在2019年与2020年间开始出现严重缺口，该缺口将进一步扩大并持续至2024年，缺口值大约在2100—6500MW；(2)若2025—2026年不能如期完成规划的电力装机容量，那么，电力缺口将继续至2026年；(3)从2018年开始，备用容量率将逐步下降，由2018年的13.6%下降到2024年的2.1%，且2019—2024年的备用容量率低于10%；(4)在电力需求占40%以上的台湾北部地区，供电缺口将超过中北超高压输电线路的可靠输电容量，供电形势将更为严峻。

最后，2017年"815"大停电事故的发生，从表面上看是人为误操作，但背后的实际原因是台湾地区近期电力的备用容量率不足，即电力短缺问题。此次事故更进一步体现出当前台湾当局提出的"非核家园"能源转型方案的缺陷。电力短缺关系到台湾产业的发展和经济的增长，根据本文的估计，未来在2019—2028年台湾电力短缺的经济成本大约在1652亿—5113亿新台币之间。台湾当局若不调整当前的能源转型政策，将对未来的电力供应安全造成严重的隐患。

第六章 台湾的能源转型对减碳目标的影响

第一节 台湾的二氧化碳排放：变化趋势、目标及影响因素

一、二氧化碳排放的变化趋势分析

工业革命以来，随着能源的大规模开发与利用，环境遭到了严重的污染，温室气体不断累积，全球各地酷暑、干旱、洪涝等极端气候事件频繁发生。政府间气候变化专门委员会（IPCC）《第五次评估报告》（IPCC，2014）[①]认为：自工业化时代以来，在经济和人口增长的驱动下，人为温室气体排放呈上升趋势，导致大气中主要温室气体的浓度达到了至少过去 80 万年以来前所未有的高水平，温室气体浓度增加极有可能是自 20 世纪中叶以来观测到全球变暖的主要原因。

台湾正面临着气候变化与水资源匮乏的全球环境危机，同时也遭受着经济发展所衍生环境质量持续恶化的挑战。台湾地区的温室气体排放量呈现逐年增加的趋势，燃料燃烧的二氧化碳排放总量由 1990 年的 1.09 亿吨增加到 2016 年的 2.58 亿吨，年均增长率 3.35%，即平均每年以 900 万吨的速度持续增长。人均碳排放量则由 1990 年的 5.4 吨增加到 2016 年的 11 吨，增加了一倍（详见图 6–1）。

[①] IPCC. Climate Change 2014：Impacts，Adaptation，and Vulnerability[R/OL]. Geneva：Intergovernmental Panel on Climate Change，[2016-01-17]. http：//120.52.72.45/www.ipcc.ch/c3pr90ntcsf0/pdf/assessment-report/ar5/wg2/ar5_wgII_spm_en.pdf.

　　从变化趋势来看，燃料燃烧的二氧化碳排放总量由 1990 年的 1.09
亿吨持续增长至 2007 年的 2.57 亿吨，然后开始减少至 2010 年的 2.49
亿吨，继而缓慢上升至 2016 年的 2.58 亿吨，为碳排放量新高点。从
增长速度看，2000 年以后的碳排放量增长速度有所下降，2000—2016
年的年均增长率为 1.32%。

　　人均碳排放量由 1990 年的 5.4 吨 CO_2/ 人逐年上升到 2007 年的
11.2 吨 CO_2/ 人，为历史高点，2008 年开始下降至 2009 年的 10.2 吨
CO_2/ 人，继而又缓慢上升至 2016 年的 11.0 吨 CO_2/ 人，1990 至 2016
年期间的年均增长率约为 2.78%。

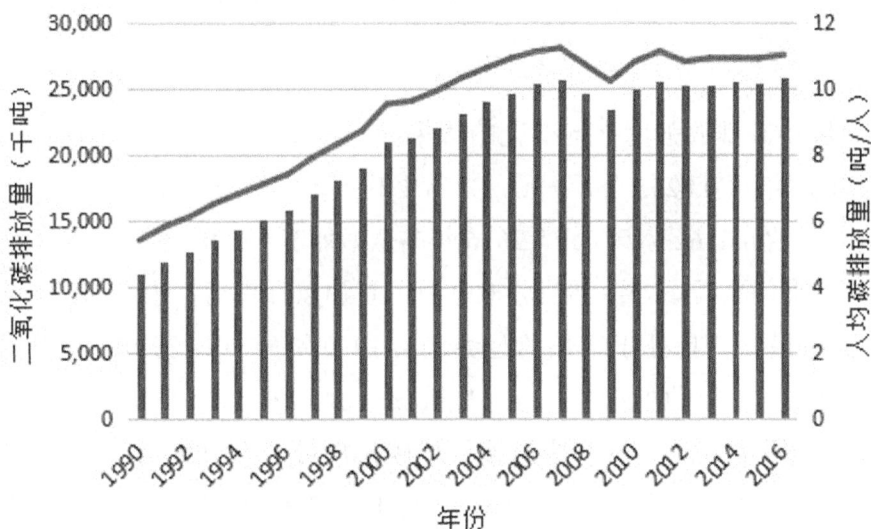

图 6-1　台湾 1990—2016 年燃料燃烧的二氧化碳排放总量及人均碳排放

注：本表排放指标指依据燃料燃烧二氧化碳排放量计算，未包括其他温室气体。
数据来源：台湾"经济部能源局"。

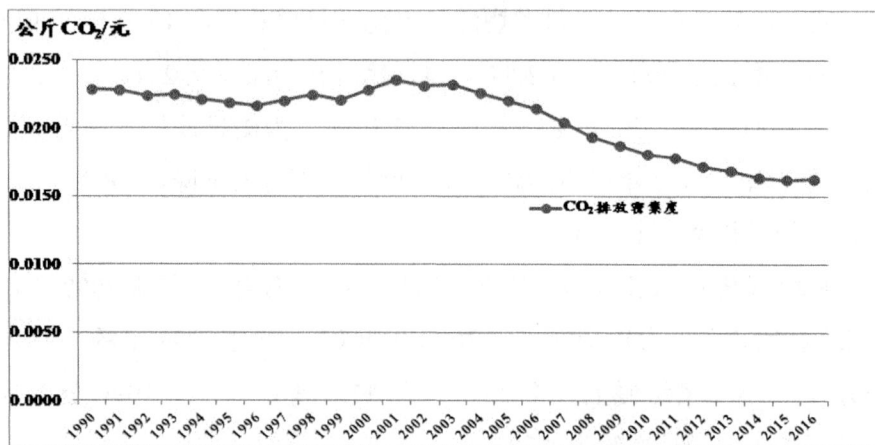

图 6-2　台湾 1990—2016 年的 CO_2 排放强度趋势

数据来源：台湾"经济部能源局"。

从 CO_2 排放强度[①] 的变化趋势来看，1990 年为 0.0228 公斤 / 元，至 2001 年达 0.0235 公斤 / 元，为历史高点，2003 年开始逐年下降至 2015 年的 0.0162 公斤 / 元，2016 年略微增加至 0.0163 公斤 / 元。

分部门来看，若由部门分摊电力消费加以计算后，工业部门的碳排放量最高，且处于增长的趋势，由 1990 年的 5013 万吨二氧化碳增加到 2016 年的 12617 万吨，其份额也由 1990 年的 45.78% 上升到 2016 年的 48.87%；其次为运输业的碳排放量，由 1990 年的 1973 万吨增加到 2016 年的 3753 万吨。从变化趋势来看，除了农业部门的碳排放量处于下降的趋势外，其余各部门的年均增长率依次为服务业 4.65%、住宅业 3.99%、工业 3.61%、能源 2.66%、运输 2.50%。

---

① 指单位 GDP 的二氧化碳排放量。

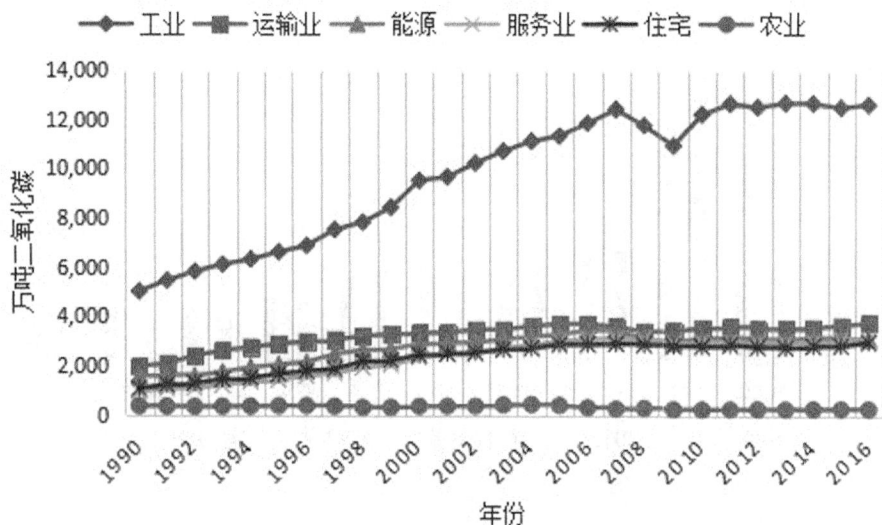

图 6–3　各部门二氧化碳排放量趋势（含电力消费排放）

数据来源：台湾"经济部能源局"。

温室气体的排放源主要集中于石化行业，2015 年台湾十大温室气体排放源有半数为石油化工企业，分别为台塑石化、台湾化学纤维、台湾塑胶、台湾中油、南亚塑胶，总计约 6208 万吨，约占当年台湾温室气体排放量的四分之一。①

_____

① 台湾 2015 年十大温室气体排放企业的年排放量包含直接排放和间接排放，直接排放主要针对直接来自该企业所拥有或控制的排放源；间接排放则来自输入电力、热力或蒸汽所造成的间接排放。因上述统计已包含电力排放资料，故十大温室气体排放源排除电力供应业（如台电等），避免重复计算。

单位：万吨　　■ 2013年温室气体排放量　　■ 2014年温室气体排放量　　■ 2015年温室气体排放量

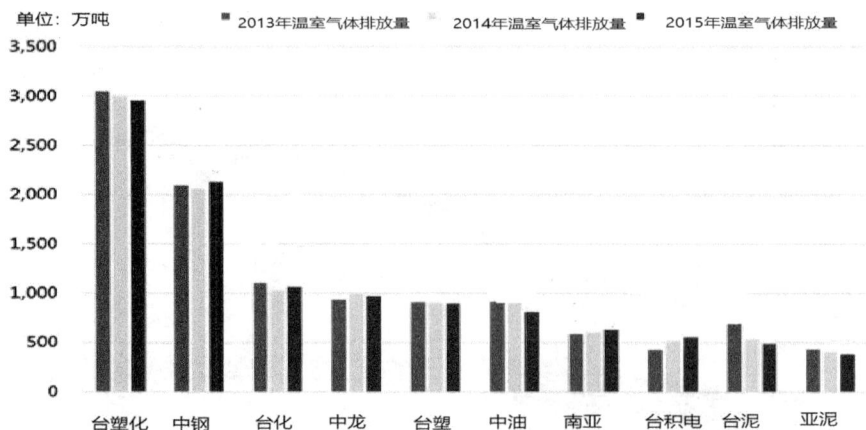

图 6-4　2013—2015 年台湾十大温室气体排放源的排放量变化趋势

资料来源：台湾"环保署"（2017）。

二、二氧化碳减量目标

根据 BP 的数据，台湾目前的二氧化碳排放量约占世界的 1%，排名为 22 名；人均碳排放居亚洲第一，远高于大陆地区。为应对国际温室气体减量压力，台湾 2008 年制定的"永续能源政策纲领"提出的目标是台湾的二氧化碳排放量于 2020 年下降到 2005 年的水平，2025 年的排放量下降到 2000 年排放。2015 年颁布的"温室气体减量及管理法"更是以"法规"的形式明确长期减量目标为 2050 年温室气体排放量降为 2005 年排放量的 50%，相当于回到 1991 年的水平。2015 年《巴黎协定》后，台湾在 INDC 中设定 2030 年碳排放量在 BAU（Business As Usual）情境下减量 50%，即意味着比 2005 年的碳排放量减少 20%，[①] 详见表 6-1。

相比较而言，2015 年颁布的"温室气体减量及管理法"在 2008 年"永续能源政策纲领"的基础上，通过"法律"的形式确立了台湾

---

　　① 2030 年 BAU 温室气体排放量约为 4.28 亿吨，减量 50% 约为 2.14 亿吨。台湾地区 2000 年温室气体排放量为 2.27 亿吨，2005 年为 2.69 亿吨。

2050 年的减碳目标，而 2015 年的"自主减排贡献"承诺则具体地提出了 2030 年的减碳目标。通过 2008 年和 2015 年的政策比较，台湾未来设定的减碳目标为：2020 年、2025 年、2030 年和 2050 年的人均 CO_2 排放量分别为 10.8 吨、9.3 吨、8.6 吨和 5.4 吨。尽管该目标值与《巴黎协定》所设定的碳排放量目标[1]有一定的差距，但也意味着减碳将是未来台湾能源转型的重要方向。如何以较低的成本实现低碳发展路径的转型，实现经济—能源—环境（3E）的协调发展是台湾当局面临的重要问题。因此，研究经济增长过程中的二氧化碳排放及其影响因素问题迫切且必要。

表 6–1 台湾 2008 年和 2015 年减碳目标比较

年份	政策	目标年	碳减排目标	人均 CO_2 排放量目标值
2008 年	"永续能源政策纲领"	2020 年	降至 2005 年的水平（约 2.69 亿吨）	10.8 吨
		2025 年	降至 2000 年的水平（约 2.27 亿吨）	9.5 吨
2015 年	"温室气体减量及管理法"	2050 年	降至 2005 年的 50%（约 1.35 亿吨）	5.4 吨
	"自主减排贡献"承诺	2030 年	比 2005 年的排放量减少 20%（约 2.15 亿吨）	8.6 吨
2015 年	《巴黎协定》	2050 年	控制本世纪全球升温不超过摄氏 2 度的目标（全球目标）	1.7 吨（目标值）

来源：作者根据资料自行整理。

三、二氧化碳排放的影响因素分析

为了讨论二氧化碳排放的影响因素，我们引入佑一卡亚（Yoichi

---

[1] 2015 年 12 月在法国巴黎召开的联合国气候变化会议所签署的《巴黎协定》提出的目标是控制本世纪末全球升温不超过摄氏 2 度的目标，若实现该目标则要求世界的人均排放量应下降至 1.7 吨。

Kaya，1989）在 IPCC 的研讨会上提出的 Kaya 恒等式，其表达式如下：

$$CO_2 = \frac{GDP}{POP} \times \frac{E}{GDP} \times \frac{CO_2}{E} \times POP \tag{6-1}$$

其中，CO_2、GDP、E、POP分别表示二氧化碳排放量、国内生产总值、能源消费量和总人口。通过 Kaya 恒等式，二氧化碳排放的影响因素可以分解为四个层面：人均 GDP（GDP/POP）、能源强度[①]（E/GDP）、能源结构碳强度（CO_2/E）和人口（POP）。通过采用昂（Ang，2004）提出的对数平均迪氏分解法（Logarithmic Mean Divisia Index，LMDI），对所有因素进行无残差分解，将 0 期到 t 期的二氧化碳排放的变动量ΔCO_2分解为各个因素的贡献，如下式所示：

$$\Delta CO_2 = \Delta C_G + \Delta C_E + \Delta C_I + \Delta C_P \tag{6-2}$$

ΔCO_2由四部分组成：人均收入变化产生的收入效应（ΔC_G）、能源强度改变引起的强度效应（ΔC_E）、能源消费结构调整引起的结构效应（ΔC_I）以及人口总量变动所产生的人口效应（ΔC_P）。

$$\Delta C_G = L(C_t, C_0)\ln(G_t / G_0) \tag{6-3}$$

$$\Delta C_E = L(C_t, C_0)\ln(E_t / E_0) \tag{6-4}$$

$$\Delta C_I = L(C_t, C_0)\ln(I_t / I_0) \tag{6-5}$$

$$\Delta C_p = L(C_t, C_0)\ln(P_t / P_0) \tag{6-6}$$

其中，$L(x, y) = (x - y)/(\ln x - \ln y)$昂（Ang，2004）。$CO_2$代表二氧化碳排放，$G$代表人均收入，E代表能源强度，$I$代表能源结构碳强度。

对于能源结构碳强度I，可进一步分解为：

[①] 能源强度指国家（或地区）在一定时期内单位 GDP 所消耗的能源量。

$$I = CO_2 / E = \sum_i (CO_{2i} / E_i) \times (E_i / E) \tag{6-7}$$

i表示一次能源的种类，包括煤炭、石油、天然气、核电及可再生能源。E_i表示消费的第i类一次能源。CO_{2i} / E_i表示第i类能源的排放系数；E_i / E表示第i类能源消费在总能源消费中的比例，即一次能源结构。由于各种能源的碳排放系数基本不变，因此，能源结构因素与能耗碳强度的贡献相等，能源结构的变化决定了能源结构碳强度的变化。

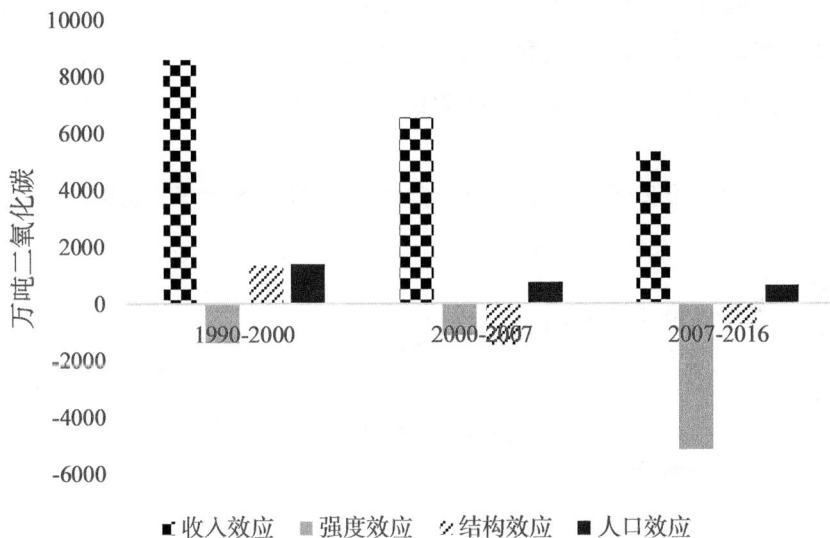

图6-5　台湾二氧化碳变化的因素分解

通过对二氧化碳变化的影响因素进行分解，我们进一步研究收入、能源强度、能源结构以及人口对二氧化碳排放的影响。图6-5表明：第一，收入和人口因素对于二氧化碳排放的增加始终为正向的影响。并且，收入因素对二氧化碳排放增量的影响是最大的，这表明经济增长率越高，二氧化碳排放的增长越快；第二，1990—2000年，能源结构是二氧化碳排放增加的因素之一，主要原因是尽管石油占初级能源消费的份额在这段时期有所下降，由1990年的57.3%下降到2000年的 50.7%，但煤炭消费的份额显著上升，由 1990 年的 21.3% 迅速增加到 2000 年的 31.5%。煤炭消费比例的持续增加使能源结构碳强度呈快速上升趋势，对二氧化碳排放增量的贡献率为 13.5%；第三，能源强度对二氧化碳排放的增加始终是负向的影响。并且，2007 年以来，能源强度的影响程度明显高于能源结构的影响，表明 2007 年来台湾的能源结构仍然以化石能源为主，并没有发生大幅度的变化。这就意味着，2007 年以来，碳减排的贡献主要来源于节能技术的提高所产生的能源效率提升。因此，在收入增长的同时，未来要有效减少二氧化碳排放的增量，除了降低能源强度，提高能源效率，未来主要依靠调整能源消费结构以有效降低化石能源的消费比例。

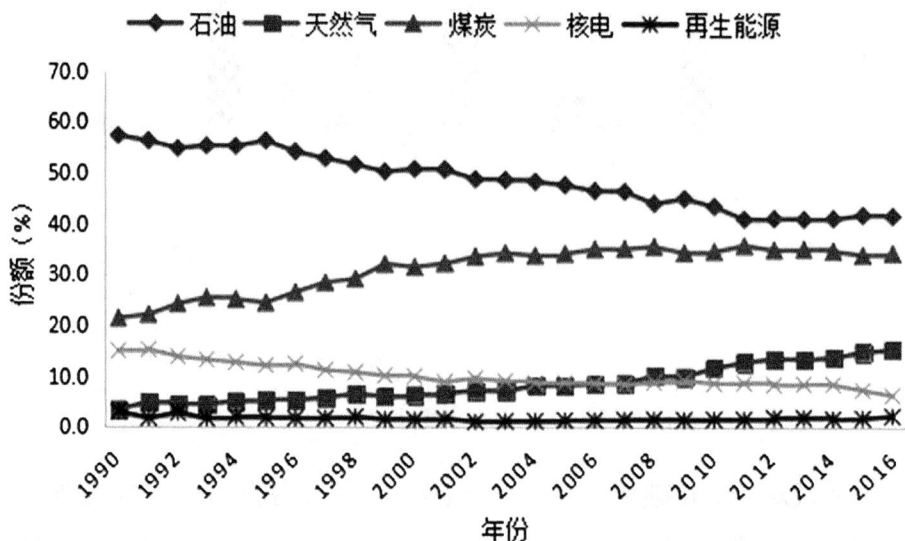

图 6–6　台湾能源消费结构的变化（1990—2016）

数据来源：BP2017。

第二节　台湾的二氧化碳排放预测

对二氧化碳排放的预测，主要包括两方面的内容：一是能源消费量，这在本书的第四章，我们已对台湾中长期的能源需求进行了预测；二是通过预测能源消费结构获得各类能源的消费量，再根据各类能源的碳排放系数，计算二氧化碳排放总量。按此思路，本节将在预测台湾中长期一次能源消费结构的基础上，预测台湾未来的二氧化碳排放量。

一、近年台湾能源结构的变化

台湾的一次能源消费结构以化石能源为主。2016 年台湾地区的一次能源结构中，石油占 48.9%、煤炭占 29.4%、天然气占 13.7%、核能占 6.3%，可再生能源占比仅有 1.4%，化石能源仍占最大比例。

近年来，尽管台湾地区对可再生能源的利用有所增加，但是化石能源在能源结构中的比重依然过高，给能源资源和生态环境带来很多问题。如表 6-2 所示，从 2000—2007 的一次能源消费结构状态变化看：台湾的一次能源结构以石油为主。石油消费量大约在 39%—44%，近几年来的消费比例略有下降；其次是煤炭消费，其比例基本保持稳定，大约在 30%—33%；天然气则呈稳步上升趋势，7 年来上升了约 4.5 个百分点；核电的比例则处于下降的趋势，近几年下降了约 3 个百分点；包含惯常水电、风电和太阳能发电等可再生能源的比例也变化不大，尽管近几年有轻微的上升，但仍不足 2%。转变能源消费结构，增加可再生能源的开发利用，有助于降低能源资源压力（这里指化石能源），提高能源利用效率和环境压力。因此，对一次能源消费结构进行动态分析和预测有重大意义。本节将以马尔可夫分析法，对台湾一次能源消费结构的动态变化进行分析和预测。

表 6-2 2010—2016 台湾一次能源消费结构

单位：%

年份	2010	2011	2012	2013	2014	2015	2016
煤炭	31.27	32.60	32.26	32.04	31.45	30.48	31.06
石油	43.02	40.12	39.96	40.08	40.12	41.06	40.80
天然气	13.82	15.11	15.84	15.82	16.44	17.74	18.46
核能	10.13	10.35	10.00	10.12	10.16	8.79	7.60
可再生能源	1.78	1.82	1.94	1.97	1.85	1.94	2.09

注：数据来源于台湾"经济部能源局"。可再生能源包括惯常水电、生物质能、太阳热能、太阳光电、风电及沼气发电。

二、能源结构的马尔可夫时序模型构建

目前对能源消费结构进行预测的文献主要采用了两种方法。第一种方法是马尔可夫链预测模型，张旭超等（2008）、王锋（2011）分别运用该方法预测了大陆的能源消费结构；第二种方法是能源环境综合政策评价模型（Integrated Assessment Model，缩写为 IAM），韩文科等（2007）应用 IPAC-IAM/ 能源技术模型[1]分析评价了各种技术变化和政策的实施对大陆未来能源结构的影响及未来能源结构的变动趋势。由于 IPAC-IAM/ 能源技术模型涉及多学科、多领域和多行业，一般是科研机构的研究团队合作开发的成果，个人研究者很难建立此模型（王锋，2011）。因此，本文将采用马尔可夫链模型，预测台湾2018—2030 年的能源结构。

（一）马尔可夫模型的原理

马尔可夫模型最早由马尔可夫（Markov）于 1913 年提出。马尔可

---

[1] IPAC-AIM 为 Integrated Policy Assessment Model for China-Integrated Assessment Model 的缩写。

夫链（Markov Chain）是指如果一类随机过程的未来状态仅与现在的状态有关，而与以前的状态无关，即具有"无后效性"特点，那么这类随机过程就称为马尔可夫链。马尔可夫链预测就是根据某些变量的现在状态及其变化趋向，预测其在未来某一特定期间内可能出现的状态。马尔可夫链的基本原理可用数学语言表述如下（王锋，2011）：

设$(X_n, n \geqslant 0)$为一随机过程，$S = (1, 2, \cdots)$为其状态空间，如果对任意$i_0, i_1, \cdots, i_n, i_{n+1} \in S$及$P\{X_0 = i_0, X_1 = i_1, \cdots, X_n = i_n\} > 0$，有：

$$P\{X_{n+1} = i_{n+1} | X_0 = i_0, X_1 = i_1, \cdots, X_n = i_n\} = P\{X_{n+1} = i_{n+1} | X_n = i_n\} \tag{6-8}$$

则随机序列$(X_n, n \geqslant 0)$称为马尔可夫链。如果n表示时间，那么（6-8）式表明，若随机过程在时刻n所处的状态已知，则该过程在时刻$n+1$所处的状态只与时刻n的状态有关，而与时刻n以前的状态无关，各时期的状态时间序列 S={1，2，3…，n-1，n} 构成了一个马尔可夫过程，即马尔可夫链（Markov Chain）。马尔可夫链的要义是：系统将来所处状态只与现在状态有关，而与之前的历史状态无关，即具有马尔可夫性或"后无效性"。

那么，马尔可夫链的转移矩阵则表述如下：

对$\forall i, j \in S$，称条件概率$P\{X_{n+1} = j | X_n = i\} = p_{ij}(n)$为$n$时刻马尔可夫链$(X_n, n \geqslant 0)$的一步转移概率，简称转移概率，显然有$p_{ij}(n) \geqslant 0$；$\sum_{j \in S} p_{ij}(n) = 1$。

当马尔可夫链的转移概率只与状态i和j有关，而与n无关，即$p_{ij}(n) \equiv p_{ij}$，则称随机序列$(X_n, n \geqslant 0)$为齐次马尔可夫链，记$\mathrm{P} = (p_{ij})$，则P为$(X_n, n \geqslant 0)$的一步转移概率矩阵，简称转移矩阵，以矩阵的形可把转移矩阵表示为：

$$P = (p_{ij}) = \begin{bmatrix} p_{11} & p_{12} & p_{13} & \cdots \\ p_{21} & p_{22} & p_{23} & \cdots \\ p_{31} & p_{32} & p_{33} & \cdots \\ \vdots & \vdots & \vdots & \ddots \end{bmatrix} \tag{6-9}$$

记条件概率 $p_{ij}^{(m)} = P\{X_{n+m} = j | X_n = i\}$ 为马尔可夫链的 m 步转移概率，相应地称 $P^{(m)} = \left[p_{ij}^{(m)} \right]$ 为 m 步转移矩阵。当 $m=1$ 时，$p_{ij}^{(1)} = p_{ij}$，$P^{(1)} = P$。

m 步转移概率 $p_{ij}^{(m)}$ 是指系统从状态 i 经过 m 步后转移到状态 j 的概率，它对中间的 m-1 步转移经过的状态无要求。即：

$$P^{(m)} = P^{(m-1)} \cdot P = P^{(m-2)} \cdot P \cdot P = \cdots = P^m \tag{6-10}$$

以转移矩阵 P_{ij} 表示系统从状态 Si 转移到状态 Sj 的概率，则马尔可夫的基本模型为 $S(k) = S(k-1) \cdot P$ $\tag{6-11}$

由递推关系可得到：

$$\begin{aligned} & S(1) = S(0) \cdot P \\ & S(2) = S(1) \cdot P = S(0) \cdot P^2 \\ & \cdots\cdots \\ & S(k) = S(k-1) \cdot P = S(0) \cdot P^k \end{aligned} \tag{6-12}$$

其中，$S(k)$ 表示预测对象在 k 时刻的状态向量，P 表示状态转移的概率矩阵。如果进一步预测 $k+m$ 时刻的状态向量 $S(k+1)$，则有：

$$S(k+m) = S(k) \cdot P^m \tag{6-13}$$

其中，$S(k)$ 表示预测对象在 $t=k$ 时刻的状态向量，P 表示状态转移的概率矩阵。$S(k+m)$ 表示 $t=k+m$ 时刻的状态向量。从 Si 到 Sj 状态转移概率矩阵 P，既可以通过一次概率转移矩阵 $P_{ij}(k)$ 算出；也可以利用一步转移概率矩阵 $P_{ij}(1)$，通过计算从状态 Si 起始经过 n 步后到达状态 Sj 的概率 $P_{ij}(1)^n$，即：

$$P^n = \begin{bmatrix} p_{11}{}^n \cdots p_{1n}{}^n \\ . \\ p_{n1}{}^n \cdots p_{nn}{}^n \end{bmatrix}, p_{ij}{}^n \geq 0, \sum_{j=1}^{n} p_{ij}{}^n = 1, i = 1, \ldots n \qquad (6-14)$$

用马尔可夫分析建立随机时序模型，关键在于确定转移概率矩阵。目前，马尔可夫分析已经被一些研究者应用在经济预测各个领域，包括预测经济结构市场份额、能源结构、气候变化、粮食产量、利率期限结构等等。应该注意的是，该模型适用于具有马尔可夫性质的时间序列，并且各时刻状态转移概率应该相对稳定。若时间序列的状态转移概率在不同时刻显著地不稳定，则不宜用此方法。现实中，大部分经济现象很难长期保持同一状态的转移概率，故一般更适用于短期到中期的预测分析。

（二）预测能源结构的马尔可夫链模型

能源结构的变动是一个马尔可夫过程，设在 t 时刻，台湾的能源结构状态向量为 $S(t)$：

$$S(t) = \left\{ s_c(t), s_o(t), s_g(t), s_e(t), s_n(t) \right\} \qquad (6-15)$$

其中，$s_c(t), s_o(t), s_g(t), s_e(t), s_n(t)$ 分别表示煤炭、石油、天然气、核能、其他可再生能源在一次能源消费总量中的比重。

能源消费结构的主要影响因素包括：台湾的自产能源供应、对进口能源的依存度、经济发展速度和产业结构、环境和政策因素、能源价格、技术进步等。这些因素共同作用，形成了能源消费结构的选择系统，这个系统的选择主体就是经济中的所有厂商和消费者。厂商和消费者根据以上影响因素，选择最适合的能源品种，某种能源被选择的概率越高，其消费量越大，则该种能源在能源消费中的比重就越大。最终，厂商和消费者会选择出 n 时刻的能源消费结构。因此，能源消费结构可看作是各种能源在厂商和消费者中的分布。

在 $t+1$ 时刻，当系统中的影响因素发生变化后，厂商和消费者的选择行为也会发生变化。比如因石油价格上涨、收入水平提高或者环境约束加强，在 t 时刻选择煤炭的厂商和消费者可能会转移选择煤炭，导致在 $t+1$ 时刻天然气的消费比重会下降，而煤炭的消费比重会上升，于是形成了 $t+1$ 时刻的能源消费结构。因此，从 t 时刻到 $t+1$ 时刻的选择行为转移中，厂商和消费者从消费一种能源转移到消费另一种能源的可能性大小，即转移概率。对煤炭、石油、天然气、核能及其他可再生能源的选择转移概率，就形成了马尔可夫链中的转移概率矩阵。

参考王锋（2011）的研究，以对煤炭、石油、天然气、核电和其他可再生能源之间的转移概率为元素，设台湾能源结构从 t 时刻到 t+1 时刻的一步转移概率矩阵为：

$$P(t) = \begin{bmatrix} p_{c \to c}(t) & p_{c \to o}(t) & p_{c \to g}(t) & p_{c \to e}(t) & p_{c \to n}(t) \\ p_{o \to c}(t) & p_{o \to o}(t) & p_{o \to g}(t) & p_{o \to e}(t) & p_{o \to n}(t) \\ p_{g \to c}(t) & p_{g \to o}(t) & p_{g \to g}(t) & p_{g \to e}(t) & p_{g \to n}(t) \\ p_{e \to c}(t) & p_{e \to o}(t) & p_{e \to g}(t) & p_{e \to e}(t) & p_{e \to n}(t) \\ p_{n \to c}(t) & p_{n \to o}(t) & p_{n \to g}(t) & p_{n \to e}(t) & p_{n \to n}(t) \end{bmatrix} \tag{6-16}$$

在概率矩阵 P 中，主对角线上的元素表示五类一次能源消费保持原有份额的概率；主对角线以外的概率元素为转移概率：其中行元素表示该类能源消费份额向其他能源转化的概率，列元素表示该类能源吸收其他类能源消费份额的概率；而且转移矩阵的每一行之和等于1。用马尔可夫链预测模型进行预测，关键在于确定转移概率矩阵。

如果根据目前的能源结构来预测未来的能源结构，首先需要通过各年能源消费结构及其状态变化来确定每步的状态转移概率矩阵，然后求出平均转移概率矩阵，再利用平均转移矩阵预测未来一次能源消费结构的变化趋势。

设从初始时刻到 t 时刻，能源消费结构在每步的转移概率矩阵分为 P(1)，P(2)，P(3)，…，P(t)，则平均转移概率矩阵为：

$$P = [P(1)\cdot P(2)\cdot P(3)\cdots P(t)]^{1/t} \tag{6-17}$$

根据 t 时刻的能源消费结构以及平均转移概率矩阵，就可以预测出 $t+m$ 时刻的能源消费结构：$S(t+m) = S(t)\cdot P^m$ $\tag{6-18}$

在本节的以下部分，将采用马尔可夫分析法对研究了台湾一次能源结构的历史变化趋势，其中关键是确定了各年能源结构变化的转换概率矩阵，并由此对台湾中短期能源结构转变进行动态分析。

三、台湾能源结构的动态分析与预测

采用马尔可夫分析法分析一次能源消费结构时，将特定年份消费结构视为一个封闭系统，其结构状态的变化可以看成一个以年为变化单位的马尔可夫离散过程。因此，首先需要通过各年能源消费结构及其状态变化来确定各步的状态转移概率矩阵，然后求出平均的一步转移概率矩阵，根据得到的概率矩阵，预测未来能源消费结构的转变方向。参考王锋（2011）的研究，我们采用马尔可夫链的转移概率矩阵，分析台湾 2017—2025 年能源结构的演化趋势。

以 2010 年为基准年，即以 2010 年能源消费总量的比例为 100，以能源消费结构为对象的马尔可夫基本模型为：

$$S(2010+k) = S(2010)\times P^k \tag{6-19}$$

其中，S 代表各时期各类能源在一次能源消费中的份额。P 为平均一步转移概率矩阵，它表示从状态 S_i 起始，经过 n 步到达状态最终状态 S_j 所平均经过的一步转移概率。一步转移概率矩阵与一次转移概率矩阵之间存在关系：

$$P_{ij}(n) = P_{ij}(1)^n:$$

$$P^n = \begin{bmatrix} p_{11}{}^n \cdots p_{1n}{}^n \\ \cdots \\ p_{n1}{}^n \cdots p_{nn}{}^n \end{bmatrix}, p_{ij}{}^n \geqslant 0, \sum_{j=1}^{n} p_{ij}{}^n = 1, i = 1, \ldots n \tag{6-20}$$

用马尔可夫分析建立随机时序模型，关键在于状态转移概率矩阵的确定。构成转移概率矩阵的元素是各转移概率，矩阵特征为每一行转移概率之和等于 1。上述转移矩阵中的行元素，表示该类能源在一次能源消费结构份额的保留与转移出去的概率；列元素表示该类能源所占结构份额的保留概率，以及其他类能源向消费本类能源转移的概率。

我们以 2010 年台湾的初级能源消费构成作为初始状态，以 2010 年以来的结构变化计算状态转移概率矩阵。确定转移概率矩阵时，根据对一次能源消费结构历史数据的观察，可以发现，各种能源之间存在相互转移份额的可能性。为了叙述方便，把转移概率矩阵的主对角线元素称为保留概率元素；从行的角度看，把每行中除保留概率元素外的其他元素称为转移概率元素；从列的角度看，把每列中除保留概率元素外的其他元素称为吸收概率元素。计算转移概率矩阵的步骤如下：

第一步，计算保留概率元素值：当能源消费结构从 t 时刻转移到 t+1 时刻，如果一种能源的消费份额增加，则这种能源在转移矩阵中的保留概率为 1；如果份额减小，则其保留概率的计算公式为：保留概率 =t 时刻的份额 /t+1 时刻的份额。以石油为例，即：

$$S_o(t+1) \geqslant S_o(t) \Rightarrow p_{o \to o}(t) = 1 \tag{6-21}$$

$$S_o(t+1) \prec S_o(t) \Rightarrow p_{o \to o}(t) = S_o(t) \Big/ S_o(t+1) \tag{6-22}$$

第二步，确定保留概率为 1 的元素所在行的转移概率元素值。若某行的保留概率元素为 1，说明该行所代表的能源消费份额不变或增加，故不存在向其他能源转移的可能性，而且在前面已经设定转移概率矩阵的每行元素之和等于 1。因此，该行的转移概率元素值都为 0。以石油为例，即：

$$p_{o \to o}(t) = 1 \Rightarrow \left\{ p_{o \to c}(t) = 0; p_{o \to e}(t) = 0; p_{o \to g}(t) = 0; p_{o \to n}(t) = 0 \right\} \quad (6-23)$$

第三步，确定保留概率小于 1 的元素所在列的吸收概率元素值。若某列的保留概率元素值小于 1，说明该列所代表的能源消费份额在减少，故不存在从其他能源吸收份额的可能性，因此，该列的吸收概率元素值都为 0。以石油为例，即：

$$p_{o \to o}(t) \prec 1 \Rightarrow \left\{ p_{c \to o}(t) = 0; p_{e \to o}(t) = 0; p_{g \to o}(t) = 0; p_{n \to o}(t) = 0 \right\} \quad (6-24)$$

第四步，确定保留概率小于 1 的元素所在行的非零转移概率元素值。以石油的保留概率小于 1 的情景为例，即：

$$\left. \begin{array}{l} p_{o \to o}(t) \prec 1 \\ p_{o \to c}(t) \neq 0 \\ p_{o \to g}(t) \neq 0 \\ p_{o \to e}(t) \neq 0 \\ p_{o \to n}(t) \neq 0 \end{array} \right\} \Rightarrow \left\{ \begin{array}{l} p_{o \to c}(t) = \dfrac{\left[1 - p_{o \to o}(t)\right] \times \left[S_c(t+1) - S_c(t)\right]}{\left[S_c(t+1) - S_c(t)\right] + \left[S_g(t+1) - S_g(t)\right] + \left[S_e(t+1) - S_e(t)\right] + \left[S_n(t+1) - S_n(t)\right]} \\[3mm] p_{o \to g}(t) = \dfrac{\left[1 - p_{o \to o}(t)\right] \times \left[S_g(t+1) - S_g(t)\right]}{\left[S_c(t+1) - S_c(t)\right] + \left[S_g(t+1) - S_g(t)\right] + \left[S_e(t+1) - S_e(t)\right] + \left[S_n(t+1) - S_n(t)\right]} \\[3mm] p_{o \to e}(t) = \dfrac{\left[1 - p_{o \to o}(t)\right] \times \left[S_e(t+1) - S_e(t)\right]}{\left[S_c(t+1) - S_c(t)\right] + \left[S_g(t+1) - S_g(t)\right] + \left[S_e(t+1) - S_e(t)\right] + \left[S_n(t+1) - S_n(t)\right]} \\[3mm] p_{o \to n}(t) = \dfrac{\left[1 - p_{o \to o}(t)\right] \times \left[S_n(t+1) - S_n(t)\right]}{\left[S_c(t+1) - S_c(t)\right] + \left[S_g(t+1) - S_g(t)\right] + \left[S_e(t+1) - S_e(t)\right] + \left[S_n(t+1) - S_n(t)\right]} \end{array} \right.$$

$$(6-25)$$

按照上述四个步骤，可分别计算出 2010—2016 年台湾初级能源消费结构在每年之间的转移概率矩阵（详见表 6-2），然后，根据每步的转移概率矩阵及公式（6-20），可计算出平均转移概率矩阵（详见表 6-3）。

表 6-3　2010—2016 年各期状态转移矩阵

2010—2011	煤炭	石油	天然气	核能	可再生能源
煤炭	1	0	0	0	0
石油	0.0311	0.9326	0.0302	0.0052	0.0009
天然气	0	0	1	0	0
核能	0	0	0	1	0
可再生能源	0	0	0	0	1
2011—2012	煤炭	石油	天然气	核能	可再生能源
煤炭	0.9896	0	0.0090	0	0.0015
石油	0	0.9960	0.0034	0	0.0006
天然气	0	0	1	0	0
核能	0	0	0.0290	0.9662	0.0048
可再生能源	0	0	0	0	1
2013—2014	煤炭	石油	天然气	核能	可再生能源
煤炭	0.9816	0.0011	0.0163	0.0011	0
石油	0	1	0	0	0
天然气	0	0	1	0	0
核能	0	0	0	1	0
可再生能源	0	0.0035	0.0540	0.0035	0.9391
2014—2015	煤炭	石油	天然气	核能	可再生能源
煤炭	0.9692	0.0124	0.0172	0	0.0012
石油	0	1	0	0	0
天然气	0	0	1	0	0
核能	0	0.0544	0.0752	0.8652	0.0052
可再生能源	0	0	0	0.	1
2015—2016	煤炭	石油	天然气	核能	可再生能源
煤炭	1	0	0	0	0
石油	0.0025	0.9937	0.0031	0	0.0007
天然气	0	0	1	0	0
核能	0.0542	0	0.0672	0.8646	0.0140
可再生能源	0	0	0	0	1

表 6-4　2010—2016 年平均状态转移概率矩阵

能源	煤炭	石油	天然气	核能	可再生能源
煤炭	0.9888	0.0028	0.0071	0.0006	0.0006
石油	0.0056	0.9868	0.0065	0.0007	0.0004
天然气	0.0000	0.0001	0.9998	0.0001	0.0000
核能	0.0087	0.0102	0.0297	0.9473	0.0041
可再生能源	0.0000	0.0006	0.0093	0.0005	0.9896

从表 6-4 可以看出，2010—2016 年台湾一次能源消费结构的动态变化特点是：

主对角线上的各保留概率最高，表明能源消费结构状态分布具有稳定性，能源消费的结构转化率比较低。某年某类一次能源的消费份额到年末仍然保持这一份额的概率在 94.73%—99.98%。也就是说，各类一次能源的相对地位较为稳定，动态变化慢，份额流动性低。

主对角线上的各保留概率中，核能消费的保留概率最低，也就是说核能向其他形式的能源消费转化的可能性最大；天然气的保留概率最高，接近 1，这与天然气份额逐年递增的观察结果一致。从保留概率排序看，石油和煤炭虽然低于天然气，但考虑到这两者的消费份额与天然气份额的相差悬殊，石油和煤炭消费的主导地位难以撼动。

核能向其他初级能源的转移概率中，核能向天然气消费转移的可能性最大；其次是向石油和煤炭的转移，最后才是向可再生能源的转移。这一排序这说明了三点：第一，与可再生能源相比，化石能源仍然是相对廉价的能源，因此吸收核能消费的可能性最大；第二，化石能源消费中，尽管天然气和石油的成本较煤炭高，但近年来出于环保和减碳的考虑，天然气、石油和煤炭的消费对核电的替代性呈现依次递减；第三，在一定时期内台湾仍将维持以化石能源为主的能源消费结构。

利用前面得到的平均一步状态转移概率矩阵（表 6-4）以及公式（6-19），可对台湾 2025 年以前的能源结构变化进行预测，如表 6-5

所示。

表 6–5 台湾能源消费结构变动趋势

单位：%

能源结构					
年份	煤炭	石油	天然气	核能	可再生能源
2020 年	30.83	39.33	21.29	6.31	2.25
2025 年	30.45	37.54	24.58	5.03	2.41
各类能源与 2016 年相比的份额变化					
年份	煤炭	石油	天然气	核能	可再生能源
2020 年	−0.23	−1.47	2.83	−1.29	0.16
2025 年	−0.61	−3.26	6.12	−2.57	0.32

从预测结果可见，依目前一次能源消费结构的变化趋势，到 2025 年，天然气和可再生能源份额将分别比 2016 年提高 6.12 和 0.32 个百分点，而煤炭、石油和核能等一次能源消费份额将分别降低 0.61、3.26 和 2.57 个百分点。如表 6–5 所示，石油在一次能源消费量中的比重，将以年均 0.91% 的速度从 2016 年的 40.8% 缓慢下降到 2020 年的 39.33%，然后再以年均 0.93% 的速度下降到 2025 年的 37.54%；煤炭在一次能源消费量中的比重，将从 2016 年的 31.06% 减少到 2020 年的 30.83%，年均递减速度为 0.19%，然后继续减少到 2025 年的 30.45%，年均递减速度为 0.25 %。如果不考虑政策约束，未来的能源结构中，石油和煤炭仍然居于主导地位，二者的总份额到 2025 年仍占 68%。

变动幅度较大的是天然气和核能的消费份额。天然气在初级能源消费量中的比重，将会保持 2010 年以来的增长趋势，从 2016 年的 18.46% 上升到 2020 年的 21.29 %，年均增长速度为 3.63 %，然后再以年均增长 2.91% 的速度上升到 2025 年的 24.58%；核能在初级能源消费量中的比重，从 2016 年的 7.60% 下降到 2020 年的 6.31%，年均下降速度为 4.56 %，然后再以年均 4.41% 的速度下降到 2025 年的

5.03%。而可再生能源的比重将从 2016 年的 2.09% 上升到 2020 年的
2.25%，年均增长速度为 0.16%，然后再以年均增长 0.32% 的速度上
升到 2025 年的 2.41%。以目前的趋势来看，在没有相关政策的调整
下，可再生能源的增长幅度仍很小。

四、不同情境下的二氧化碳排放预测

（一）各类一次能源消费量预测

从本报告对一次能源需求总量的预测结果可知，在经济增长高、
中、低三种情形下，2025 年台湾的一次能源需求总量将分别达到
137.4、134.4 和 132.8 百万吨油当量。按照上述总量预测和表 6–5 的
能源消费结构预测，我们分别计算了各情形下各类一次能源的消费量
（见表 6–6）。

表 6–6　各类能源消费量预测

一次能源消费总量（百万吨油当量）						
年份	较低经济增速		中等经济增速		较高经济增速	
2020 年	120.7		121.1		122.1	
2025 年	132.8		134.4		137.4	
能源＼类别	2016 年	2020 年	2025 年	2020 年	2025 年	2020 年	2025 年
煤炭	32.7	37.2	40.4	37.3	40.9	37.6	41.8
石油	42.9	47.5	49.8	47.6	50.4	48.0	51.6
天然气	19.4	25.7	32.6	25.8	33.0	26.0	33.8
核能	8.0	7.6	6.7	7.6	6.8	7.7	6.9
再生能源	2.2	2.7	3.2	2.7	3.2	2.7	3.3

注：2016 年的数据为实际值，数据来源于台湾"经济部能源局"。2020 年、2025
年数据为预测值。

由表 6–6 的结果可见，尽管煤炭、石油占一次能源的比重趋于下

降，但由于一次能源消费总量增加，因此，石油和煤炭的消费量仍处于上升的趋势。依据高中低不同的经济增速情形，到 2025 年台湾将消费 40.4 百万吨—41.8 百万吨油当量的煤、49.8 百万吨—51.6 百万吨油当量的石油、32.6 百万吨—33.8 百万吨油当量的天然气，比 2016 年分别增加 23.79%—27.9%、16.2%—20.2%、68.0%—74.1%。另一方面，到 2025 年核电消费量将逐渐下降到 6.7 百万吨—6.9 百万吨油当量，比 2016 年下降 13.6%—16.4%；尽管 2025 年可再生能源将比 2016 年增加 13.6%—16.4%，但其总量仍较小，仅为 3.2 百万吨—3.3 百万吨油当量。

上述分析结果说明，尽管台湾的能源政策已经开始向可再生能源倾斜，但以目前的发展趋势来看，台湾的可再生能源发展仍较为缓慢，可再生能源占一次能源结构的比例到 2025 年仅增加到 2.4%，而化石能源的比例仍占到 92.6%。这意味着，按照目前的这种发展情形，中短期内，台湾以化石能源为主的一次能源消费结构不会有显著改观，以台湾地狭人稠、资源匮乏的情形来看，要满足 2025 年的能源消费需求，供给压力巨大。此外，以化石能源为主的能源结构将使台湾面临严峻的环境考验。

（二）渐进转型下[①] 的二氧化碳排放量预测

由于目前对二氧化碳还没有有效的控制方法，而台湾的人均碳排放量几乎是全球平均水平的两倍，因此，未来二氧化碳的排放趋势如何，是很值得关注的。结合各类能源需求的预测，本书将进一步估算二氧化碳的排放量。由于消费核电和可再生能源不排放 CO_2，因此剔除可再生能源和核能的消费量，只估算消费煤炭、石油和天然气的

---

① 渐进情形指在自发状态下，根据历史数据预测的消费结构。

CO_2 排放量。各类能源的二氧化碳排放系数 [1] 参照台湾"经济部能源局"《台湾燃料燃烧二氧化碳排放统计与分析》报告。

表 6–7　二氧化碳排放量的预测

排放量	二氧化碳排放总量 / 亿吨			人均二氧化碳排放量 / 吨		
2016 年	2.58			11.0		
不同增速水平	较低经济增速	中等经济增速	较高经济增速	较低经济增速	中等经济增速	较高经济增速
2020 年	3.53	3.54	3.57	14.94	14.96	15.06
2025 年	3.89	3.94	4.03	16.51	16.61	16.94

从二氧化碳排放的预测结果可以看出：第一，在没有政策干预下，未来随着台湾能源需求的增加和以化石能源为主的能源结构将使 2016—2025 年二氧化碳排放一直呈上升趋势。在经济高速增长的情况下，2025 年的二氧化碳排放是 2016 年的 1.6 倍；第二，未来台湾的二氧化碳排放增加仍无法与经济增长脱钩，经济高速增长仍伴随着能源消费和碳排放的增加。到 2025 年，经济增速较高下的二氧化碳排放仍比低速增长情形多 1400 万吨；第三，按照目前的能源结构变化情形来看，未来台湾的人均二氧化碳排放仍处于增长的趋势。到 2025 年，台湾的人均二氧化碳排放大约在 16.5 吨—17 吨，比 2016 年的水平增加 5.5 吨—6 吨。当然，这与未来台湾"少子化"趋势有关。因此，在没有政策约束和有效的激励机制下，以当前的能源结构演化趋势，未来台湾的二氧化碳排放水平将与台湾当局的目标背道而驰，这意味着调整能源消费结构对于减少二氧化碳排放具有显著的作用。

---

[1]　根据台湾"经济部能源局"《台湾燃料燃烧二氧化碳排放统计与分析报告》，原油的 CO_2 排放系数为 73300 公斤 CO2/TJ，煤炭（燃料煤）的 CO_2 排放系数为 94600 公斤 CO2/TJ，天然气的 CO_2 排放系数为 56100 公斤 CO2/TJ。根据国际能源署（IEA）的规定，1 公斤油当量 =10000 千卡 =41868 千焦（KJ）。

第三节 能源转型政策对减碳目标的影响

由前文分析可知，能源使用是台湾碳排放的最大来源，而终端能源使用中，石油和电力的占比最高。以运输业的碳减排来看，通过将燃油车改为电动车来减少石油的使用量还需要较长的时期。目前，全球碳减排还是以电力减碳为主要手段，即通过使用清洁能源来取代火电以达到减碳目标。因此，减碳是否成功主要看电力减碳是否能达标，台湾也不例外。以 2025 年达到非核家园作为其能源政策的目标年，则 2025 年的阶段性目标是较 2016 年减碳 4000 万吨。那么，台湾目前的能源结构转型政策是否能够实现 2025 年的减碳目标？

一、当前台湾当局的能源结构转型目标

能源结构调整是台湾能源转型的目标之一。台湾地区的能源结构问题主要集中在电力结构上。台湾"经济部"于 2017 年 5 月 16 日对外说明能源转型路径规划，整体能源转型路径以废核和增加再生能源比例为主要方向。2016 年启动能源转型，2020 年实现核一厂除役，新增电力需求暂由燃煤提供，燃煤比例增至 50%；到 2025 年，实现再生能源发电占比提升为 20%，天然气发电占比提升为 50%，燃煤发电占比降为 30%，既有核电厂（核一、二、三）不延役，同时核四废止，于 2025 年实现"非核家园"，详见表 6-8。

表 6-8 台湾当局的能源转型目标及规划路径

单位：亿度；%

能源类别	2016 年		2020 年		2025 年	
	年发电量	占比	年发电量	占比	年发电量	占比
再生能源	126	5	234	9	515	20
燃气发电	856	32	828	33	1288	50
燃煤发电	1200	46	1250	50	773	30

续表

能源类别	2016 年		2020 年		2025 年	
	年发电量	占比	年发电量	占比	年发电量	占比
核电	317	12	211	8	—	0
其他（燃油发电、抽蓄水力）	141	5	—	0	—	0
合　计	2641	100	2516	100	2575	100
规划路径	能源转型启动		核一厂除役，新增电力需求暂由燃煤提供，加速发展再生能源，增加燃气发电量。		核三厂退役，迈入"非核家园"，达成再生能源阶段性目标，完成天然气接收站与输储设备扩建	

资料来源：作者整理，2016 年为实际值，该比例表示各种能源的发电比例，数据来源于"经济部能源局"。

如表 6-8 所示，台当局提出的结构转型目标包括以下几个方面：

（1）核能发电：推动既有核电厂（核一、二、三）不延役，依新修正"电业法"第 95 条规定，核能发电设备应于 2025 年前全部停止运转，同时核四废止，于 2025 年达成"非核家园"目标。

（2）燃气发电：推动新建或扩建天然气电厂并采用高效率复循环机组，其发电效率可达 62%（现有燃气机组平均效率约为 51%），同时新设或扩建液化天然气卸收、输储设备，并确保如期完工运转，发展路径由 2016 年发电量占全地区总发电量比例约 32.4% 提高到 2020 年的 33%，并于 2025 年达成 50% 目标。

（3）燃煤发电：为确保能源转型过程中电力供应稳定，将燃煤发电作为重要基载电力，于未来能源结构中维持适度燃煤，同时透过燃煤电厂汰旧换新并采超超临界高效率机组，其发电效率可达 45%（既有燃煤机组平均效率仅 38%），并以弹性调度，逐步降低燃煤发电占比，发展路径由 2016 年发电量占全地区总发电量比例约 45%，2020 年替代核一、核二的除役，总发电占比提高到 50%，至 2025 年占比降至 30% 以下。

（4）再生能源：以技术成熟可行、成本效益导向、分期均衡发展、带动产业发展及电价影响可接受性等五项原则进行规划，发展路径由 2016 年发电量占总发电量比例约 4.8% 提高至 2020 年的 9%，并于 2025 年达成 20% 的目标。其中，到 2025 年，风电的目标规划为装机容量达 4.2GW（陆域风电 1.2GW，离岸风电 3GW）；太阳光电则为装机容量达 20GW，具体如表 6–9。

表 6–9　各类再生能源的推广目标

各类能源	装机容量 /MW			发电量 / 亿度		
	2015 年	2020 年	2025 年	2015 年	2020 年	2025 年
太阳光电	842	6500	20000	9	81	250
陆域风电	647	814	1200	15	19	29
离岸风电	0	520	3000	0	19	111
地热能	0	150	200	0	10	13
生物质能	741	768	813	36	56	59
水电	2089	2100	2150	45	47	48
燃料电池	0	225	60	0	2	5
合计	4319	10875	27423	105	234	515

注：2015 年为实际值。

数据来源：台湾"经济部能源局"，"风力发电 4 年推动计划"，2017 年 8 月。

二、"2025 非核家园"政策与减碳目标能否同时实现

（一）近年的电力结构变化

从表 6–10 发电结构的变化趋势来看，煤电、气电、油电的比例合计始终占总发电量的 70% 以上，其中，煤电的份额最大。近年来，煤电、核电的份额基本逐年下降，而气电的份额则逐年上升。总的发电量中，可再生能源的比例尽管略有上升，但发电比例仍然不足 5%。

表 6-10 2010—2016 年台湾的发电结构

单位：%

年份	2010	2011	2012	2013	2014	2015	2016
燃煤发电	49.90	49.47	49.01	48.06	46.92	44.85	45.44
燃油发电	3.83	3.27	2.54	2.35	2.80	4.36	4.14
燃气发电	24.72	25.88	26.91	27.56	29.00	31.47	32.41
核能发电	16.85	16.70	16.14	16.50	16.30	14.13	11.99
再生能源	3.46	3.53	4.23	4.27	3.78	4.01	4.77
抽蓄水力	1.24	1.15	1.17	1.26	1.20	1.18	1.25

数据来源：台湾"经济部能源局"。

注：再生能源包括惯常水力、风电、太阳光电、生物质能、废弃物发电。

（二）电力结构转型政策无法实现减碳目标

台湾当局 2025 年的阶段性减碳目标是较 2016 年减少 4000 万吨。那么，台湾目前的能源转型政策是否能够实现 2025 年的减碳目标？为分析电力部门的减碳成效，需要估算不同电力结构下煤电、油电和气电的消费量，再根据碳排放系数[①]计算相应的二氧化碳排放量。从上文对电力需求的预测结果可知，在经济中速增长情形下，2020 年和 2025 年台湾电力需求大约分别为 2700 和 2900 亿千瓦时，那么，可以估计出"非核家园"政策下台湾 2020 年和 2025 年各类电力的发电量及其碳排放量，详见表 6-10。其中，2020 年和 2025 年发电结构来自蔡当局"2025 非核家园"政策的能源配比目标。此外，为进行比较，表 6-11 中列出了 2013 年[②] 和 2016 年的数据。

---

① 二氧化碳排放系数来自台湾"经济部能源局"《台湾燃料燃烧二氧化碳排放统计与分析报告》。

② 之所以列出 2013 年数据，是因为 2013 年是台湾的核电机组未遭政治力干扰仍全力发电的最后一年。

表 6-11 电力结构转型的碳排放比较

单位：亿 kWh；%，亿吨

发电结构	2013 年		2016 年		快速减核			
					2020 年		2025 年	
	发电量	占比	发电量	占比	发电量	占比	发电量	占比
燃煤发电	893	41	1200	46	1350	50	870	30
燃油发电	63	3	109	4	0	0	0	0
燃气发电	709	32	856	32	891	33	1450	50
核 电	408	19	317	12	216	8	0	0
再生能源	119	5	126	5	243	9	580	20
二氧化碳排放量	1.04		1.37		1.44		1.28	

注：表中 2013 年和 2016 年的数据为实际值。

由表 6-11 可看出，以民进党当局的能源转型政策，2020 年电力部门的碳排放量将比 2013 年和 2016 年分别高 4000 万吨和 700 万吨，主要原因是民进党当局为实现快速废核，短期内通过增加高碳的煤电来弥补废核所带来的电力缺口，2020 年的煤炭占比（50%）明显高于 2013 年（41%）和 2016 年（46%），而所有发电类型中，煤电的碳排放系数最高，导致 2020 年碳排放量大幅增加；而 2025 年电力部门的碳排放量尽管比 2016 年减少 900 万吨，但与减碳目标（减少 4000 万吨）相比，仍差距甚远。并且，2025 年的碳排放量仍比 2013 年高 2400 万吨，主要原因是：第一，从台湾 2013 年和 2025 年的电力结构比较来看，2013 年的台湾无碳电力（核电、再生能源）的占比为 24%，2025 年废核后，无碳占比反而降为 20%，火电（煤电、油电、气电）占比则由 76% 增加到 80%，与能源转型的初衷（增加无碳电力取代火电）背道而驰；第二，从 2016 年和 2025 年的电力结构比较来看，2025 年的火电占比（80%）仅略低于 2016 年（82%），且由于电力消费量增加的效应部分抵消了结构效应，因此，2025 年的碳排放量尽管比 2016 年减少 900 万吨，但与减碳目标相比，仍差距甚远。也就是说，快速废核的能源转型政策并不能实现预期的减碳目标。更关键的问题是，2025 年核电归零，电力配比结构为燃煤 30%、燃气 50%、再生能源 20% 的目标是否能实现？下一部分将回答这个问题。

三、实现电力结构转型的可能性

（一）电力结构变化的动态分析

对特定年份的电力结构，其变化可以看成一个以年为变化单位的马尔可夫离散过程。首先，需要通过各年电力装机结构状态及状态变化来确定各步状态转移概率矩阵，然后求出平均的一步转移概率矩阵。利用平均一步转移概率矩阵，就可以预测今后电力结构的基本变化趋势。

根据电力结构状态的历史变化和未来台湾电力结构向可再生能源发展的要求，可以做一个基本假定：在发电结构中，包括水电、风电、太阳能等的可再生能源有比较确定的增长趋势，因此它在各期向火电和核电的转移概率都为零，而保留概率为 1。煤炭、石油和天然气之间都存在相互转移份额的可能性，不同点仅仅在于各期和各类发电相互之间的转移概率大小。计算各期的保留概率和转移概率时，在机组份额增加的情况下，各类机组的保留概率为 1；在机组份额减小的情况下，其保留概率＝次年的份额／第一年的份额。各概率矩阵的行元素之和始终应该保持等于 1。概率矩阵中各概率元素的计算原理和方法在上一节中已经有详细介绍，不再赘述。在上述假定下，可以计算各期状态转移概率矩阵（见表 6–12）。

表 6-12 2010—2016 年各期状态转移矩阵

2010—2011	燃煤发电	燃油发电	燃气发电	核能发电	再生能源	抽蓄水力
燃煤发电	0.9914	0	0.0081	0	0.0004	0
燃油发电	0	0.8547	0.1377	0	0.0076	0
燃气发电	0	0	1	0	0	0
核能发电	0	0	0.0083	0.9912	0.0005	0
再生能源	0	0	0	0	1	0
抽蓄水力	0	0	0.0394	0	0.0317	0.9289
2011—2012	燃煤发电	燃油发电	燃气发电	核能发电	再生能源	抽蓄水力
燃煤发电	0.9906	0	0.0078	0	0.0005	0.0011
燃油发电	0	0.7766	0.1861	0	0.0117	0.0256
燃气发电	0	0	1	0	0	0
核能发电	0	0	0.0278	0.9666	0.0017	0.0038
再生能源	0	0	0	0	1	0
抽蓄水力	0	0	0	0	0	1
2012—2013	燃煤发电	燃油发电	燃气发电	核能发电	再生能源	抽蓄水力
燃煤发电	0.9806	0	0.0111	0.0061	0.0007	0.0015
燃油发电	0	0.9253	0.0428	0.0233	0.0027	0.0059
燃气发电	0	0	1	0	0	0
核能发电	0	0	0	1	0	0
再生能源	0	0	0	0	1	0
抽蓄水力	0	0	0	0	0	1
2013—2014	燃煤发电	燃油发电	燃气发电	核能发电	再生能源	抽蓄水力
燃煤发电	0.9765	0.0056	0.0180	0	0	0
燃油发电	0	1	0	0	0	0
燃气发电	0	0	1	0	0	0
核能发电	0	0.0028	0.0091	0.9881	0	0
再生能源	0	0.0273	0.0879	0	0.8848	0
抽蓄水力	0.0000	0.0117	0.0377	0	0	0.9506
2014—2015	燃煤发电	燃油发电	燃气发电	核能发电	再生能源	抽蓄水力
燃煤发电	0.9559	0.0162	0.0255	0	0.0025	0
燃油发电	0	1	0	0	0	0
燃气发电	0	0	1	0	0	0

续表

核能发电	0	0.0489	0.0772	0.8665	0.0075	0
再生能源	0	0	0	0	1	0
抽蓄水力	0	0.0076	0.0120	0	0.0012	0.9792
2015—2016	燃煤发电	燃油发电	燃气发电	核能发电	再生能源	抽蓄水力
燃煤发电	1	0	0	0	0	0
燃油发电	0.0124	0.9503	0.0198	0	0.0160	0.0015
燃气发电	0	0	1	0	0	0
核能发电	0.0378	0	0.0604	0.8486	0.0486	0.0046
再生能源	0	0	0	0	1	0
抽蓄水力	0	0	0	0	0	1

以 2010—2011 的转移概率矩阵为例，2011 年的燃气机组和可再生能源机组的份额均较上年增加，而其他的能源则较上年减少。因此，存在着燃煤、燃油和核电机组向燃气及可再生能源发电机组的转移，各转移概率的大小取决于各类机组份额增（减）量分别占份额总转移流量的比例。从纵向看，燃气与可再生能源发电分别对应的列元素不为零，表示它们吸收了其他类能源的份额。其他各概率的计算依此类推，不再详述。根据表 6-10 得到的各期转移概率矩阵，可计算 2010—2016 年的平均状态转移概率矩阵（几何平均值），详见表 6-13。

表 6-13 状态转移平均概率矩阵

类别	燃煤发电	燃油发电	燃气发电	核能发电	再生能源	抽蓄水力
燃煤发电	0.9822	0.0043	0.0113	0.0008	0.0007	0.0004
燃油发电	0.0017	0.9135	0.0698	0.0027	0.0059	0.0055
燃气发电	0.0000	0.0000	1.0000	0.0000	0.0000	0.0000
核能发电	0.0063	0.0111	0.0300	0.9413	0.0099	0.0014
再生能源	0.0000	0.0057	0.0146	− 0.0000	0.9798	− 0.0001
抽蓄水力	0.0000	0.0038	0.0148	− 0.0000	0.0054	0.9760

从表 6-13 可以看出，2010—2016 年电力结构变化的特点是：

（1）从整个概率矩阵看，与主对角线以外的各元素相比，主对角线上的各元素值最大，代表各类机组的保留概率最大，这表明样本期间的电力结构状态分布具有稳定性，各类发电机组之间的结构转化率低。也就是说，各类发电机组的相对地位都很稳固，随时间变化非常慢，各类发电机组份额的流动性很低。

（2）从主对角线上的各元素看，各保留概率中燃气机组的保留概率最高，且一直保持为1的水平，表明燃气份额逐年增加，核电机组的保留概率则基本逐年减少，表明核电在电力结构中所占份额的变化处于下降的趋势。

（3）主对角线以外的各转移概率中，燃油份额向燃气转移的可能性最大；其次为核电向燃气发电转移的可能性，也就是说，燃气机组对各类机组份额的吸收可能性最大。这说明了两点：一是目前各类机组中，火电中的各类发电燃料，尤其是油气之间的替代性比较强；二是在核电机组发展受阻时，它被挤出的份额首先由兴建火电机组来替代。因此，在一定时期内，台湾以火电为主的电力结构将很难改变，且从上述模型的分析结果看，短期内还有可能得到加强。

（二）渐进调整情形下的电力结构趋势预测

如果不考虑相关政策规划对电力结构的调整，而仅基于过去电力结构的演变规律，来预测其在未来的自发变动状态，本书把这一情景称为"无规划约束的渐进调整情景"，简称"渐进调整"。利用前面得到的平均一步状态转移概率矩阵 P（表 6-13），可预测在无约束情形下台湾至 2025 年的电力结构变化，如表 6-14 所示。

表 6-14 台湾 2017—2025 年电力结构演化趋势

年份	燃煤发电	燃油发电	燃气发电	核能发电	再生能源	抽蓄水力
2017	44.7146	4.1404	33.6617	11.3358	4.8565	1.2768
2018	43.9979	4.1309	34.8872	10.7194	4.9344	1.3018
2019	43.2900	4.1130	36.0869	10.1385	5.0042	1.3250

续表

年份	燃煤发电	燃油发电	燃气发电	核能发电	再生能源	抽蓄水力
2020	42.5911	4.0876	37.2613	9.5911	5.0663	1.3464
2021	41.9011	4.0559	38.4108	9.0751	5.1211	1.3662
2022	41.2200	4.0186	39.5359	8.5888	5.1692	1.3844
2023	40.5479	3.9765	40.6370	8.1303	5.2109	1.4009
2024	39.8848	3.9305	41.7146	7.6980	5.2466	1.4160
2025	39.2306	3.8811	42.7693	7.2904	5.2765	1.4296

从发电结构上看，根据预测结果，按照目前电力结构的渐进变化趋势，到2020年，煤电、核电的比例与2016年相比将分别降低2.85、2.4个百分点，而气电和可再生能源发电的份额将比2016年分别提高4.85和0.30个百分点。到2025年，煤电、核电、油电的比例将比2016年分别减少6.21、4.70、0.26个百分点，而气电、再生能源的比例将分别增加10.36、0.51个百分点。也就是说，在自发状态下，未来的电力结构变化趋势是：气电的增幅最大，再生能源则略为增加；煤电的减少幅度最大。

（三）不同情形下的电力结构变化趋势比较

首先，渐进调整下的电力结构变化趋势与台湾当局"2025年非核家园"提出的电力结构目标之间有何差距？如表6-15，从2020年来看，渐进调整状态下的燃煤发电、再生能源发电比重比转型目标分别少7.41、3.93个百分点，燃油、燃气、核电的比重则比转型目标分别高4.09、4.26和1.29个百分点；到2025年，则差距最大的是再生能源发电，渐进调整状态下的比重比转型目标低14.72个百分点，燃气发电则低7.23个百分点，煤电、核电、油电的比重则分别高9.23、7.29、3.88个百分点。这意味着：第一，由于核电的成本低且是稳定的能源，因此，在没有政策因素的影响下，核电仍占有一定的比重（7.29%），表明短期核电归零的难度很大；第二，由于再生能源的成本高，发展速度较慢，到 2025 年仍仅占 5.28%，与 20% 的差距相去甚远。这也意味着，再生能源的推广需要相应的政策推动；第三，由于煤电的成本较低，尽管由于环保的原因处于下降的趋势，但到 2025 年也仍占 39.23%，与 30% 的目标仍有相当的距离。

表 6-15　渐进调整下的电力结构与转型目标的差距

单位：%

时间	发电结构			
	类别	所占份额	与 2016 年相比份额变化	与转型目标的差距
2020 年	燃煤发电	42.59	−2.85	−7.41
	燃油发电	4.09	−0.05	4.09
	燃气发电	37.26	4.85	4.26
	核 电	9.59	−2.40	1.59
	再生能源	5.07	0.30	−3.93
	抽蓄水力	1.35	0.10	1.35
2025 年	燃煤发电	39.23	−6.21	9.23
	燃油发电	3.88	−0.26	3.88
	燃气发电	42.77	10.36	−7.23
	核 电	7.29	−4.70	7.29
	再生能源	5.28	0.51	−14.72
	抽蓄水力	1.43	0.18	1.43

进一步地，我们再比较其他研究的电力结构与转型目标的差距。梁启源（2015）通过考虑基、中、尖载及辅助电源的经济计量模型，利用 DGEMT 模型评估各项能源成本变动下电力配比的可能情境，得出在成本最小化的目标下的 2025 年电力最适配比为：燃煤占比为 30%—40%；核能占比为 13%—15.7%，燃气占比为 34%—39%；再生能源占比为 6.4%—8.2%。其中在未征收碳税的情况下，成本最低的电力结构为：核电占 13.14%，可再生能源占 6.4%，燃煤、燃气、燃油的比重分别为 40.11%、34.35%、0.03%，如表 6-16 所示。

表 6-16　三种情形下的电力结构比较

情形	渐进调整		最优配比		快速减核	
时间	2020 年	2025 年	2020 年	2025 年	2020 年	2025 年
燃煤发电	42.59	39.23	41.2	40.1	50	30
燃油发电	4.09	3.88	1.1	0.03	0	0
燃气发电	37.26	42.77	33	34.35	33	50
核 电	9.59	7.29	13.4	13.14	8	0
再生能源	5.07	5.28	5.2	6.4	9	20
抽蓄水力	1.35	1.43	2.3	0.59	0	0

注：最优配比的数据来源于梁启源等（2015），"快速减核"情景指的是"2025 非核家园"提出的电力结构目标。

比较三种情形的电力结构，可以发现：

第一，三种情形的差别在于核电比重的变化。在渐进调整情形中，尽管核电比重略有下降，但到 2025 年仍占 7.29% 的比重；而最优电力结构中，在成本最小化的目标下，核电的比重高达 13.14%，表明核电仍扮演重要的角色。也就是说，从经济性的角度考虑，核电需要占一定的份额，与 2025 年的零核目标相去其远。

第二，无论是渐进调整还是最优配比情形，再生能源的比重仍然较低，两种情形下的占比均在 6% 左右。也就是说，由于再生能源的成本较高，基于经济因素的角度，要实现 2025 年再生能源占比 20% 的目标具有相当大的难度。

第三，渐进调整和最优配比情形下的电力结构中，2025 年煤电的占比均高于转型目标，而气电的占比均低于转型目标。这也意味着，民进党当局提出的转型目标既不符合台湾当前的电力行业现状，也不符合成本最小化目标，不具有经济性。

综上所述，无论是渐进调整还是最优配比情形下的电力结构与转型目标，均具有很大的差距，也就是说，实现 2025 年的电力结构目标难度很大，可能性很低。为了更深入地分析，本章的下一部分还将进一步探讨能源结构转型所面临的困境。

第四节 实现电力结构转型的困境

民进党当局的"2025 非核家园"政策明确到 2025 年实现"零核电",同时又承诺将大量减少台湾温室气体的排放量。要达到废核与减碳的双重目标,唯一的办法是大幅增加再生能源。按照台湾当局目前的能源转型目标,到 2025 年核电的缺口将由再生能源补上。对再生能源的规划是到 2025 年,再生能源占发电的比例由 5% 增加到 20%,增加的 515 亿度电主要依赖太阳能与离岸风电,目标是在 2025 年前各达到 2000 万千瓦和 300 万千瓦的装机容量。那么,再生能源的发展目标是否能够实现?

可再生能源的发展受到技术成熟性、成本、并网和相关的基础设施配套、政策法规以及可能造成的环境问题和公众认可等因素的制约。从目前的进展速度来看,台湾的再生能源发展很缓慢:从 1998 年到 2016 年,将近 20 年的时间,再生能源的装机容量仅增加了 270 万千瓦,再生能源占总发电量的比例也仅从 3.9% 增加到 5.1%。以太阳能为例,台湾太阳光电的装机容量经过 17 年才超过 100 万千瓦,2025 年要达到 2000 万千瓦,每年至少要装设 200 万千瓦以上。也就是说,太阳光电的发电量要从 2016 年的 10.68 亿度增加到 2020 年的 110 亿度,四年需增加近 10 倍,如图 6-10 所示,而 2017 年太阳光电的发电量也仅增加到 16.91 亿度。因此,本部分要回答的问题是:未来台湾的能源结构转型将面临什么样的困境?实现"2025 非核家园"的电力结构目标的可能性有多大?

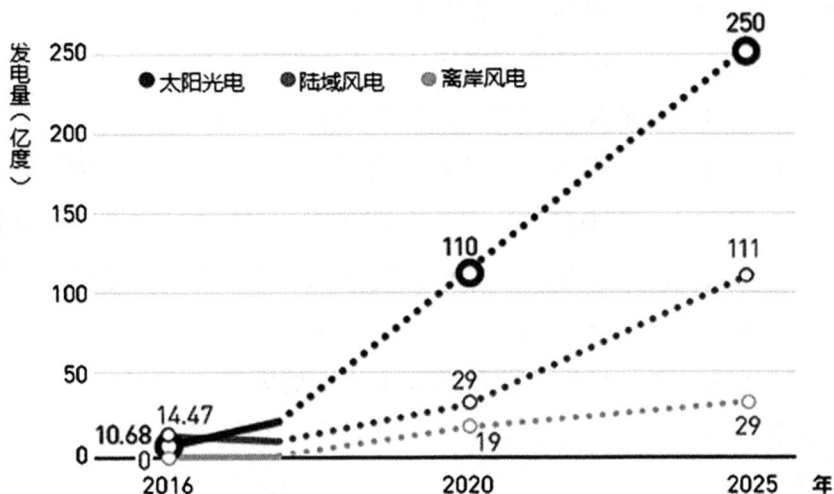

图 6–7　台湾可再生能源的发展目标

数据来源：台湾"经济部能源局"、台湾电力公司。

一、再生能源的技术和成本问题

首先，成本因素是大规模推广可再生能源技术的主要障碍。由于现有技术水平和资源条件的限制，在不考虑外部成本的前提下，可再生能源技术（水电除外）的发电成本基本上都高于常规能源。一方面，可再生能源技术的规模化存在技术瓶颈，例如，风电的电网接入技术、尚未完善的电力储存技术、太阳能光伏发电过程中的间歇性等；另一方面，可再生能源技术的发展还面临着资源约束。例如，台湾水电的发展面临着剩余水电资源开发潜力有限的问题，尚未进行开发的电站大多地理位置偏僻、地质构造复杂、开发难度较大。

其次，除了生产成本，制约可再生能源技术发展的另一主要障碍是并网和相关的基础设施配套问题。可再生能源并网对电网安全的影响包括系统调峰调频问题、电网适应性问题、电压控制问题、安全稳定问题等。例如，风电的间歇性、不可控性和不稳定性导致风电上网对电网的稳定性和电网调度能力提出了更高的要求。

第三，再生能源项目的投资往往具有初期建设投入大、回收周期长的特点，且项目收益难以保证，导致项目的投融资面临着一系列问题和困难。由于新能源项目还没有形成真正意义上的产业规模，缺乏必要的融资工具和金融产品，企业在进行新能源技术投资时，往往面临着资金难题。此外，新能源技术的发展往往涉及整个产业链的建设，台湾由于没有离岸风电产业链且市场规模小，导致离岸风电的成本高。

总体来说，影响再生能源技术成本的主要因素包括：前期研发投资和设备原料投入大、建设周期较长、单位初始投资成本高、受自然资源条件的约束、隐性成本高、能源并网供给稳定性差等，这些因素导致新能源技术的成本核算难度大，尽管长期成本有所下降但仍高于传统能源技术的成本。以太阳光电为例，台湾电力公司的数据显示，台湾太阳光电的发电成本为每度5—8元新台币，是现行煤电成本的4—5倍。[①] 因此，未来可再生能源要实现大规模发展还主要依赖于技术的成熟和成本的下降。

二、台湾的自身条件限制

对于台湾来说，除了再生能源的固有缺陷外，低碳能源的发展还因其电价因素、地理环境、气候等自然条件和人文因素等原因面临特有的限制。

第一，台湾的电价由行政确定，整体水平偏低，而可再生能源的发电成本高。过低的利润空间导致独立发电商的投资动力不足，阻碍了台湾再生能源的发展，加上再生能源投资的前期成本巨大，岛内的再生能源发展短期内很难形成规模。

第二，台湾地狭人稠，可供开发的土地资源有限，而可再生能源

---

① 数据来源：台湾电力公司。

的占地面积相对较大设置，土地的开发问题将导致再生能源的大规模发展严重受限。一方面，陆域风电需要广大且充裕的风场，才能发挥发电效益；而台湾 2/3 的面积为山地，宽广开阔及风场优良的土地有限；另一方面，缺地也是发展太阳光电面临的首要问题。以目前台湾当局提出的 2025 年太阳光电的装机容量目标（2000 万千瓦）来看，扣除屋顶型太阳能板的装机目标后，剩余 1700 万千瓦地面型太阳能板所需的土地面积，高达 2.25 万公顷，而目前所能供应的土地只占一成。

第三，台湾的日照时间分布是南部大于北部，夏季多于冬季，气候条件的限制使再生能源的设备利用率低，很难作为基载电力。传统能源电厂年利用率达 90% 以上，而再生能源属间歇性能源，无法提供持续稳定的能源，只能作为补充。风力发电、太阳光电需要有足够的风力或日照才能稳定供电。台湾风力发电的平均利用小时数为 6—7 小时，使用率只有 28%，且用电高峰的夏季往往是风力最微弱的时候，此季节风电可提供的供电能力不到 10%；太阳光电每日有效发电时间约为 3—4 小时，中午发电也只有 60%，年使用率只有 14%，很难取代核电作为基载电力。

第四，独立电网系统。台湾为海岛型经济体，其孤岛型电网系统限制可再生能源的大规模发展。一方面，独立电网难以容纳大比例的可再生能源；另一方面，独立电网意味着缺电时无法向其他地区购买，在再生能源的间歇期也无法获得外部补充，需要电网系统具备更大的备用容量。因此，电网的稳定与安全性对于台湾而言至关重要。当再生能源的比例扩大时，需要额外增加储能设施、智慧电网等配套措施，才能确保供电系统稳定，这必然导致发电成本的增加。

第五，民众的抗争问题。可再生能源的开发过程会对周边的资源和环境产生一些不利影响，往往遇到环保专家的争议和民众的反对。例如，陆域风力因低频噪音、光影闪烁等问题招致如彰化、三芝、苑里等地区的民众抗争；环保团体则对风力发电造成鸟击或影响水鸟迁徙、栖息与觅食等问题有争议。此外，离岸风电还存在渔权、航权、海床淤泥、飓风、海洋生态等问题。

第六，天然气的发展面临着储槽、输气管线及接收站等硬件设施等问题尚待解决。目前，台湾天然气接收站操作量与储槽量已接近饱和。根据 IEA 资料，2015 年，台湾天然气储存年均周转天数仅有 13 天，夏季则更可低到 6—7 天，至于韩国、日本则各达 53 天和 36 天。台湾岛内的高雄永安、台中两座天然气接收站每年天然气接收量约在 1400 万吨，使用量高达 1450 万吨，已达到天然气供不应求的饱和局限，若 2025 年天然气占比要达到 50% 的目标，还有将近 900 万吨的天然气缺口。而天然气电厂的建设需要一并完成台湾北部地区的天然气接收站及管线设置，估计需 10—12 年，而且工期面临诸多不确定的因素，例如居民的抗争等。

此外，其他可再生能源如地热能和海洋能也存在诸多障碍。在地热能方面，因台湾目前的浅层地热主要作为温泉观光区，因此，将此区域转为发电厂或试图探勘都具有先天上的困难。另外，高酸度的地热水所造成的高开发成本、土地利用困难以及设备耐久度等问题也是现阶段无法突破的。而海洋能、潮汐能技术尚未完整，大规模开发利用的可行性不高。

三、台湾发展再生能源的政策缺陷

（一）再生能源发展条例

以现有的技术水平来看，可再生能源在经济性和市场规模方面，都无法和传统的能源技术竞争，这就需要政策支持和相应的激励措施。台湾"行政院"于 2002 年 8 月通过"再生能源发展条例"（草案），同年 10 月送交"立法院"审议。在草案提出的初期，由于牵涉到再生能源、能源安全、未来缺电危机、"非核家园"等各种议题，导致草案在

"立法院"讨论时，法案延拓许久。最终历经四届"立委"审议，于8年后（2009年6月）完成"立法院"三读程序。该"条例"颁布至今，取得的成效并不理想，可再生能源占全部发电量的比例仍只有5.1%。以趸购费率制度支持再生能源发展，但成效并不显著。对于再生能源政策，仍存在诸多争议：一是台湾的再生能源发展牵涉许多业者及相关产业因素，导致"再生能源发展条例"变成再生能源补贴条例；二是"再生能源发展条例"规定对可再生能源采用固定上网电价（FiT）和批量购买保障机制，但是在执行过程中却不断变化，并没有稳定性保障，台湾规定每三年调整一次趸购费率，而德国法定收购年限达20年。不稳定的保障制度无疑会成为可再生能源发展的重要障碍。

（二）能源税和补贴

征收能源税是通过将能源使用的外部成本内部化以达到节能减排的重要手段。通过征收能源税，可以纠正目前能源资源价值低估和能源价格扭曲，使价格能真正反映资源的稀缺程度。尽管台湾能源主管部门有意推动，"立法院"和"行政院"也先后有过几个版本的"能源税条例"草案，但台湾当局考虑到能源税的征收将引发能源价格、物价上涨乃至产业生产成本的上升，因此，能源税草案迟迟无进展。此外，台湾在再生能源的补贴方面，包括再生能源发展基金、风力发电补助、离岸风机建设等补贴，2014年为38.57亿元新台币，远低于化石能源补贴。

（三）"电业法"

2017年1月修订的"电业法"通过明定两阶段"修法"蓝图，逐步完成电业自由化。第一阶段以"绿电先行"为主轴，首先，开放再生能源发电业，可趸售、代输或直供方式售电；其次，开放再生能源售电业；第三，开放传统发电业，但电力仅能售予公用售电业；第四，台电公司转型为控股母公司，进行厂网分工。第二阶段再逐步开放传统发电业，允许其代输或直供予用户，导入发电市场竞争，并开放设立一般售电业。

但修订的"电业法"自实施以来，实际上的电力供配仍然依赖台电系统，距离民间自营电厂还有一大段距离，主要原因是一方面既有发电业者已和台电签了售电合同，合同尚没到期；另一方面，由于目前趸购费率较高，业者为获得更高的利润选择卖电给台电。以太阳能为例，台电收购太阳能的趸购费率是4—6元新台币/度，而台电卖给民众的电费则不到3元新台币/度。

（四）智慧电网的建设

智慧电网是利用资讯及通讯科技整合发电、输电、配电及用户的先进电网系统，具备整合大量再生能源并网发电、结合智慧型电表进行需求面管理的功能。由于再生能源具有间歇性，其稳定性低于传统的火电，当大规模的再生能源并网时，容易造成电压浮动，将对输、配电网络造成冲击，需要搭配稳定的发电供应方式。再生能源电厂一般小型且分散，并且主要位于资源所在地，因此，发展再生能源需要同时建置对应的电网系统，将不可储存的电力即时输送到使用端。智慧电网对于电力管理以及运输冲击具有更高的自由度，并能降低电力损失。

台湾当局于2014年制定"智慧电网总体规划方案（核订本）"，将智慧电网列入"节能减碳总计划"标杆计划之一，并以推动智慧电表基础建设、规划智慧电网及智慧电力服务为重点。目前台湾智慧电网的推动现况是以智慧电表为切入点，加速推动岛内AMI建置工程，优先推动占总用电量58%的23000户高压用户装设智慧电表，而一般家庭的低压用户则规划以600万户装设为目标。然而，目前岛内智慧电网的布建速度仍停滞不前，导致输配用电效率较低，以未来能源转型所要求的再生能源占比 20% 的目标来看，智慧电网的建设速度赶不上再生能源的需求，当二者无法有效及时配合时，容易导致停电或限电危机。

四、与德国的能源转型条件比较

尽管德国再生能源发展较为成功（详见图 6-8），但德国的经验很难借鉴至台湾。与德国发展可再生能源的条件相比较，台湾有较大的差距：一是德国电网与欧洲其他国家联结，缺电时可以进口电力，电力过剩时可以输送给相邻国家；而台湾为孤岛型独立电网系统，缺电时无法从其他地区取得电力；二是德国的面积较台湾大 10 倍，且中部与北部地区多平原；台湾地狭人稠，且地形多高山，再生能源发展受限；三是德国的居民电价是每度新台币 10 元左右，台湾则是每度 2.73 元新台币左右，电价水平的差异相当大。由于台湾一直维持较低的电价水平，随着近年发电成本的不断上升，过低的利润空间阻碍了台湾风能、太阳能、潮汐能以及生物质能等新能源的发展。

总体来说，由于台湾为海岛型经济体，在推动能源转型的过程中，面临着独立电网模式、高度仰赖能源进口、过度依赖化石燃料等问题。受自然环境的限制和再生能源的间歇性特点，再生能源发电难以大规模取代火电与核电，而煤电涉及碳减排问题，天然气发电涉及电价上涨问题，因此，台湾实现 2025 年的能源结构目标的可能性很低。

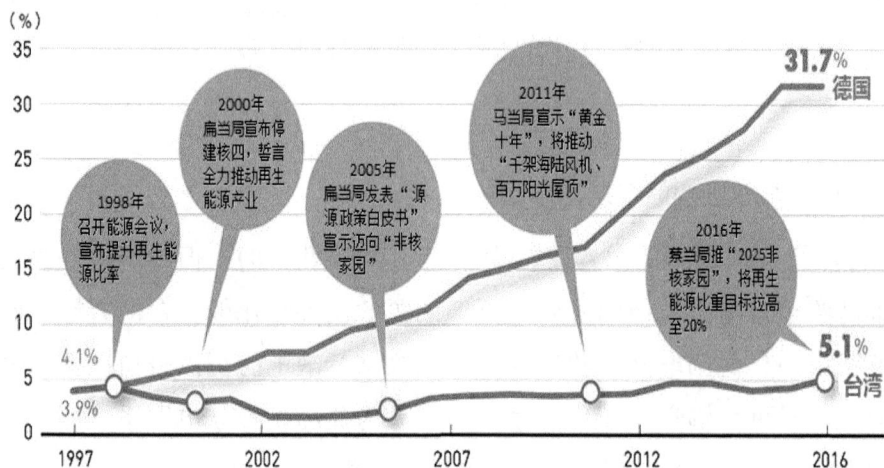

图 6-8　台湾地区与德国的绿能发展比较

资料来源：台湾电力公司、德国联邦经济和能源部（BMWi）。

本章小结

2015 年颁布的"温室气体减量及管理法"使减碳目标正式以"法规"的形式确立，也标志着碳减排将成为未来台湾能源转型的方向；而 2017 年"电业法"的修订也通过"法规"的形式明确台湾到 2025 年实现"零核电"的目标。本章主要研究的问题是民进党当局的"2025 非核家园"政策是否能同时实现废核与减碳的双重目标？本章的研究结论如下：

第一，在刻画经济发展过程中台湾碳排放变动的历史轨迹，基于 Kaya 公式和 LMDI 对数平均迪氏分解法深入分析碳排放的影响因素，研究收入、能源强度、能源结构以及人口对二氧化碳排放的影响，结果表明，要有效减少二氧化碳排放的增量，除了提高能源效率以降低能源强度，未来主要依靠调整能源消费结构以有效降低化石能源的消费比例。

第二，通过构建马尔可夫时序模型预测台湾2018—2030年的一次能源消费结构，并结合第四章所预测的能源消费量，本章预测了不同情境下台湾未来的二氧化碳排放量。预测结果表明：在没有政策约束和有效的激励机制下，未来台湾的二氧化碳排放增加仍无法与经济增长脱钩，经济高速增长仍伴随着能源消费和碳排放的增加。到2025年，经济增速较高下的二氧化碳排放仍比低速增长情形多1400万吨；以当前的能源结构演化趋势，在中速增长情形下，2025年台湾的二氧化碳排放水平将达到3.94亿吨，与台湾当局的目标背道而驰，这意味着未来的碳减排需要依靠强有力的政策对能源消费结构进行调整。

第三，按照"2025非核家园"政策提出的电力配比目标（到2025年，天然气、燃煤、再生能源的发电占比分别为50%、30%、20%），结合第五章对台湾未来电力需求的预测，本章估算了"非核家园"政策下台湾2020年和2025年电力部门的碳排放量，结果表明：由于民进党当局为实现快速废核，在2020年前通过增加高碳的煤电来弥补废核所带来的电力缺口，导致2020年的碳排放量大幅增加，比2016年高700万吨；而2025年的碳排放量尽管比2016年减少900万吨，但与阶段性减碳目标（减少4000万吨）相比，仍差距甚远，主要原因是电力消费量增加的效应部分抵消了结构效应。也就是说，"2025非核家园"政策的电力配比规划不能实现预期的减碳目标。

第四，通过比较不同情形下的电力配比结构，本书认为，民进党当局提出的电力配比目标既不符合台湾当前的电力行业现状，也不符合成本最小化目标。也就是说，实现2025年的电力结构目标难度很大，可能性很低。

第五，要达到废核与减碳的双重目标，唯一的办法是大幅增加再生能源。台湾当局的目标是到2025年再生能源占比由目前的5%增加到20%，核电的缺口由再生能源补上。然而，再生能源的发展除了受到技术成熟性、成本高、并网难等固有缺陷外，对于台湾而言，还因其土地资源有限、气候条件限制、独立电网系统、低电价水平、民众对再生能源的认可等因素面临特有的限制。与德国的转型条件相比，台湾不但在自然环境等先天性的因素存在差距，在再生能源的发展政策方面也存在后天性的缺陷。因此，就现有的条件而言，台湾在短期内实现可再生能源大规模发展的可能性很低。

第七章　台湾的能源转型对稳定电价的影响

第一节　台湾的电价问题

一、台湾的电价调整轨迹

台湾"电业法"第 60 条中指出，"台湾电价的制定应给出合理的计算公式，并交由立法院审定。"然而，台湾最初的电价计算公式与实际情况明显脱节。自 2003 年开始，国际燃料价格大幅上涨，但是台湾当局出于政治及经济等复杂原因，一直实行电价"冻涨"政策。台电公司于 2008 年起亏损，至 2011 年底，台电公司累计税后亏损 1179 亿元。针对台电公司经营困难的局面，台湾当局开始启动上调电价。台湾"经济部"于 2009 年 1 月 12 日颁布实施了"台电公司电价燃料条款机制"，希望通过煤电联动政策来消除发电燃料价格波动对电价产生的重大影响。自 2009 年煤电联动政策发布到 2012 年 5 月间，台湾共经历了 14 个煤电联动周期，其中有 8 次达到煤电联动的启动条件。然而，由于政治利益等问题，联动最终未能顺利进行（王鹏等，2015）。

2012 年初，由台电公司提出的电价上涨方案，其中居民用电建议采用阶梯电价机制，即住宅每月用电在 120 千瓦时以下，电价不予调整；从 121 千瓦时开始到 330 千瓦时电，每千瓦时电涨 0.45 元，涨幅约为 16%；从 330 千瓦时电到 700 千瓦时电，每千瓦时电价上涨 0.58 元，涨幅为 21%；每月用电 700 千瓦时以上的高用电户，每千瓦时电价要涨 1.33 元，涨幅约为 50%。使用高压 / 特高压电力的工业用电调幅约在 31%—68%，商业用电每千瓦时涨价 0.49 元至 2.04 元不等，涨幅最高达 40%。

最后，由于考虑到各种因素，台湾当局没有完全采纳台电公司提出的电价上涨方案，而是改用三阶段调涨电价方案。2012 年 5 月 1 日，台湾当局宣布了三阶段的调整电价。台湾电价从 2012 年 6 月 10 日开始调整，涨幅为原本公布方案的 40%，12 月 10 日再涨 40%（实际于 2013 年 8 月 30 日实施），剩余 20% 则等台电公司具体改革出炉后再进行调整。并且，原本规划的每月用电 120 千瓦时以下不调的门槛，提高为每月用电 330 千瓦时，高峰用电的涨幅也从原本的 62% 降到 50%。

三阶段的调价方案出台前，台电公司每千瓦时的平均电价约 2.6 元新台币，而发电成本却高达 2.82 元新台币，销售电价与发电成本倒挂，台电一年的亏损达 437 亿元。即使依据台电公司提出的电价上涨方案，按照台湾居民平均每户每月用电 350 千瓦时，每个家庭每月电费也仅增加 105 元，平均涨幅大约为 11.5%。

值得注意的是，2012 年底，"立法院"决议要求"经济部"检讨电价公式，并送"立法院"审定。2014 年 12 月 18 日，"立法院经济委员会"全体委员决议召开公听会对新电价费率计算公式进行公开审议。2015 年 1 月 20 日"立法院"审查通过新的电价公式，电价每半年调整 1 次，调整时间为每年的 4 月 1 日和 10 月 1 日，且电价每次调整上限不能超过 3%，年涨幅不能超过 6%（王鹏等，2015）。

二、台湾电价水平及存在的问题

（一）电价水平偏低

台湾的能源价格受政策的干预和扭曲，价格管制和补贴是最常见的措施。尽管油品市场在自由化之后已有所改善，电力市场的自由化仍有相当的距离。在电价受管制的情况下，台湾的电价水平偏低，价格机制自然无法发挥促进资源有效配置的作用。并且，即使发电成本日益上升，调涨电价仍障碍重重。2015 年台湾平均电价约 2.9 元新台币 / 度，2016 年为 2.6 元新台币 / 度，即使在用电紧张的 2017 年，依然在 6 月底再次将电价下调到 2.4 元新台币 / 度。

如表 7–1 所示，从台湾地区与德国的电价差异比较来看，2014 年，台湾的平均电价仅为 2.99 元新台币 / 度，比德国的大工业用户电价还低。并且，台湾的电价结构中，仅有电能供应与德国相当，而税捐、规费都远低于德国，电网费甚至比德国大工业用户还低。从电价各组成部分的比较来看，德国的税费包含电力与加值税，税捐及规费则包括特许费、再生能源法与汽电共生法捐助、电网使用条例捐助，电能采购供应中包含了备用容量的部分。由此可见，台湾地区保持低电价除了因为选择了较低成本的发电方式，还包含了价格管制及交叉补贴等因素（陈中舜，2016）。

表 7–1　2014 年台湾地区与德国的电价结构比较

电价结构	德国住宅电价	德国工业用户电价	德国大工业用户电价	台湾平均电价
电价水平	10.88	8.06	5.57	2.99
税捐、规费	2.49	0.76	0.76	0.03
电网费	2.41	1.97	0.69	0.54
电能供应	2.9	2.36	1.70	2.41

资料来源：中华经济研究院。

台湾电价不仅低于欧美发达国家，与亚太地区的日本和韩国相比，电价水平也偏低。如图 7-1 所示，与亚洲相邻的国家（地区）比较，2015 年台湾地区的工业电价最低，仅为 2.7641 元新台币 / 度；住宅电价为 2.8409 元新台币 / 度，仅高于马来西亚。总体来看，台湾的电价由行政确定，整体水平偏低，电价仍存在着较大的上涨空间。

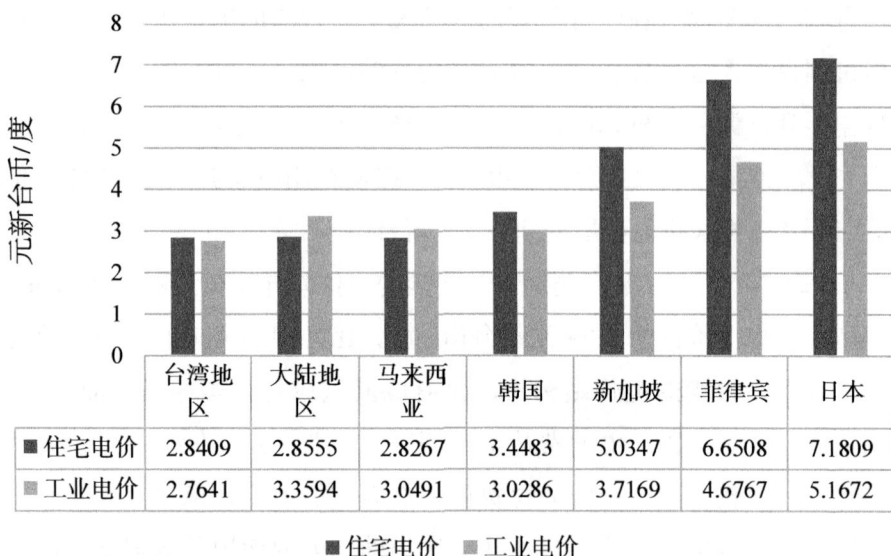

	台湾地区	大陆地区	马来西亚	韩国	新加坡	菲律宾	日本
■住宅电价	2.8409	2.8555	2.8267	3.4483	5.0347	6.6508	7.1809
▨工业电价	2.7641	3.3594	3.0491	3.0286	3.7169	4.6767	5.1672

■住宅电价 ▨工业电价

图 7-1 2015 年台湾地区与亚邻地区的电价比较

注：作者根据台电公司的数据绘制而成。

总体来说，台湾的电价不仅没有合理反映电力生产和供应成本，而且也与其经济发展水平不相适应。偏低的能源价格会提供市场错误的讯号，将导致许多负面效果，包括：危及电厂的经营，台电在 2012 年电价上涨前亏损严重；降低消费者节电及厂商投资节能设施的动力，影响整体的能源使用效率；不利于再生能源及能源服务业的推广及发展，也不利于能源结构及产业结构的调整，降低产业的长期竞争力；间接导致空气污染及温室气体排放的增加，不利于节能减碳目标的实现。

（二）购电（发电）成本较高，销售电价与收购电价倒挂

从台湾的电价组成来看，2016 年台湾的平均电价仅为 2.61 元新台币 / 度，发电成本约在 1.86—1.90 元新台币之间，购电成本在 2.25—2.34 元新台币，平均发购电成本在 1.95—1.99 元新台币，占电价的 75%—80%，详见表 7–2。在确保机组可用且无机组检修及故障的前提下，台电公司根据"经济调度"原则进行发电，首先调度发电成本较低的核能、燃煤（2016 年发电成本 1.04 元 / 度）及 IPP 燃煤电厂等基载机组，以满足一般负载需求。若需补充尖峰电源，则调度成本更高的台电汽力燃油（2016 年发电成本 3.24 元 / 度）及汽力燃气（2016 年发电成本 2.49 元 / 度）替代。

事实上，台湾的电价长期维持在较低水平，核电起了很大的作用。2016 年台湾在运核电站的发电成本仅为 1.12 元 / 度（扣除会计因素后），这一成本是将设备折旧、燃料、运营维护费、后端费用及利息等各项成本汇总，再以 40 年寿命期内实际发电度数分摊。未来随着核电机组的退役，燃气机组比重大幅上升，则平均发（购电）成本将显著提高。若电价不上涨，则将出现销售电价和收购电价倒挂的现象，台电公司将面临长时期的亏损。

表 7–2　台湾各种发电方式的发电成本

自发电力			购入电力		
发电方式	2016 年	2017 年	发电方式	2016 年	2017 年
火电	1.76	1.89	汽电共生	1.90	1.90
燃油	3.61	3.66	民营电厂	2.25	2.30
燃煤	1.09	1.35	燃煤	1.89	1.80
燃气	2.12	2.14	燃气	2.64	2.83
核电	1.12	1.86	再生能源发电	3.41	3.69
抽蓄发电	2.89	3.35	惯常水力	1.57	1.51
再生能源发电	1.27	1.57	风力发电	2.27	2.39
惯常水力	1.12	1.48	太阳光电	6.12	5.74

续表

自发电力			购入电力		
	2016 年	2017 年		2016 年	2017 年
风力发电	2.25	1.91	其他再生能源	3.28	3.47
太阳光电	9.49	8.52			
自发电力小计	1.86	1.90	购入电力小计	2.25	2.34
平均发购电成本	1.95	1.99			

资料来源：台湾电力公司①。

（三）能源补贴问题

化石能源补贴是指官方通过人为手段压低化石能源（煤炭、石油、天然气）在市场的价格，以促进化石能源的高需求量。根据国际货币基金组织（IMF）的定义，能源补贴是指消费者所支付的能源费用与能源的真实成本之间的差额，再加上增值税或销售税。能源的真实成本包括能源供应成本和能源消费的外部成本②。当未征收能源税和环境税，化石能源消费的外部成本也应视为一种补贴。2009 年 9 月，在美国匹兹堡举行的 G20 峰会上，二十国集团领导人提出，"在中期内逐步取消并理顺低效化石能源补贴，同时有针对性地支持贫困人群"，并制定取消化石能源补贴的时间表及报告进度。③

当电价不能反映社会成本时，需要考虑的一个问题是：应该采用何种政策工具，才能有效反映外部成本，以达到矫正市场失灵的目标。台湾常以优惠电价或多种形式的能源补贴来扭曲价格或扭曲市场的效率运作，这是需要直面的问题。台湾地区大部分的能源价格都由行政指导定价，这就意味着能源补贴在能源价格的形成中扮演重要的角色。

---

① 台湾电力公司，http://www.taipower.com.tw/.
② 外部成本指能源消费对人和环境的损害，包含气候变化、空气污染对健康的影响、交通堵塞等。
③《二十国集团匹兹堡峰会领导人声明（2009 年 9 月 25 日）》（中译文），2015 年 11 月 6 日，http://g20.org/hywj/lnG20gb/201511/t20151106_1229.html.

根据 IMF（2015）的研究报告[1]，2013 年台湾的化石能源补贴约 3.1 亿美元（未含外部成本），但若将空气污染、气候变化等环境外部成本[2]纳入评估，则补贴总额高达 266 亿美元，2015 年更高达 316 亿美元（约新台币 1.1 兆元），占 GDP 的 5.43%；就东亚地区而言，该比例高于日本（3.2%）、香港（3.1%）、新加坡（2.5%）、韩国（4.7%），仅次于中国大陆（20%）。如图 7-2 所示，从化石能源补贴的组成来看，包含环境外部成本的补贴总额占能源补贴的 99%，并且，因能源消费导致的全球暖化和环境污染的环境外部成本分别占 34% 和 31%。

表 7-3　纳入外部成本后的台湾化石能源补贴总额

单位：亿美元

能源类别	2013 年	2015 年
石油	103	125
天然气	28	33
煤炭	123	144
电力	12	13
总计	266	316

资料来源：IMF（2015）[3]

大量的生产侧能源（电力）补贴不仅增加了台湾当局的财政负担，而且也影响未来的可持续发展。实际上，生产侧补贴是全民补贴能源使用大户，不符合效率和公平原则。第一，生产侧补贴导致过度的能源浪费，加大能源稀缺和价格压力以及环境污染，违反效率原则；第二，能源生产侧补贴方式鼓励消费，消费越多，所受到的补贴越多，

[1]　International Monetary Fund（IMF），2015，"IMF Survey：Counting the Cost of Energy Subsidies." In International Monetary Fund，http：//www.imf.org/external/pubs/ft/survey/so/2015/NEW070215A.htm.

[2]　以全球暖化与空气污染为主要的环境外部成本。

[3]　International Monetary Fund（IMF），2015，"IMF Survey：Counting the Cost of Energy Subsidies." In International Monetary Fund，http：//www.imf.org/external/pubs/ft/survey/so/2015/NEW070215A.htm.

这意味着能源的生产侧补贴方式使绝大部分补贴流入非目标群体的手中，也就是"富人搭穷人的车"；第三，低能源价格会通过国际分工和国际贸易造成对其他国家或地区消费者的间接能源补贴。台湾为外向型经济，出口增长意味着大部分的能源补贴流向了岛外的其他地区。

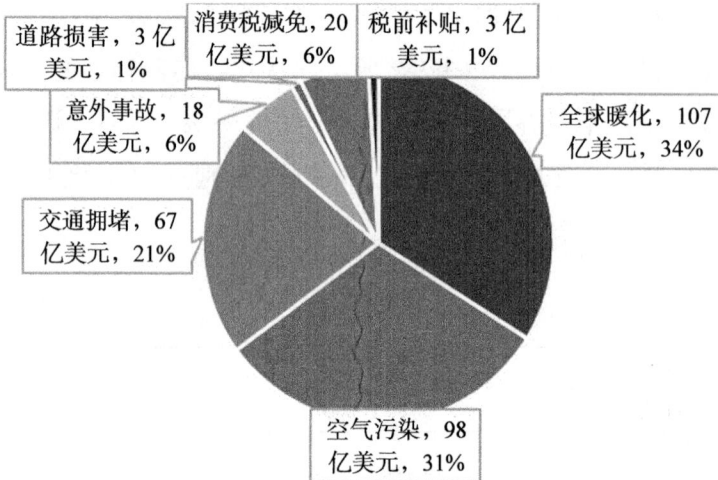

图 7-2   2015 年台湾化石能源补贴组成

资料来源：International Monetary Fund（IMF），2015，"IMF Survey：Counting the Cost of Energy Subsidies." In International Monetary Fund，http：//www.imf.org/external/pubs/ft/survey/so/2015/NEW070215A.htm。

第二节   台湾的能源转型对电价的影响

一、电价的成本结构

2017 年台湾的平均电价为 2.54 元新台币 / 度，其中，售电成本为 2.49 元新台币 / 度，税前盈利 0.0524 元新台币 / 度。从成本结构来看，燃料支出为 1.3796 元新台币 / 度，占 55%；其次为运行维护费 0.6022 元新台币 / 度，占 24%；利息及折旧占 20%，税捐及规费占 3%，详见表 7-4。一般来说，单位发电成本包含初始建设成本、运转维护成本、燃料成本等，其中，每度电的初始建设成本及运转维护成本随容量因子^①而变化，而燃料成本则随燃料价格及机组效率而变化。因此，本节的以下部分将通过对各类燃料价格的趋势进行预测，以估计未来台湾各类能源的发电成本，在此基础上，分析能源转型对电价的影响。

表 7-4　台湾单位电价的成本结构

单位：元新台币/度；%

项目单价		2016 年		2017 年	
		比例	单价	比例	单价
1	燃料	1.2083	49	1.3796	55
	自发电的燃料支出	0.9771	40	1.1383	45
	购电的燃料支出	0.2312	9	0.2413	10
2	税捐及规费	0.0372	2	0.0652	3
3	利息及折旧	0.5100	21	0.5070	20
4	运行维护费	0.7459	30	0.6022	24
5	其他收入（减项）	−0.0598	−2	-0.0610	−2
	每度售电成本	2.4416		2.4930	
	每度平均电价	2.6159	100	2.5454	100
	每度售电的税前盈亏	0.1743		0.0524	

资料来源：台湾电力公司。^②

二、各类能源发电成本预测

（一）国际煤炭价格趋势及台湾燃煤发电成本预测

目前，亚太、欧洲、北美是全球煤炭的主要产地和消费地区，其

---

　①　容量因子是发电厂的平均发电量除以额定容量，介乎 0 到 1。一般而言，核电厂通常 24 小时以满载额定容量运行，容量因子接近 1。当发电厂的容量因子较高时，平均发电成本较低。

　②　台湾电力公司，http://www.taipower.com.tw/.

产量和消费量约占世界总量的 95%。欧美发达国家的煤炭基本用于发电，且发达国家的能源消耗日趋饱和，对煤炭的需求量呈下降趋势。随着近年来的页岩气发电的冲击，美国煤炭消费量锐减 10%；并且，未来页岩气的迅猛发展将使美国煤炭消费量的升势难以为继。而在中国等发展中国家，煤炭除了用于发电外，还在重工业生产中发挥重要作用。因此，未来亚太地区则主要看中国和印度，以中国、印度为首的新兴经济体仍处于工业化进程中，对煤炭等能源仍保持较高的需求。在台湾地区，考虑到未来温室气体减排和北美页岩气革命等因素，天然气发电在发电结构中的比重仍有进一步扩展空间，对台湾地区的煤电将会产生重大影响。

着眼未来，影响国际煤炭价格的主要因素有：一是经济发展的速度与方式。近年亚太地区煤炭消费的增速减缓，这与总体经济增长速度放缓、经济结构调整及工业能效的提高密切相关，实际上，在 2012 年中国煤炭市场价格低迷中已经初现端倪；二是其他能源对煤炭的替代。首先，从全球来看，未来能源增长中占据最大份额的燃料是天然气，发达国家的煤电将受到天然气发电的持续冲击。在传统的以煤电为主的美国，由于水平压裂技术的突破，其页岩气产量出现爆发式增长，2012 年 4 月，其天然气单月发电量首次与煤炭发电量持平。天然气产能迅速过剩，进而拉低了北美天然气的价格，这将在很大程度上影响煤炭价格；其次是可再生能源的发展，英国石油公司（BP）预计，到 2030 年，可再生能源将提供全球发电量的 11%，欧盟的这一比重将达到 26%。可再生能源的发展一方面是为应对全球气候变暖，另一方面也是发达国家经济结构转型的一个重要标志，这一趋势将会在今后不断扩展。并且，智能电网技术的发展将进一步改变电力生产的格局，它更适合非化石能源的发展，这会对传统的火电尤其煤电产生强烈的冲击，进而对未来国际煤炭市场价格产生影响；三是煤基化工新材料的突破，在国际油价高位运行的背景下，新型煤化工则是以生产石油替代产品为主的产业，主要包括煤制甲醇、乙二醇、煤制油、煤制烯烃、煤制天然气等产品。以煤为原料合成低碳醇的催化技术也有望获重要突破，未来煤基化工领域对煤炭的消费将会有较大幅度的增长。

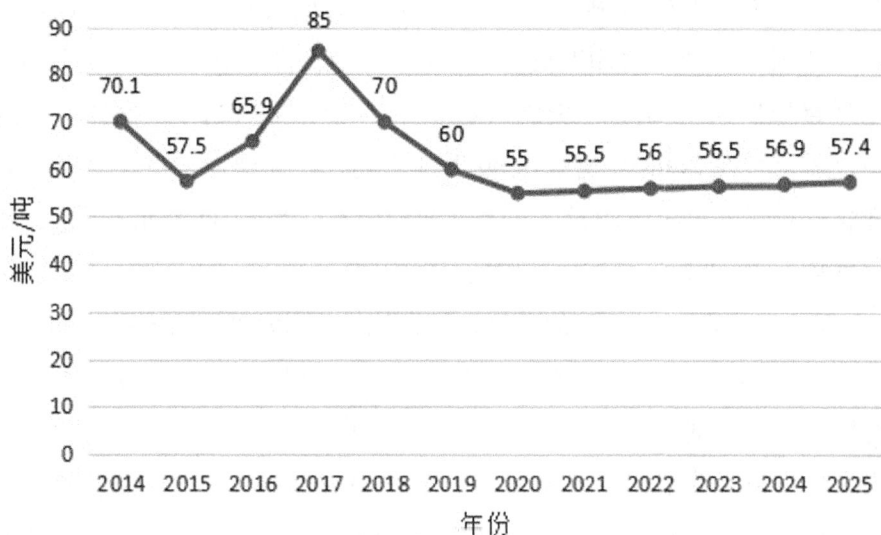

图 7–3　世界银行 2017 年 10 月公布的煤炭价格预测

资料来源：World Bank，Commodity Prices Forecast，October 2017　The World Bank. https://data.worldbank.org/。

注：2014—2016 年为实际值，2017—2025 年为预测值。

总体来说，在未来 10 年，国际煤炭市场将受到天然气尤其是北美页岩气的冲击，存在着较大的替代压力，价格不可能维持稳定的增长趋势。根据国际能源署（IEA）的数据[1]，自 2005 年以来，全球煤炭价格剧烈波动，2007—2008 年迅猛增长，2008 年金融危机后急剧下降，2009 年开始缓慢上升，自 2011 年开始呈现下降趋势。根据世界银行 2017 年 10 月发布的国际煤炭价格预测，澳洲煤炭价格将于 2017 年

---

[1]　资料来源：OECD/IEA，World Energy Outlook 2015.

后出现下降趋势，预计 2018—2025 年将以平均 4.79% 的速度下降至 2025 年的 57.4 美元 / 吨，详见图 7–3。

根据台湾电力公司的数据，以台湾现有的燃煤电厂来看，2017 年燃煤机组发电量占台电公司总发电量的 30%，为低成本的基载电源，净发电成本为 1.35 元新台币 / 度。目前，台电公司每年的燃煤用量约 3000 万吨，主要来自印度尼西亚（47%）及澳洲（36%），其余少部分则来自俄罗斯（10%）、美国（4%）及哥伦比亚（3%），预计未来的燃煤需求量在 2600 万吨至 3300 万吨之间。在新建燃煤电厂方面，新建燃煤超超临界机组的投资成本（初设成本）为 2100 美元 / 千瓦，经济寿龄为 40 年。

参考梁启源（2015）的计算，在既有燃煤汽力机组的容量因子（约 89%—90%）的条件下，新建机组（超超临界技术）的初设成本及运行维护成本分别为 3.061 及 0.164 元新台币 / 度。参考世界银行发布的煤炭价格预测数据，可预测 2025 年台电既有燃煤汽力机组及新建燃煤汽力机组（超超临界技术）的净发电成本大约为 1.465 元新台币 / 度和 1.588 元新台币 / 度。

（二）国际天然气的价格趋势及台湾燃气发电成本预测

根据国际天然气联盟（International Gas Union，简称 IGU）发布的《天然气工业研究报告 2030 展望》报告，未来 20 年，由于天然气产量的不断增长和国际贸易的发展，全球天然气需求量将以每年 1.4% 的速度增长，到 2030 年将达 4.7 万亿立方米，天然气在全球一次能源结构中的比例将提高至 2030 年的 25%。分行业来看，电力行业对天然气的需求最大，到 2030 年电力产业的天然气需求量将达 1.9 万亿立方米，占整个天然气市场需求的 40%。从地区上来看，亚洲天然气需求增长最快，到 2030 年，亚洲天然气需求将增长至 7300 亿立方米，主要源于中国天然气市场的快速发展。

2009 年开始的北美页岩气革命使美国的天然气供应实现了历史性
突破，首次取代俄罗斯成为世界上最大的天然气生产国。目前，美国
已成为天然气净出口国。从供求上看，未来北美地区的天然气供应将
会出现过剩，有可能加大对亚太地区的 LNG 出口，而页岩气革命使日
欧等消费国主要依赖中东和俄罗斯的能源体制也将发生改变，并对全
球能源战略格局产生广泛影响。

从出口国的角度来看，美国页岩气革命已经开始拉低世界资源价
格，并对出口资源的新兴经济体构成了打击。在亚太市场上，印尼由
于对美国出口的下降，已经开始扩大液化天然气（LNG）的国内消费，
减少出口。[①] 从某种意义上来说，美国页岩气革命给日本、韩国和台
湾地区的 LNG 进口提供了一个新的契机。若未来美国的天然气能顺利
大量出口，则亚太地区的天然气进口价格将有一定幅度的降低。

从国际天然气价格的发展态势来看，伴随着页岩气革命，自 2008
年以来，美国的天然气价格维持在世界相对较低成本范围，如图 7-4
所示，2016 年美国的天然气价格仅为 2.5 美元 /MMBtu[②]，远低于国际
市场的天然气价格；欧洲地区的天然气供应主要以天然气管道为主，
LNG 为辅，其气价成本高于美国，但低于亚太地区，2016 年欧洲地
区的天然气价格为 4.6 美元 /MMBtu；而亚太地区由于高度依赖 LNG
进口，其 LNG 价格水平处于世界气源供应的相对高成本范围，2016
年日本的天然气价格为 6.9 美元 /MMBtu，是美国天然气价格的两倍
多。根据世界银行 2017 年 10 月公布的天然气价格预测，随着北美天
然气市场回归理性，天然气价格将回归一个较为合理区间，从 2017 年
开始缓慢上涨，至 2025 年美国、日本、欧洲的天然气价格将分别回升

---

① 例如，位于印尼东部的新几内亚岛的 LNG 生产和出口项目"唐古（Tangguh）"自
2009 年开始向日本、韩国、中国以及美国出口，但由于美国企业向采购国产天然气的倾斜，美
国已经与印尼政府就部分停止采购唐古产液化天然气达成了协议。

② MMBtu（Million British Thermal）代表百万英热单位，1 MMBtu=2.52×10^8 卡。

至 4.1、9.3、6.9 美元 /MMBtu。

图 7-4　世界银行 2017 年 10 月公布的天然气价格预测

资料来源：World Bank, Commodity Prices Forecast, October 2017, https：//data.worldbank.org/。

注：2014—2016 年为实际值，2017-2025 年为预测值

　　然而，上述世界银行所预测的日本 LNG 进口价格是考虑到未来日本所进口的 LNG 气源中，有 20%—30% 来自美国页岩气，但该假设未必适用于台湾。根据台湾目前与美国签订的天然气进口合约，至 2025 年，来自美国的气源大约仅占台湾 LNG 进口量的 5% 左右，因此，未来（至 2025 年）台湾的 LNG 进口价格仍主要以与国际油价高度连动的合约计价为主（梁启源等，2015）[①]。

　　根据台电公司的数据，2017 年台电公司燃气机组的装机容量达 1047 万千瓦，占台电公司总装机容量的 33.2%，燃气机组发电量则占台电总发电量的 38.6%。在天然气用量方面，2017 年岛内发电用天然气用量占全岛总用气量的 79.9%，并且预期未来天然气需求量将逐年增加。

　　在台湾的燃气发电成本方面，若以台湾现有的汽力燃气机组来看，2017 年的发电成本约为 2.49 元新台币 / 度，其中，燃料成本约占发

---

　　① 梁启源、郑睿合、郭博尧、郭篪诚 . 我国最适电力配比之研究 [J].《台湾能源期刊》，第二卷第四期，2015 年 12 月。

电成本的 90%。参考台电公司的数据，新建燃气复循环机组的毛效率（LHV，Gross）为 62.07%，每千瓦投资成本（初设成本）为 810 美元 / 千瓦，经济寿龄为 30 年；在容量因子为 60% 的条件下，新建机组每度净发电成本所摊提的初设成本及运维成本，分别为 0.230 及 0.243 元新台币 / 度。因此，若参考世界银行所发布的国际原油价格预测值为原油指标，预测台湾未来的 LNG 进口价格趋势，则预计到 2025 年台电燃气复循环机组的净发电成本约为 3.5 元新台币 / 度。

（三）国际原油的价格趋势及台湾燃油发电成本预测

由于燃料成本占燃油汽力发电成本的 90% 以上，因此，燃油汽力发电成本的未来趋势与国际油价的变动趋势高度相关。根据世界银行于 2017 年 10 月公布的的原油价格预测，国际原油价格至 2016 年跌至最低点（42.8 美元 / 桶）以后，2017 年开始，原油价格将处于缓慢回升的趋势，至 2025 年回升至 64.8 美元 / 桶，预计 2017—2025 年年均上涨率为 2.55%。

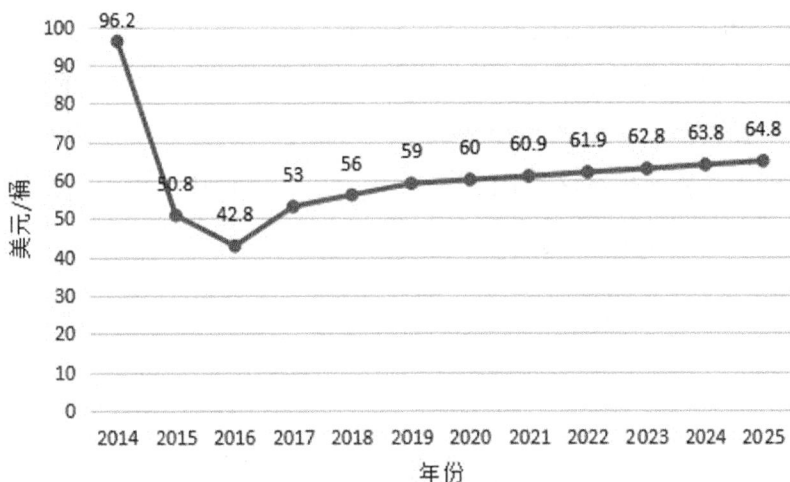

图 7-5　世界银行 2017 年 10 月公布的原油价格预测

资料来源：World Bank, Commodity Prices Forecast, October 2017, https://data.worldbank.org/。

注：2014—2016 年为实际值，2017—2025 年为预测值。

在燃油发电成本方面，2017 年台湾燃油发电成本约为 3.66 元新台币 / 度，其中，汽力燃油机组的发电成本约 2.49 元新台币 / 度，容量因子 58.85%，可用率 73.52%；柴油机组的发电成本 4.97 元新台币 / 度，可用率 91.42%，容量因子 37.63%。因此，参考近期台电燃油汽力的净发电成本、发电效率、容量因子及近期台湾中油公司发电用燃料油价格等资料，并以世界银行（2017）发布的国际原油价格趋势预测，预计至 2025 年台湾燃油发电成本约为 4.9 元新台币 / 度。

（四）台湾核能发电成本预测

如图 7-6 所示，以目前运转中的核能电厂（核一、二、三厂）来看，2016 年台湾的核电净发电成本约为 1.2 元新台币 / 度。[①] 在新建核电厂方面，根据台电公司的数据，以核四厂为例，该计划采用先进沸水式反应堆，装机容量为两部 1350MW 规模的发电机组（共 2.7GW），投资成本大约为 4120 美元 / 千瓦，低于世界平均水平（4800 美元 / 千瓦）[②]，但高于中国大陆近 10 年完工的核电厂的投资成本。基于现有核能电厂的容量因子（大约为 92%）以及经济寿龄为 40 年的条件下，台湾新建核能电厂的单位净发电成本所摊销的初设成本及运行维护成本分别为 0.714 及 0.368 元新台币 / 度。运行维护成本中，固定成本占 65%、可变成本为 35%。

---

① 根据台电公司的数据，2016 年核能发电单位成本较高（为 2.35 元新台币 / 度），主要原因是应原能会要求，将核燃料干式贮存场由露天式改为室内贮存方式设计后，估算核后端除役费用并于该年度补列，及将核一厂 1 号机尚未摊销的资产认列为核燃料成本及折旧费用所致（影响数计计 1.14 元 / 度），本文将此影响扣除后，则核电发电成本为 1.2 元新台币 / 度。

② 数据来源于世界能源协会 World Energy Council（WEC），World Energy Perspective-Cost of Energy Technologies，2013.

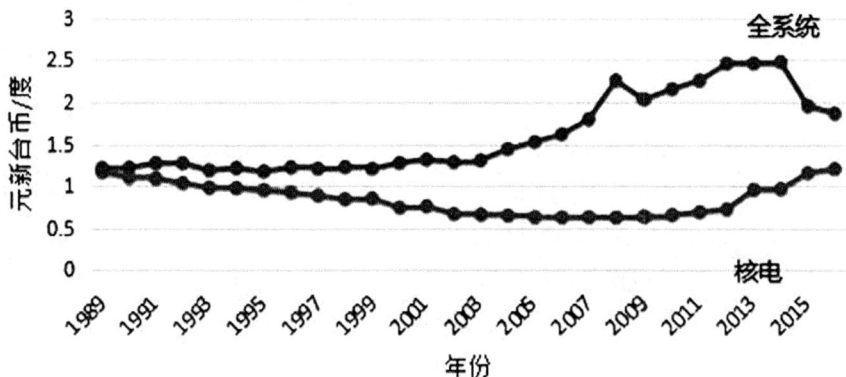

图 7-6　台湾 1989—2016 年全电力系统与核电发电成本比较 [①]

资料来源：台湾电力公司 [②]。

根据美国能源信息署（EIA）的预测，在容量因子为 90% 的条件下，美国的新建核电厂到 2019 年和 2040 年的平均发电成本分别为 96.1、83.0 美元 /MWh [③]（分别相当于 2.9、2.5 元新台币 / 度），其变化的价格幅度主要来自初设成本的下降，如表 7-5 所示。

因此，根据梁启源（2015）的计算方法，若假设初设成本、固定运维成本及核能后端成本不随年度变动，同时假设可变的运行维护成本及燃料成本随年度变动，参考美国 EIA 预测的美国新建核能电厂的运行维护成本（含燃料成本）的变化趋势，则预计 2025 年台湾既有核电厂和新建核能电厂的发电成本分别为 1.1 元新台币 / 度和 1.663 元新台币 / 度（不含启封及再运转成本）。

---

　　① 根据台电公司的资料，2013 年比 2012 年核电成本增加是因为 2013 年起采用国际财务报导准则（IFRS），原每度电调拨 0.17 元的核能后端营运基金不再列入费用，改为应收后端基金归垫款的增加。另外，将除役负债的折现利息费用、核燃料的除役成本摊销、固定资产的除役成本计提折旧及低放射性废弃物之除役成本等认列费用（每度约 0.37 元）。

　　② 台湾电力公司，http://www.taipower.com.tw/

　　③ 1 MWh=10^3kWh

表 7–5　美国新建核能电厂的平均发电成本

单位：美元 /MWh

年份		2019 年	2040 年
年均初设成本		71.4	56.7
固定运行维护成本		11.8	11.8
可变运行维护成本（含燃料成本）		11.8	13.3
输电投资成本		1.1	1.1
年均发电成本	最高	102.0	87.6
	平均	96.1	83.0
	最低	92.6	80.2

资料来源：U.S.EIA（April 2014）[①]。

注：以 2012 年为不变价格。

（五）台湾再生能源成本预测

1. 太阳光电的发电成本预测

根据世界能源协会（World Energy Council，WEC）[②] 的数据，硅晶太阳光电的平均发电成本已从 2009 年下半年的 300 美元 /MWh 逐渐下降到 2013 年上半年的年均 140 美元 /MWh，这意味着太阳光电的发电成本在已开发市场中几乎已降为一半。英国能源与气候变迁部（DECC）的报告预测 [③]，至 2030 年太阳光电系统的初设成本仍将逐年下降，但下降趋势逐渐趋缓。按最低资本回报率的模式计算，英国新建小型太阳光电系统的年均发电成本将从 2014 年的 377 美元 /MWh（约 11.3 元新台币 / 度）降为 2030 年的 244 美元 /MWh（约 7.3 元新台币 / 度），以年均 2.68% 的速度下降，详见表 7–6。

---

① U.S. Energy Information Administration（EIA），https：//www.eia.gov/.

② World Energy Council（WEC），World Energy Perspective-Cost of Energy Technologies，2013.

③ Department of Energy & Climate Change（DECC，UK），Electricity Generation Costs，Dec.2013.

表 7-6　英国新建的小型太阳光电的年均发电成本预测

单位：英镑/MWh

发电技术/类型：小型太阳光电（4KW 以下）								
估算模式	按折现率（10%）				按最低资本回报率			
开始营运年份	2014	2020	2025	2030	2014	2020	2025	2030
初始建设成本	253	197						
运行维护成本	28	28						
平均发电成本合计 高	381	354	330	310	305	242	214	195
平均发电成本合计 中	282	224	198	181	238	190	168	154
平均发电成本合计 低	205	160	144	134	192	155	137	126

注：本表价格为 2012 年英镑价格。

资料来源：Department of Energy & Climate Change（DECC，UK），Electricity Generation Costs，Dec.2013.[①]

以台湾现有营运中的太阳光电系统（以中、小型系统为主）来看，根据台电公司资料，2016 年和 2017 年台电外购太阳光电电力的发电成本分别为 6.12 元和 5.74 元新台币/度。由于台湾大面积可利用的土地有限，因此，对

太阳光电的推广采用"先屋顶后地面"的策略，目前台湾主要鼓励推广屋顶形太阳光电系统，且太阳光电发电设备的电能躉购费率仍持续调降，如下表所示。那么，以台湾 2016 年 100 千瓦以下屋顶型太阳光电系统躉购费率作为基准，参考 DECC（2013）新建屋顶型及地面型太阳光电发电成本的趋势（平均下降率）预测，则台湾 2025 年新建屋顶型太阳光电的发电成本可降至 4.08 元新台币/度左右。

[①]　DECC.https：//www.gov.uk/government/organisations/department-of-energy-climate-change

表 7-7　台湾 2015—2016 年太阳光电发电设备电能趸购率

分类	装机容量级距	电能趸购费率（元新台币 / 度）		
		2015 年		2016 年
		第一期上限费率	第二期上限费率	
屋顶型	1 千瓦以上不及 20 千瓦	6.8633	6.6721	6.4813
	20 千瓦以上不及 100 千瓦	5.7378	5.5760	5.2127
	100 千瓦以上不及 500 千瓦	5.3627	5.2155	4.8061
	500 千瓦以上	5.1935	5.0537	4.6679
地面型	1 千瓦以上	4.8845	4.7521	4.6679

注：2015 年第一期上限费率为 2015 年上半年，第二期上限费率为 2015 年下半年；2016 年的第一期和第二期的上限费率相等。

资料来源：台湾电力公司，http://www.taipower.com.tw/。

2. 风力发电成本预测

根 据 World Energy Coucil（2013） 引 用 Bloomberg New Energy Finance 的资料显示，在容量因子约为 32%—42% 的情况下，西欧地区离岸风力发电的平均发电成本约为 147—367 美元 /MWh。其中，初始建设成本约为 4.29 百万—6.08 百万美元 /MW，营运成本约为每年 10 万—16 万美元 /MW。根据英国能源与气候变迁部（DECC）的预测，未来离岸风电的发电成本呈现逐渐下降的趋势。以 Round2 离岸风力系统（R2）为例，2014 年开始营运的发电成本约为 231 美元 /MWh（相当于 6.9 元新台币 / 度），2020 年预计约为 193 美元 MWh（相当于 5.8 元新台币 / 度），2030 年则约为 181 美元 MWh（相当于 5.4 元新台币 / 度）。

截至 2017 年 10 月，台湾的陆域风电装机容量为 682MW（共 346 架机组），离岸风电为 8MW（共 2 架机组）。根据台湾"经济部能源局"的"风力发电 4 年推动计划"，规划以"先陆域，后离岸"的策略推动风电设置。在陆域风电部分，以"先开发优良风场，再推动次级风场"策略；离岸风电则确立"先浅海、后深海"模式及"先示范、次潜力、后区块"的三阶段推动策略。2009 年通过的台湾"再生能源发展条例"规定，再生能源通过电能趸购制度推动，每年由"经济部"组织各部会、学者专家、团体组成"再生能源电能趸购费率审定会"，审订再生能源趸购费率，风力发电设备的电能趸购费率如表 7-8 所示，与英国 DECC 的数据比较，目前台湾离岸风电的趸购率大致相当于英国 2020 年的预测值，主要原因是英国的离岸风电已向深海区域发展，属于较高比例的深海发电成本；而台湾的离岸风电的开发范围还处于离岸距离近且水深较浅的海域，为浅海领域的风力发电成本，未来台湾离岸风电的设置将逐步由低比例深海区域逐渐往高比例深海区域发展，但在 2025 年前主要开发的仍然是浅海领域，因此，参考梁启源（2015）[①] 的方法，假设在此期间，台湾离岸风电的趸购费率大致维持不变，那么，至 2025 年台湾离岸风电的趸购费率将维持在目前水平（6 元新台币 / 度）。在陆域风电方面，如下表所示，2017 年台湾陆域风电的趸购费率在 2.8395—2.8776 元 / 新台币，以此为基准，参考英国 DECC 新建陆域风电发电成本的趋势预测，预计台湾 2025 年新建陆域风电发电成本约为 2.5 元新台币 / 度。

表 7-8　台湾风电设备的电能趸购率

分类	装机容量		趸购费率（元新台币 / 度）	
			2016 年	2017 年
陆域	1KW 以上不及 20KW		8.5098	8.9716
	20KW 以上	有安装或具备 LVRT 者	2.8099	2.8776
		无安装或具备 LVRT 者	2.7763	2.8395
离岸	无区分	固定 20 年趸购费率	5.7405	6.0437
		阶梯式趸购费率　前 10 年	7.1085	7.4034
		阶梯式趸购费率　后 10 年	3.4586	3.5948

资料来源：台湾"经济部能源局"，"风力发电 4 年推动计划（核定本）"，2017 年 8 月。

---

① 梁启源、郑睿合、郭博尧、郭篯诚.台湾最适电力配比之研究 [J].《台湾能源期刊》，第二卷第四期，2015 年 12 月。

三、未来的电价趋势分析

（一）能源转型的发电成本

2016 年蔡英文竞选台湾地区领导人时，承诺"未来 10 年电价不会大幅上涨"。2017 年 6 月 5 日，台湾"经济部长"李世光公开承认"未来当岛内的能源配比为天然气发电五成、燃煤三成、再生能源二成后，燃料成本也假设与现在的市场价格一样，电价估计涨幅为 10%。"值得注意的是，其前提假设是燃料成本不变。而根据台电资料显示，目前台电每度平均电价是 2.57 元，截至 2018 年 1 月底台电的发电燃料成本为每度 1.4095 元，较 2016 年的 1.2083 元，燃料成本增加了 16.7%。根据上文的预测，未来除了煤炭价格可能略有下降外，石油、天然气等化石能源价格将持续上涨，已明显偏离"燃料成本与现在市场价格一致"的原假设。并且，按照台湾当局提出的能源结构转型目标（2025 年天然气、燃煤、再生能源的发电占比为 5 : 3 : 2），发电成本均远高于核电的天然气和再生能源的发电占比将明显增加，那么，到 2025 年，每度电的平均发电成本将有多大的涨幅？对电价的影响如何？

由于台湾的惯常水力未来可开发的潜力不大，本书假设惯常水力的发电量及其发电成本基本保持不变。如表 7-9 所示，以台湾当局目前提出的 2025 年转型目标的电力结构计算，即使在未来所有能源的发电成本不变的情况下，2025 年的平均发电成本能比 2016 年高 0.86 元新台币／度，比 2016 年的水平（1.86 元／度）增加了 46%；若考虑未来燃料成本的上涨和技术水平的变化等因素，基于上文对各类能源发电成本的预测结果，则 2025 年的平均发电成本大约为 3 元新台币／度，比 2016 年的水平（1.86 元／度）增加了 63%，即每度电的平均发电成本增加了 1.17 元新台币。也就是说，以目前的电价水平（2.57 元新台币／度）而言，要实现 2025 年的转型目标，仅发电成本对电价的影响就达到了 45.5%。

表 7-9　能源转型对发电成本的影响

单位：%；元新台币

能源类别		2016 年		2025 年 （发电成本不变）		2025 年 （发电成本变化）	
		占比	发电成本	占比	发电成本	占比	发电成本
再生能源	风电	0.55	2.25	5.44	2.25	5.44	2.5
	太阳光电	0.43	9.49	9.7	9.49	9.7	4.08
	惯常水电	2.49	1.12	1.8	1.12	1.8	1.12
燃气发电		32	2.12	50	2.12	50	3.5
燃煤发电		46	1.09	30	1.09	30	1.53
核电		12	1.2	0	1.2	0	1.1
其他 （燃油发电）		5	3.61	0	3.61	0	4.9
平均发电成本		1.86		2.72		3.03	

注：2016 年的数据为实际值，数据来源于台湾"经济部能源局"和台电公司。表中最后一列，2025 年的发电成本来源于上文的预测结果。[①]

（二）能源转型的电网成本

对于既有的传统电力市场而言，核电对电网没有特殊要求。但若要大量引入太阳光电、风电等可再生能源技术时，既要考虑到再生能源本身的成本问题，还需要考虑到电网系统的整合成本及其对既有电力系统的冲击，至少需要考虑以下三方面的因素[②]：一是备用机组成本：由于太阳光电、风电具有间歇性供电的特点，为避免未来不可预期的电力缺口，需要当前的电力系统维持一定比例的传统化石能源机组处于备转状态；并且，若要求电力系统具有快速启动和调节的功能，则电厂的初始投资与热机备转的成本将进一步增加；二是传统电厂负

---

① 台湾"经济部能源委员会"，http：//www.moeaec.gov.tw/。台湾电力公司，http：//www.taipower.com.tw/.

② 周桂田、张国晖主编.能怎么转 [M]. 台湾：巨流图书公司，2017 年 3 月.

载减少的成本：当大规模可再生能源进入电力系统后，由于需要保障其能够优先上网及优先调度，原有传统化石电厂的发电量将会受到排挤。并且，随着发电时数的减少，电厂的成本将进一步提高；三是过度供给成本：由于风能、太阳光电具有不稳定性，当电网的建设速度跟不上清洁能源的发展速度时，将导致电网的消纳能力不足，即所谓的"弃风""弃光"现象。此外，就电力系统而言，发展太阳光电与风电等再生能源还需要考虑为提高市场渗透率而改善电网性能所需要的成本。例如，德国 2014 年的平均住宅电价中，大约 1/4 属于电网费用，即每度电中有大约 2.41 元新台币用在电网费用上。以上的各种额外成本都增加了能源转型的成本，这些成本将最终体现在电价上。

综上所述，尽管未来随着技术进步，可再生能源的发电成本将进一步下降。但考虑到化石燃料价格的上涨以及可再生能源并网所增加的电网成本，要实现台湾当局 2025 年的能源转型目标，未来电价涨幅将在 50% 以上。以目前的电价水平（2.57 元新台币 / 度）而言，在不考虑政府补贴的情况下，到 2025 年台湾的电价至少在 3.86 元新台币 / 度以上。

第三节　转型成本与稳定电价的矛盾

一、电价政策的政治因素

电价攸关经济社会的生产、生活。台湾是一个选举政治与政党政治社会，执政党为了可以继续执政，在野党为了可以赢得政权，在电价的形成方面都必须考虑到公众对电价的认可性，这使得台湾电价具有较高的公众敏感性。当民众认为低电价维持了民生物价的稳定，企业认为低电价是提高产业竞争力的基石，政治人物也把低电价视为影响选举胜败的关键（陈中舜，2017）[①]。于是，台湾当局自然扮演起取代市场的角色。而一旦政治力介入并取代市场后，价格管制成为短期内最为有效、成本最低的政策手段，原本应发挥关键作用的电价公式与电价审议委员会由于受制于政治因素，其应有功能难以充分发挥。这也是台湾电价长期偏低甚至低于发电成本的根本原因。

以 2012 年的电价调整为例，从台湾电价调涨方案宣布的那天起，反弹声浪就持续高涨，最终导致台湾当局对原公布的调涨方案进行修正。2012 年 5 月 9 日，台湾当局公告"分阶段调涨、重新调整涨幅"的新方案，电价调整改为三阶段进行，同时，修订方案也提高了"不调价"门槛，减少了受波及对象。台湾电价政策的突然调整在于台湾当局安抚民众、减轻民众对其执政不满，同时也是对抗民进党的政治需要。台湾当局表示，虽然电价合理化的政策不能改变，但执行方法可以用比较缓和、渐进的方式推动。所以，希望分阶段调整电价，可以减缓对企业与民众的冲击。

从上述分析可看出台湾电价的变动受制于政治因素的影响。当然，电价受政治的影响程度与当时的民生经济发展情况相关。当民生经济处于相对较好的发展阶段，公众对提高电价的反弹相对就较小，此时提高电价对台湾政局的冲击就较小。相反，当民生经济发展不好，公众对当局施政不满，公众对提高电价的反弹相对就较大，此时提高电价对台湾政局的冲击就较大。[②]2012 年油电双涨的重要时机点是马英九已当选连任，无选举压力。并且，自 2012 年以来，国际能源价格涨幅相当大，岛内的能源经营商在多年负债经营的压力下，已无法承受，油电双涨势在必行。

民进党当局将电价政策作为其选举成败的重要因素。蔡英文竞选台湾地区领导人时，承诺"未来 10 年电价不会大幅上涨"。2017 年 11

---

① 陈中舜. 从低电价看台湾电力转型之困境 [J]. 中华经济研究院工作论文，2016 年.
② 这里对台湾政局的冲击主要是指对执政党的不利影响。

月，台湾公布新的电价公式，明订每次涨、跌幅均不超过 3% 的限制。
2017 年 12 月 11 日，台湾"经济部长"沈荣津表示，尽管国际能源价
格处于上涨趋势，但考虑到电价上涨对物价的影响，将通过电价稳定
基金实现电价的冻涨。然而，面对国际市场燃料价格的上涨，电价的
冻涨已难以实现。2018 年 1 月台电已亏损 25 亿元，"经济部"电价委
员龚明鑫于 2018 年 3 月 2 日首度正式对电价态度松口，改称电价会根
据公式反映国际燃料价格的上涨。2018 年 3 月 16 日，台湾"电价审
议委员会"决议，将原定平均电价 2.5488 元，调涨为 2.6253 元，涨
幅为 3%；500 度以下住户及 1500 度以下小商家不调整，并自 4 月 1
日起实施。这是台湾自 2015 年 4 月以来首次调高电价，详见表 7–10。

　　那么，如果按计划推进 2025 核电归零，随着未来能源转型过程中
的成本增加，台湾当局是否能够兑现先前的"不涨电价"承诺？

表 7–10　近三年台湾电价调整状况

单位：元新台币 / 度

时间	调整情况	平均电价
2015 年 4 月 1 日	由于燃料成本减少，平均电价降幅 7.34%	2.8852
2015 年 10 月 1 日	由于燃料成本减少，平均电价降幅 2.33%	2.8181
2016 年 4 月 1 日	由于燃料成本减少，平均电价降幅 9.56%	2.5488
2016 年 10 月 1 日	原应调降 0.0024 元新台币 / 度，但因最小单位为每度 0.01 元，最终不调整	2.5488
2018 年 4 月 1 日	由于燃料成本增加，平均电价涨幅 3%	2.6253

　　资料来源：台电公司，http://www.taipower.com.tw/。

二、能源转型与稳定电价能否同时实现

　　台北市美国商会在"台湾白皮书"（2017）[①] 中提出："着眼于台湾
产业的成本竞争力及其对就业和经济发展的贡献，目前的核能发电要

---

　　① American Chamber of Commerce in Taipei, *2017 Taiwan White Paper*.

过渡到未来的发电来源，其中的能源转型必须审慎考虑，毕竟现有核电厂的发电成本低，而替代电力能源势必会产生新的投资成本。尽管能源转型十分重要，但若实施方式过于僵化或过于仓促，缺乏明确的替代计划确保供电成本的竞争力、可负担性与可靠性，将可能会损害台湾的经济发展。"因此，电力转型的真正困境在于价格的决定过程，价格能否充分反映市场的供需和资源环境的外部成本。实际上，唯有通过好的市场机制才能引导各类能源在最小的成本与风险下发挥其应有功能。

然而，受制于政治因素的制约，台湾的电价不完全由市场供求机制决定，而台电作为公营企业，不只是将利润最大化作为经营目标，还须承担一定的社会责任，那么，在能源价格受管制而无公平竞争的市场架构下，能源转型的难度与风险不言而喻。因此，台湾的能源转型过程中面临的一大难题是电价问题，或者说该如何解决岛内长期以来对于低电价的路径依赖。

从前义与德国的电价刘比可知，在台湾现行低电价且权责不明的条件下达成电力转型是不可能完成的任务。首先，由于再生能源的电力形式具有地域性、时间性等特征决定了再生能源发电具有不稳定性，其发电成本也是动态的；其次，未来随着再生能源并网比例的提高，为避免发生频繁的不可抗力断电风险，势必需要电网扩建与系统安全操作等相应的基础设施建设，所需的巨额投资将会影响到最终的终端零售电价上；第三，由于再生能源的不可调度性，当前台湾采用的趸购费率制度并不适合再生能源的发展。英国、德国等国家采用的是再生能源竞价上网制度，以促进再生能源电力发挥最大效用。而根据 2017 年 5 月 26 日台湾"经济部能源局"发布的输配电业各项费率计算公式"草案规划"，未来再生能源用户仅需支付 5% 的电力调度费及转供电能费，而后再逐步提高至 15%，辅助服务费率也有 50% 的折扣，其所有的差额部分将由非再生能源电力分担。这意味着，这些费用无论是在电价公式中反映，还是列为公用事业亏损，最终将由消费者承担。那么，根据台湾 2017 年 11 月公布的新电价公式（明订每次涨、跌幅均不超过 3% 的限制），届时这些费用该如何体现？

从经济学角度分析，短期电价调整应以反映燃料成本为主；长期而言，电价应充分反映市场供需及资源环境的外部成本。也就是说，如果单纯回归电价公式，考虑到发电成本的上涨和台电的营运需求，电价当然有必要调涨。电价上涨不仅可以避免台电再次陷入严重亏损，而且有利于促进节能；未来高成本、高收购价的绿能比重逐步增加后，电价上涨的压力将更大。然而，从政治与社会面看，台湾当局面临着不应涨价的压力。政治上看，不论基于何种原因，调涨公用事业费率一定不受大多数民众的欢迎。执政党需要考虑电价上涨对物价的影响及对台湾整体产业竞争力的影响；并且，执政党更担心的是涨价对未来选票的影响。因此，未来民进党当局势必陷入涨与不涨电价的两难局面。随着快速废核所导致的发电成本增加，若要完成能源转型目标，则先前的"不涨电价"承诺将无法兑现。事实上，2018 年 4 月份，台湾当局调涨了自 2015 年 4 月以来未曾调涨的电价，已经开始打破当初竞选时的承诺。

本章小结

台湾的经济发展依赖于其低电价，民进党当局在竞选时也曾承诺"未来 10 年电价不会大幅上涨"。然而，台湾电价能长期维持在较低水平，成本低廉的核电发挥了重要的作用。在实现 2025 年零核电的能源转型过程中，势必面临着核电替代的问题。无论是采用天然气还是可再生能源，发电成本均高于核电。此外，由于台湾的能源进口依存度很高，未来的发电成本还受制于国际燃料价格的波动，这些都将影响电价水平。因此，本章主要研究台湾的能源转型对未来的电价水平有何影响？电价的波动对台湾制造业的影响有多大？台湾当局是否能实现在快速废核的同时维持电价水平？本章的研究结论如下：

第一，台湾的电价由行政确定，整体水平远低于世界平均水平，使价格机制无法发挥促进资源有效配置的效果，不仅导致台电公司长时期的亏损，也产生了大量的生产侧补贴，增加了台湾当局的财政负担，同时也影响了整体能源效率的提高，不利于节能减碳目标的实现。

第二，通过评估未来各类能源的发电成本，预测结果表明，按照台当局的能源转型规划，台湾2025年的平均发电成本大约为3元新台币/度，比2016年的水平增加了1.17元新台币。这意味着，以目前的电价水平（2.57元新台币/度）而言，要实现2025年的转型目标，仅发电成本对电价的影响就达到了45.5%。若再考虑可再生能源并网所增加的电网成本，则2025年的电价涨幅至少在50%以上。

第三，台湾电价的变动受制于政治因素的影响，使价格管制成为短期内最为有效、成本最低的政策手段，而原本应该起关键作用的电价公式与"电价审议委员会"的应有功能难以充分发挥。在台湾现行低电价且权责不明的条件下达成电力转型是不可能完成的任务，但执政党更担心涨价对未来选票的影响。因此，未来民进党当局势必陷入涨与不涨电价的两难局面。随着快速废核所导致的发电成本增加，若要完成能源转型目标，则先前的"不涨电价"承诺将无法兑现。

第八章　两岸能源合作的可行性及必要性

第一节　两岸能源合作的可行性

一、台湾能源转型的困境

台湾的孤岛地理和能源窘境决定了核能在其能源构成中的重要性。但是，核电安全一直是台湾地区两党争执焦点之一。核四厂的存废问题从一开始就与台湾社会的政治问题挂钩，成为台湾政治博弈的筹码。2017 年"电业法"的修订从"法规"上明确了民进党当局将推动"2025 非核家园"作为今后台湾的能源转型政策。那么，短期内核电归零将使台湾付出怎样的现实代价？

前文（第五、六、七章）分别分析了快速废核将导致未来的电力短缺、无法达成减碳目标及电价水平的提高，对台湾的制造业及整体经济影响巨大，总结如表 8-1 所示。概而言之，台湾若要达成"2025 非核家园"的能源转型目标，未来需要面临电力的充足供应、电价上涨及落实再生能源发展目标的压力。一方面，以台湾现有的经济发展速度来看，确保有充足、可靠、成本具有竞争力的电力对于产业乃至经济的发展至关重要，尤其是对于台湾经济重要支柱的高科技制造业来说，更是如此；另一方面，"温室气体减量管理法"的颁布也意味着台湾未来对减碳目标的承诺。因此，快速废核与保障电力的充足供应、维持电价的稳定、减碳目标的实现之间的矛盾将是未来台湾地区能源转型所面临的困境。

表 8-1　2025 年非核家园对台湾的影响

主要影响	结果表现
缺电	（1）在 2019 年与 2020 年间供电出现严重缺口并持续扩大至 2024 年，缺口值在 2100—6500MW。 （2）备用容量率由 2018 年的 13.6% 下降到 2024 年的 2.1%，且 2019—2024 年的备用容量率低于 10%。 （3）台湾北部地区的供电形势尤为严峻。
电价上涨	（1）不考虑发电成本的变化，2025 年电价涨幅在 33% 以上； （2）若考虑发电成本的变化及再生能源的并网，则电价涨幅在 50% 以上。
减碳目标难以实现	（1）目前台湾的 CO_2 排放量为 2.57 亿吨，4 座核电厂可减少 4700 万吨，约 18%； （2）快速废核将导致 2020 年的碳排放量大幅增加，比 2016 年高 4000 万吨；2025 年的碳排放量尽管比 2016 年减少 900 万吨，但与减碳目标（减少 4000 万吨）相比，仍差距甚远。
对经济的影响	在 2019—2028 年电力短缺所导致的经济成本在 1652—5113 亿元新台币。

数据来源：本研究根据前文的分析结果进行总结和整理。

随着气候变化问题日益突出，重点发展可再生能源已在全球范围内获得共识，巴黎协议达成后，向可再生能源倾斜的趋势将会更加明显。民进党重新执政后的台湾，面临"2025 非核家园"、确保电力供应、维持合理电价以及达成减排目标等的多重挑战下，大力发展可再生能源无疑将是必经之路，民进党当局也提出 2025 年实现再生能源占比 20% 的目标。然而，前文的分析表明，由于再生能源的成本问题、台湾自身地理环境的限制以及台湾发展再生能源的政策缺陷等因素，未来再生能源的发展目标难以达成。并且，再生能源的间歇性特点也决定了其无法完全取代供电稳定的核电。未来"2025 非核家园"能源政策将面临来自台湾能源现实的极大考验。

能源政策的制定需要统筹规划，平衡经济发展、能源安全和环境可持续性（3E）三大目标。推动"非核家园"，并非立即将所有核电厂关闭或停建，而应在能源安全、能源成本与环境保护之间建立平衡的发展架构。平衡点的决定应根据台湾地区现在所处的内外发展环境而定，并配合产业结构的改变而随时间动态调整，从最上层的政治经济政策、能源环保政策到电力政策，建立具有效率的互动程序。因此，在制定政策时需要全盘地考虑未来能源结构的调整方向、核废料的处理、安全的强化、替代能源的发展目标等问题，并通过科学合理地规划"非核家园"的实施步骤及配套措施，循序渐进地将实践机制通过"法律"规范呈现。台湾当局一方面想在短期内实现"非核家园"，另一方面又要保持电力的充足供应与电价的稳定，还要低碳环保，这样的能源转型战略看似很完美却自相矛盾，脱离了台湾地区的实际情况，将导致未来能源系统乃至经济发展出现严重问题。

二、大陆的能源转型趋势分析

（一）新常态下的能源需求转型——增速放缓

在过去的三十年，大陆的经济一直保持高速增长状态，人均 GDP 以接近年均 10% 的速度增长，能源需求也以年均 8% 的速度增长。目前，中国是世界最大的能源消费国，也是全球能源增长的最主要来源。近年来，随着经济增速的放缓，大陆经济增长进入"新常态"[①]，能源需求的增长也趋缓，2015 年大陆的能源消费量出现了 30 年以来的首次负增长。未来中国的经济增长将处于关键的转型期，在经济增速放缓、产业结构调整、能源效率水平提高以及节能减排力度加大的作用下，能源需求将长期保持中低速增长的"新常态"。根据《BP 世界能

---

① "新常态"是指中国经济发展新的阶段性特征，主要包括几个特点：经济增长速度由高速转为中高速；经济结构不断优化升级；经济发展动力从要素驱动、投资驱动转向创新驱动。

源展望（2018）》①的预测，在渐进转型情景下，到 2040 年，中国大陆的能源需求预计平均每年仅增长 1.5%。并且，随着快速的工业化和城市化进程逐渐进入尾声，经济由能源密集型工业，如钢铁和水泥等高耗能行业转向低能源强度的服务业，未来大陆地区的工业能源需求的增长将减缓至几乎停滞。

（二）能源结构向低碳能源转型

在全球变暖的大环境中，中国的气候也发生了明显变化，并影响到了中国的水资源、农业、陆地生态系统、海岸带和近海生态系统。目前，中国大陆的碳排放量居世界首位，温室气体排放量已突破 60 亿吨二氧化碳当量。为应对气候变化，中国已经做出了持续不懈的努力。2015 年 6 月，中国向联合国提交了《强化应对气候变化行动——中国国家自主贡献》，确定了到 2030 年的自主行动目标：二氧化碳排放到 2030 年左右达到峰值并争取尽早达峰；单位 GDP 二氧化碳排放比 2005 年下降 60%—65%，非化石能源占一次能源消费比重达到 20% 左右。中国的"国家自主贡献"选取了以发展路径转型创新为主题的一揽子量化转型指标体系，致力于实现发展路径变迁，努力探索一条不同于美欧传统路径的创新型可持续低碳发展路径（傅莎等，2015）②。

在气候变化和资源环境治理的压力下，大陆的经济增长模式将向可持续的发展模式转变，低碳电力、能源网络和能源效率的投资占比将明显提高。大陆在促进经济结构转型的过程中，也不断地调整能源结构向清洁、低碳方向转变。尽管 2016 年大陆的清洁能源（包括核能、水电和再生能源）占一次能源消费总量的比重为 13.0%，略低于

---

① https://www.bp.com/zh_cn/china/reports-and-publications/_bp_2018_.html。
② 傅莎，邹骥，刘林蔚．对中国国家自主贡献的几点评论，国家气候战略中心工作论文，2015 年。

世界平均水平（14.6%），但是，大陆的清洁能源发展速度很快，从 2012 年至 2016 年，清洁能源的比重增加了 3.7%，而世界平均仅增加了 1.5%，也就是说，大陆的能源结构正在快步走向清洁能源。国家发改委和国家能源局 2017 年对外发布的《能源生产和消费革命战略（2016—2030）》[1]，明确到 2030 年，我国新增能源需求将主要依靠清洁能源满足，非化石能源占一次能源消费的比重达到 20% 左右。

根据《BP 世界能源展望（2018）》的预测，在渐进转型情景下，到 2040 年，中国大陆的煤炭占比将急剧下降，煤炭消费总量减少；可再生能源将快速增长，并接替石油成为中国第二大能源来源。可再生能源和核电、水电等清洁能源的增长将占总能源需求增长的 80%。此外，经济结构的转型也伴随着煤改气，到 2040 年煤炭所提供的工业能源比例将从现在的接近 1/3 下降到不足 1/4，天然气和电力将工业能源供给来源的 2/3。大陆的低碳路径将逐步加快，二氧化碳排放峰值可能提前至 2028 年左右，预计峰值水平为 100 亿吨左右（蔡松锋，2017）[2]。

（三）能源行业面临供给侧结构调整

过去几十年，为了支持高速的经济增长，大陆地区能源行业的首要目标是满足增长的能源需求。在经济发展进入"新常态"和"三期叠加"[3]的宏观背景下，供给侧驱动经济增长的条件发生重大变化。能源行业面临的问题由原来的不足转为产能过剩，需要考虑如何在能源发展"新常态"下着眼长远发展。2015 年 11 月 10 日，大陆提出供给侧结构性改革的目标是围绕"去产能、去库存、去杠杆、降成本、补短板"五大任务，从提高供给质量出发，用改革的办法推进结构调整，

---

[1] 国家发改委网站，http://www.ndrc.gov.cn/gzdt/201704/t20170425_845304.html。
[2] 蔡松锋. 中国迎来能源发展的重要转型加速期. 国家信息中心网站，http://www.sic.gov.cn/News/466/8286.htm
[3] "三期叠加"指的是增长速度换挡期、结构调整期、前期刺激政策消化期。

扩大有效供给，以适应经济发展的新常态。

目前，大陆煤炭、钢铁、石化等行业面临利润下滑、产能过剩的局面。能源行业的激烈竞争促进能源企业积极寻求"走出去"并对外输出产能。以电力行业为例，过去几十年，大陆电力行业的主要矛盾是供给能力不足，发电行业的重点在规模扩张。随着经济发展进入新常态，电力需求低速增长，电力供给转为相对过剩。2014年和2015年全国电力需求增速分别仅为3.8%和0.5%，相对应的发电设备平均利用小时大幅下降，其中火电发电利用小时降幅最大。电力需求低迷将成为近年中国大陆发电企业面临的困境。并且，由于2012年以前电力规划装机量较高，尽管目前电力过剩，但火电装机还在大幅度增长，在建的火电项目还比较多。与此同时，由于二氧化碳减排的约束，政府提出到2020年清洁能源占能源消费总量的15%目标，风电、太阳能、水电、核电的装机也大幅增长。截至2016年底，中国大陆可再生能源的累计装机容量达6亿千瓦，占全国总发电装机的35.1%。其中，水电、风电、光伏发电和生物质能发电分别达到3.38亿千瓦、1.54亿千瓦、1.02亿千瓦和1330万千瓦，均居全球首位。[①]电力需求增速放缓，电力市场发展空间缩窄，电力企业的激烈竞争将不可避免，电力行业需要考虑如何在能源发展新常态下着眼长远发展，对外输出能源将成为大陆能源企业的重要战略选择。因此，如何加强两岸能源供给结构调整互动，从低成本要素投入转向创新驱动发展，促进两岸产业转型升级为两岸的能源合作提高了动力。

（四）能源合作空间进一步扩展

能源安全是经济安全的重要部分。受能源生产国地缘政治关系的变动、国际恐怖主义的威胁、新兴经济体对能源需求的增加、全球气

---

① 中国政府网，http://www.gov.cn/xinwen/2017-09/22/content_5226936.htm.

候变化及能源产销竞争等因素的影响，能源安全的范畴涵盖了供应安全、运输安全、使用安全、国防安全等。世界各国对能源的争夺进入高峰，从生产、贸易竞争、运输管道的控制权、价格竞争等方面增加了能源供应的风险。为确保能源稳定供应，各国有寻求能源合作的共同利益，以促进资源的整合和生产要素的优势互补。

随着全球一体化趋势和亚洲经济的发展，亚洲区域合作和和次区域合作的现状和前景受到广泛关注，各种区域、次区域合作组织也相继产生，以推动经贸、安全、能源各种议题的广泛合作。由于能源供应的区域关联性强，能源合作日趋紧密，通过区域合作以稳定供应能源是未来的发展趋势。中国自20世纪80年代起开始参与国际能源组织，1983年，中国加入世界能源理事会，它是中国加入的第一个全球能源组织；90年代起，中国更加积极参与国际能源组织，如1992年，中国签署《联合国气候变化框架公约组织条约》；1996年与国际能源署建立合作关系。进入21世纪以来，随着国际影响力的逐步提升，中国在全球能源合作方面开始注重有影响力的参与，自2001年以来，中国先后成为联合数据倡议组织、国际能源论坛、国际核能合作框架的创始成员国。[①]

表8-2 《能源规划》中的能源国际合作

能源规划	提及全球能源治理	涉及能源国际合作的内容
"十五"规划	否	1. 积极支持海外油气基地的开发。 2. 对海外石油勘探开发给予积极的扶持政策，如建立海外石油勘探开发基金和信贷支持等。
"十一五"规划	否	1. 扩大对外开放，加强国际合作。 2. 按照平等互利、合作双赢的原则加强能源国际合作。

<hr>

① International Energy Agency. Partner Country Series - China's Engagement in Global Energy Governance [R]. 2016.

能源规划	提及全球能源治理	涉及能源国际合作的内容
"十二五"规划	是	1. 完善国际合作支持体系。 2. 积极稳妥参与国际能源期货市场交易，合理规避市场风险。 3. 积极参与全球能源环境治理，充分利用国际能源多边和双边合作机制，加强能源安全、节能减排、气候变化、清洁能源开发等方面的交流对话。 4. 推动建立公平、合理的全球能源新秩序，协同保障能源安全。
"十三五"规划	是	1. 大力拓展能源国际合作。 2. 以重要双多边机制为平台，大力推进能源国际合作。 3. 务实推进"一带一路"能源合作，延伸合作项目，拓展合作领域，带动装备制造、建造施工、服务贸易产业发展。 4. 巩固和完善西北、东北、西南和海上四大油气战略进口通道，积极推进孟中印缅经济走廊和相关能源通道建设。 5. 积极参与国际能源治理及规则制定，推动构建公正合理的全球能源治理机制，提升我国在国际能源领域的话语权。

资料来源：本研究整理。

作为全球最大能源消费国、最大能源生产国、最大石油进口国和最大二氧化碳排放国，在当前能源安全、气候变化等挑战愈发严峻的背景下，中国更加重视拓展能源领域的国际合作空间，并积极参与全球能源治理。特别是"一带一路"倡议提出后，中国与俄罗斯、中亚等国的区域性能源合作逐渐强化。如表8-2所示，中国从"十二五"能源规划中提出"积极参与全球能源环境治理"到"十三五"能源规划中更进一步提出"积极参与国际能源治理及规则制定，提升我国在国际能源领域的话语权"可看出，中国对于国际能源合作的重视日益加深，并注重在国际能源领域的话语权和影响力。

三、两岸能源合作的可行性分析

（一）两岸经济融合的政策背景

2010 年 6 月，两会签署了《海峡两岸经济合作框架协议》（ECFA），开启了两岸经贸制度化合作的新阶段。几年来，随着 ECFA 后续协议的商谈以及两岸日益频繁的互动，两岸经贸合作的深度、广度和制度化程度都获得长足的发展。经过多年发展，两岸经贸合作成果显著。从出口角度看，自 2004 年至 2016 年，大陆一直是台湾地区第一大出口目的地，台湾对大陆市场的出口依存度一直保持在 35% 以上；从进口角度看，台湾从大陆的进口自 2004 年来保持着稳步上升态势，2013 年大陆首次成为台湾地区的第一大进口来源地，详见图 8-1 和图 8-2。两岸同文同种，有着相同的文化背景与相似的社会背景，处于经济高速发展阶段的大陆为台资提供了巨大的市场规模和诸多优惠政策，如图 8-3 所示，大陆一直是台湾对外投资的主要目的地。

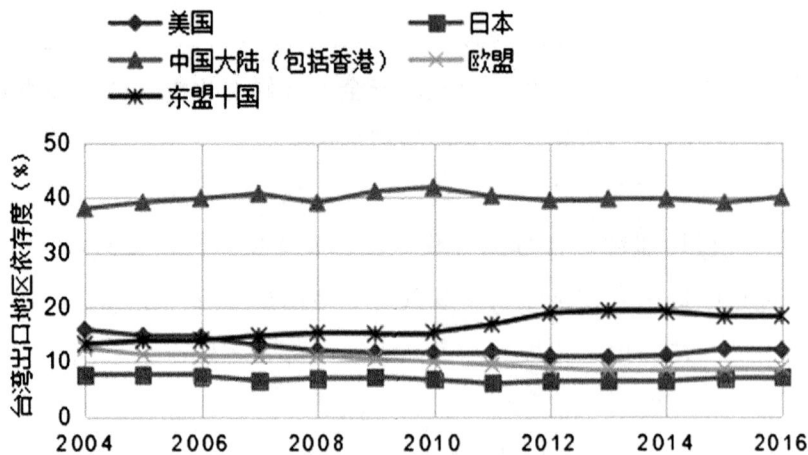

图 8-1　台湾地区出口依存度

资料来源：WTO 数据库、台湾"经济部国际贸易局"统计数据。[1]

---

[1]　台湾"经济部国际贸易局"，http://www.trade.gov.tw/。

根据商务部的数据，2016 年 1 至 11 月，大陆批准台商投资项目 3072 个，同比上升 19.58%；实际使用台资金额 16.87 亿美元，同比上升 16.97%；台商投资项目、实际使用台资金额增长幅度高于同期大陆外商投资项目和使用外资金额增长。一批两岸合作的台资重点项目落户大陆，进展顺利。根据海关总署的数据，2017 年两岸贸易总额为 1.35 万亿元（人民币），其中台湾获贸易顺差 7534 亿元，超过台湾当年经济总量的 1/4，足见当下台湾经济对大陆市场的依赖程度。大陆目前仍是台湾最大贸易伙伴、最大出口市场和最大贸易顺差来源地。这充分表明，大陆广阔的市场仍是台商发展事业的最佳选择，未来台湾经济对大陆市场的依赖程度将进一步加深，两岸经济合作互利双赢的趋势不可阻挡（肖娟，2017）[①]。

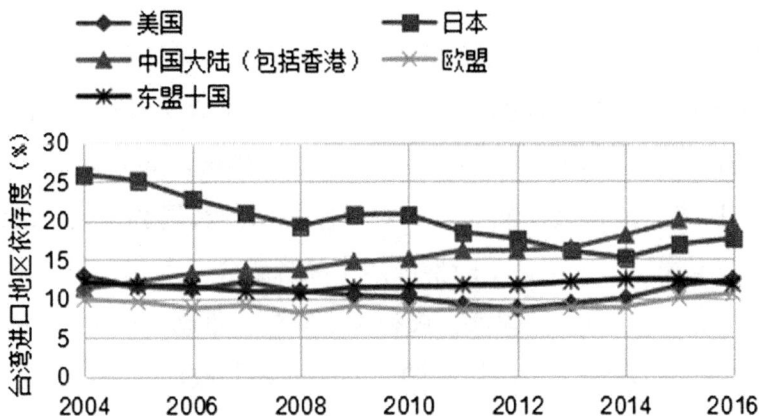

图 8-2　台湾地区进口依存度

资料来源：WTO 数据库、台湾"经济部国际贸易局"统计数据。[②]

---

① 肖娟：《大陆不遗余力促推两岸经济融合》，华夏经纬网，http://www.dyhongshuangxi.com/thpl/djpl/2017/02/5199342.html。

② 台湾"经济部国际贸易局"，http://www.trade.gov.tw/。

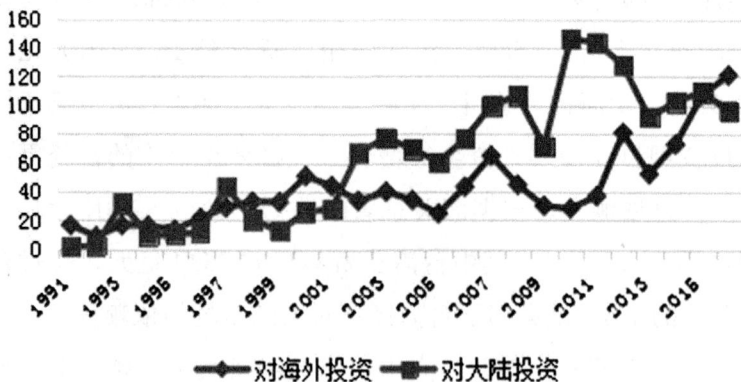

图 8–3　历年台湾地区对大陆及海外投资情况（亿美元）

数据来源：根据台湾"经济部投资审议委员会"统计数据整理①。

　　尽管 2016 年以来，由于台湾岛内局势和两岸关系发生重大变化，两岸制度化协商机制停摆，两岸交流合作的环境受到冲击。民进党上台后的两岸政策使两岸关系形势日趋复杂严峻，导致两岸经济交流面临前所未有的挑战。然而，面对两岸关系的新局势，大陆继续秉持"两岸一家亲"的理念，不断推进两岸经济融合。十九大报告中，习近平总书记指出，为维护国家主权和领土完整，推动两岸关系和平发展，将继续坚持体现一个中国原则的"九二共识"政治基础，促进两岸经济社会融合发展。

　　唐永红（2018）②指出，两岸经济融合发展是两岸社会（文化）融合发展、两岸政治（安全）融合发展的基础与先导。经济融合发展形成的两岸共同利益的不断增加，有助于社会（文化）融合发展、政治（安全）融合发展的推进，有助共同观念与政治共识的形成。因此，增进两岸共同利益应是推进两岸融合发展的首要目标。大陆推动两岸经

---

①　台湾"经济部投资审议委员会"，http://www.moeaic.gov.tw/
②　唐永红：《两岸融合发展：内涵与作用、困境与路径》，《中国评论》，2018 年 2 月。

济融合的目标和方向十分明确，即不断完善和创新合作模式，从过去两岸职能部门主导经济交流的模式向遵循市场规律、依托民间社会力量推动的方向发展，深化两岸经济合作和文化往来，真正做到让两岸经济融合互惠互利。因此，当前大陆将以"群众路线、民间交流"为路径并以同等待遇政策推进两岸融合发展，以增进共同利益与国家认同，并率先出台一系列与台湾同胞分享大陆发展机遇的措施[①]。首先，尊重台湾现有的社会制度和台湾同胞生活方式，逐步为台湾同胞在大陆学习、创业、就业、生活提供与大陆同胞同等的待遇；其次，扩大两岸经济文化交流合作，实现互利互惠，积极支持认同"九二共识"的台湾有关县市、乡镇和基层社团开展两岸交流合作，增进台湾同胞福祉；再次，不断扩大两岸青年的参与度和获益面，建立两岸青年组织联系沟通机制，促进两岸青年深入交流，积极支持台湾青年在大陆更好发展，使其能分享大陆经济发展的机遇；最后，是推动两岸同胞共同弘扬中华文化，促进心灵契合，携手推动中华民族的伟大复兴。

依据台湾联合报自 2012 年开始进行的《两岸关系年度大调查》，数据显示，不满意蔡当局处理两岸关系表现的人，由 2016 年的 48% 增加为 2017 年的 56%；在两岸趋势上，有 40% 的民众愿意赴大陆就业，38% 的民众愿意让子女到大陆学习，创 8 年来新高点。[②]五大领域[③]中，以两岸民间互动现况最获好评，有 34% 的民众认为两岸民间关系热络，认为两岸关系和缓的占 44%，认为两岸关系低迷的仅占 16%。此外，台湾民众对大陆民众的观感，2017 年首次逆转为好评居多，49% 的台湾民众对大陆民众印象佳，比 2016 年增加 5 个百分点，持负面观感的人则由 45% 降为 37%，好评同样是历次调查最高。从这

---

① 例如 2018 年 2 月，国台办、发改委等部门发布的《关于促进两岸经济文化交流合作的若干措施》。

② 联合报系民意调查中心、采访中心、大陆中心，2017.11.20，http://newsblog.chinatimes.com/blackjack/cn/archive/64122。

③ 五大领域包括：社会、政治、经贸、军事、外交。

些数据可看出在两岸关系中台湾民心的变化。未来随着台湾民众到大陆就业、学习，获得持续的资讯以更深入地了解大陆，将会推动两岸关系的正向发展。

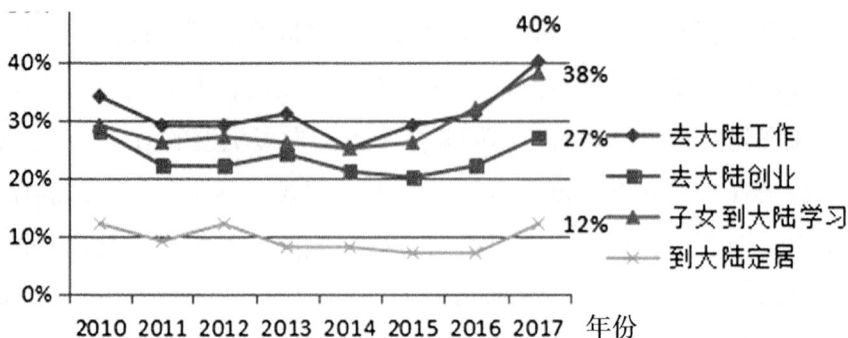

图 8-4 台湾民众赴大陆意愿变化

注：图中数字为有意愿者百分比。

资料来源：台湾联合报系民意调查中心《本报两岸关系大调查》，2017.11.20。

（二）"一带一路"倡议为两岸能源合作提供了契机

"丝绸之路经济带"和"21 世纪海上丝绸之路"（简称"一带一路"）倡议是由习近平总书记在 2013 年访问中亚和东南亚国家期间提出的构想，希望与各国展开更加紧密、更加深入的合作，开拓合作空间，逐步形成区域大合作。2017 年，中共十九大通过了《中国共产党章程（修正案）》的决议，正式将推进"一带一路"建设写入党章，体现了中国高度重视"一带一路"建设、坚定推进"一带一路"国际合作的决心和信心。

"一带一路"沿线国家（共计 65 个，含中国）2016 年的 GDP 和贸易额在全球的比重超过 30%，人口比重占 2/3 以上。根据世界银行的数据，预计到 2050 年，全球高达 80% 的 GDP 增加值来自"一带一路"沿线国家及地区，其潜力及重要性可见一斑。配合"一带一路"

建设，中国也加大"走出去"战略。2017 年 1—6 月，中国企业在"一带一路"沿线国家新签的对外承包工程项目合同 2431 份，新签合同 714.2 亿美元，占同期对外承包新签合同金额的 57.7%。目前，"一带一路"国家占中国对外投资的比重大约占 13%，预计未来 10 年内，该比重将提升至 30%。

能源合作是"一带一路"倡议的关键领域。"一带一路"倡议中提出的能源合作内容主要包括：一是加强能源基础设施的互联互通，推进跨境电力与输电通道建设，创造高效融合的能源网络；二是煤炭、油气、金属矿产等传统能源资源的勘探开发合作；三是推动水电、核电、风电、太阳能等清洁能源和新能源的合作，形成能源合作上下游一体化产业链。自"一带一路"倡议提出以来，中国的能源企业已经深入开展与沿线国家的能源项目合作以化解产能。例如，中国与巴基斯坦合作建设最大的海外火电项目——卡西姆火电站于 2017 年投产发电；国家电网公司也承接了缅甸、老挝、巴基斯坦等国的主干电网项目，建成中俄、中蒙、中吉等多条跨国输电线路。

面对全球及区域经济发展的剧烈变化，进一步加强两岸经济合作是必然的趋势，而台湾参与"一带一路"建设是重要一步。"一带一路"倡议的提出正是两岸经贸合作的高水平时期，有利于台湾在"一带一路"建设中发挥重要作用。"一带一路"贯穿亚欧非大陆，其中，"一路"（21 世纪海上丝绸之路），是活跃的东亚经济圈，与台湾地区地缘关系密切；"一带"（丝绸之路经济带）则是发达的欧洲经济圈，是台湾地区的主要外贸市场。2015 年 3 月 28 日，经国务院授权，由国家发展改革委、外交部以及商务部联合发布的《推动共建丝绸之路经济带和 21 世纪海上丝绸之路的愿景与行动》（以下简称《愿景与行动》）将福建确立 21 世纪海上丝绸之路的核心区，要求充分发挥区位优势和对外开放的窗口作用，加强辐射效果，深化与周边地区的合作。因此，与福建仅一水之隔的台湾便成为 21 世纪海上丝绸之路的第一站，而"为台湾地区参与'一带一路'建设作出妥善安排"也正是《愿景与行动》提出的要求，表明大陆在提出"一带一路"时，就已经将台胞参与其中做了规划。2018 年 2 月由国台办、国家发改委等部门联合发布的《关于促进两岸经济文化交流合作的若干措施》更是明确提出"在中西部、东北地区设立海峡两岸产业合作区，鼓励台资企业转移并参与'一带一路'建设"①。

台湾学者吴福成的研究认为，台湾必须融入"一带一路"建设才有出路。台湾拥有产业技术实力的营建、运输、通讯和网络等相关企业，可在投入"一带一路"的建设过程中获取商机。林昱君、吴忠书等学者也呼吁，台湾在大陆"一带一路"倡议下拥有的机遇大于挑战，台湾应积极成为其发展的"同盟军"。两岸在能源资源要素领域有着共同的利益诉求。首先，"一带一路"倡议覆盖地区地域辽阔，沿线各国资源禀赋各异，经济互补性强。通过加强区域能源合作，有利于实现沿线地区的生产要素和资源优势互补；其次，"一带一路"开辟了陆上能源生产之路，降低了能源进口的安全风险，有利于实现两岸的能源安全；最后，跨区域的能源基础设施建设能够促进生产要素在各地区间的集聚与扩散，将两岸及各区域间的经济活动连成一个整体。因此，依托"一带一路"建设优先发展基础设施的契机，两岸在能源领域展开合作，既能使两岸互惠互利，也将增强两岸的政治互信，为推进两岸在更深层次、更宽领域展开全方位合作奠定基础，促进两岸经济共同发展。

（三）大陆的能源发展与台湾存在一定差异，有较强的互补性

台湾能源匮乏，进口依存度高，由于受地缘政治、海外能源产出、运输途径、天气等因素影响，台湾的能源供应面临较大的不确定性，

---

① 中共中央台办、国台办《关于印发〈关于促进两岸经济文化交流合作的若干措施〉的通知》。

而能源价格受国际冲击而剧烈波动也给台湾的经济发展造成潜在风险；同时，台湾还面临能源进口的运输网络单一，替代线路不足，欠缺有效的能源供应后援系统等问题；并且，台湾作为孤岛，地形特殊，地狭人稠，区域性能源合作困难。因此，对台湾而言，突破能源供应的瓶颈，发展新能源产业绝不能只立足于台湾。与台湾相比，大陆幅员广大，处于欧亚大陆东边，向西与石油资源丰富的中亚、西亚接壤，向北又与天然气资源丰富的俄罗斯接壤，大陆拥有比海运更加稳定的陆地油气运输管道，且这些油气管道还在不断的扩展当中。随着"一带一路"形成的大陆与邻近地区的互联互通，伙伴关系将变得更加紧密，能源供应的安全性可以得到进一步提高。并且，大陆还拥有更加丰富的风能、水力、太阳能等可再生资源，新能源发展迅猛。此外，虽然大陆较晚发展核电，目前核能占能源消费的比重不高，但由于政府政策支持、社会局势稳定，发展潜力很大。依据国务院发布的《能源发展战略行动计划（2014—2020 年）》，2020 年大陆核电装机容量将达到 5800 万千瓦，在建容量将达到 3000 万千瓦以上，现阶段在建的核电数目居世界首位。大陆的核电机组几乎都分布在东部沿海地区，离台湾距离较近，可以通过跨海电缆为核电发展受阻的台湾输送清洁的电力资源。

第二节　两岸能源合作的必要性及意义

一、当前两岸关系形势分析

从经济层面来看，经济全球化和区域经济一体化的深入发展以及两岸经贸关系的持续深化，是推进两岸能源合作的根本动力。两岸能源合作也将为两岸经贸进一步深入发展探索新的模式与路径。从政治层面来看，为了有效遏制"台独"，大陆对台工作的重点是推进两岸经济社会融合发展，深化两岸经济合作交流，夯实"九二共识"的群众基础，同台湾民众共同维护两岸关系和平发展的政治基础，这是大陆在掌握两岸关系主导权的同时能否和平制胜的关键。因此，对于任何有助于推动两岸关系和平发展，增进台湾同胞民生福祉的努力，大陆方面都将努力去践行，争取以更有效的惠台政策推进两岸经济和社会融合。大陆的对台政策对于两岸能源合作是正面积极的。当然，囿于岛内的政治生态以及民进党当局的两岸政策给两岸关系发展所带来的不稳定因素日益增多，当前两岸的政治形势对于两岸能源合作的影响具有负面的影响。但是，必须强调的是，两岸能源产业的合作有利于推进两岸经济的一体化及两岸经济的融合发展，对于争取台湾民心、改善两岸政治环境是积极正面的。

二、两岸能源合作的必要性

（一）维护能源安全是两岸的共同目标

台湾自有资源贫乏，能源进口依存度超过98%，能源结构以化石能源为主。为维持能源供应的稳定，台湾推动能源多元化政策，以分散能源进口种类和来源的具体做法，来降低能源供应的风险。然而，台湾作为孤岛，地形特殊，地狭人稠，区域性能源合作困难。

与台湾面临的能源问题相似，大陆的能源发展也面临以下问题：一是能源对外依存逐年升高，2017年大陆的原油对外依存度为68.6%，天然气对外依存度达到39.4%。根据中国石油经济技术研究院发布的《2017年国内外油气行业发展报告》，预计2018年大陆的天然气需求仍将保持快速增长，石油消费量将首次突破6亿吨，对外依存度将逼近70%；二是尽管大陆近年来积极发展新能源，可再生能源增长迅速，但整体的能源结构还欠合理。大陆的煤炭资源丰富，2016年煤炭在一次能源消费中的比重仍占61.8%，天然气和核电的比重分

别仅有 6.2% 和 1.6%，而世界平均水平分别大致是 28.1%、24.1% 以
及 4.5%。由于煤炭消耗量过大，中国成为世界上二氧化碳排放最大、
雾霾影响区域最广的国家，面临巨大的环境治理与节能减排压力；三
是大陆的石油储备起步较晚，规模较小，仍面临严峻的能源安全问
题。尽管近年来，大陆石油储备量不断增加，截至 2016 年底，共储备
了 3325 万吨原油，仍远远低于 IEA 建议的战略石油储备能力 90 天的
"安全线"，也远低于美国、日本、德国的储备量；四是大陆仍面临资
源分布与经济发展区域不均衡：资源分布整体呈现北多南少，西富东
贫，因而能源运输呈现西气东输、西电东送和北煤南运的状态。过高
的能源对外依存度、欠合理的能源结构以及过低的能源储备，使得提
高能源自给率、改善能源结构、增加能源储备以维护地区能源安全成
为两岸的共同目标，是两岸的共同利益诉求。

（二）全球气候变化使节能减碳成为两岸共识

近几十年来，全球各地酷暑、干旱、洪涝等极端气候现象频繁
发生，气候变化已经对陆地和海洋的自然系统及人类系统产生了影
响。政府间气候变化专门委员会（IPCC）《第五次评估报告》（IPCC，
2013，2014a，2014b，2014c）认为：自工业化时代以来，在经济和人
口增长的驱动下，人类活动导致温室气体排放呈上升趋势，导致大气
中主要温室气体的浓度达到了至少过去 80 万年以来前所未有的高水
平，温室气体浓度增加极有可能是自 20 世纪中叶以来观测到全球变暖
的主要原因。为了将全球气温控制于工业革命前的温度增温 2℃，则
到 2100 年大气中温室气体的浓度应控制在 450ppm 二氧化碳当量。因
此，跨区域携手应对气候变化，共同推动低碳、永续发展已成为国际
社会普遍关注的问题。

目前，大陆的能源消费和碳排放量居世界首位，温室气体排放量
已突破 60 亿吨二氧化碳当量。根据 BP2017 的数据，在过去的 10 年

中，大陆地区的碳排放量在世界的占比逐年上升，单位 GDP 的碳排放尽管下降很快，但仍高于世界平均水平。台湾地区的形势更为严峻，台湾的经济发展尚无法与温室气体减量脱钩，其人均碳排放量居亚洲第一。根据环保团体（German Watch）公布的 2015 年全球气候变迁绩效指标排名，台湾地区在全球气候变迁绩效列入排名的 58 个国家和地区中名列 52，排在大陆（47 名）之后。

为控制温室气体排放，2015 年 12 月《巴黎协定》的签署确定了全球一致减排的目标，提出将全球平均温度升幅控制在低于工业化之前的水平 2℃ 之内。两岸也提出各自的减碳目标：台湾在"自主减排贡献承诺"中设定 2030 年碳排放量比 2005 年的碳排放量减少 20%。尽管台湾已制定温室气体减量目标，然而，在清洁能源成本高昂、能源供应安全限制等因素下，台湾需对未来的减碳及时做好准备。大陆地区则确定了到 2030 年的自主行动目标：二氧化碳排放到 2030 年左右达到峰值并争取尽早达峰；单位 GDP 二氧化碳排放比 2005 年下降 60%—65%。为实现 2030 年的自主行动目标，大陆方面于 2017 年 12 月正式宣布启动统一的碳排放权交易市场。以配额总量衡量，未来大陆的碳排放权交易市场将成为全球最大的碳市场，规模超过欧盟[①]，这也是大陆努力实现碳排放达峰的重大举措。因此，如何建立清洁与稳定的能源供需体系，实现能源、经济、环境相互协调发展是两岸共同面临的挑战。

总之，全球气候变化所带来的机遇和挑战是客观的，不论在地缘关系下两岸面临共同应对气候变化的迫切性，抑或从国际观点看待温室气体排放的议题，发展低碳能源及相关产业是两岸迈向永续低碳的合作契机，也是两岸共同面对能源结构问题及温室气体减量压力的转机。

---

① 2017 年，欧盟碳交易市场规模为 19.39 亿吨二氧化碳当量。

三、两岸能源合作的意义

（一）缓解我国与东南亚各国在南海问题上的争端

南海蕴藏着丰富的油气和矿产资源，国土资源部的数据显示，南海的石油储量在 230—300 亿吨之间、天然气储量约 16 万亿立方米、可燃冰储量更是相当于中国石油总量的一半。因其丰富的资源，南海一直以来都是各国争相探测开采的地区，中国与东南亚各国在岛屿归属权的问题上一直存在分歧，但由于中国政府一直采取"搁置争议，共同开发"的政策，矛盾并未激化，而东南亚各国已经从南海开采出大量油气资源，获得了丰厚利益。21 世纪海上丝绸之路的线路规划中，南海都是必经之路，保持南海的航运线路畅通是保证中国与欧洲、北非、中亚以及东南亚各国贸易畅通的基础。此外，南海也是两岸能源运输的生命线，现阶段大陆 88% 的进口能源以及台湾 98% 的进口原油都要经过南海。因此，两岸联合起来对南海资源进行合作开发，对争议地区与东南亚各国进行谈判，不仅能够降低能源对外依存度，还能增加与东南亚各国的谈判筹码，符合两岸的共同利益。

（二）在解决区域发展不均的同时促进产业的转型升级

中西亚以及西北地区是中国大陆重要的能源来源地，同时，过去改革开放粗放式的发展带来了一定的产能过剩问题，特别是在钢铁、水泥、电力等行业，供给远大于需求。随着"一带一路"建设对基础设施建设的投资，逐步消化的过剩产能将为产业升级提供充足的市场空间；而且，投资建成的公路、铁路、油气管道、通信电缆、输配电网等基础设施后续也需要运营和维护。一方面，台湾在运营管理方面的丰富经验将为设施的运营维护提供帮助，降低维护成本；另一方面，产业升级所刺激的市场需求将为台湾能源企业的向西投资提供机会，在带动西部发展的同时通过与大陆能源企业的合作形成上下游一体化产业链，以便完成能源资源在产地直接转化，降低原材料的运输成本，提升综合竞争力。

（三）能源合作有助于台湾走出能源转型的困境

前文的分析表明，台湾目前的能源转型困境是短期内全面废核与保障电力的充足供应、维持电价的稳定、实现减碳目标之间的矛盾。两岸能源合作能够为台湾走出能源转型的困境提供出路。

首先，两岸能源合作有利于缓解台湾的缺电危机，降低台湾对能源进口的高度依赖。一方面，大陆与台湾一水之隔，通过铺设横跨台湾海峡的海底电缆，可以帮助打破能源孤岛的困局，将台湾纳入大陆的电网体系，实现能源的互联互通。能源基础设施的建设，不仅消化大陆的过剩产能，还可以通过对台输电为台湾带来稳定和充足的电力供应，对将缩短台湾能源运输的空间距离，降低物流成本，最大限度保障能源稳定。另一方面，由于台湾的能源对外依存度高，台湾用于能源进口的支出占其GDP的比重长期保持在10%以上，而且还有不断上升的趋势。能源成本过高不仅会对经济稳定产生影响，还会威胁到地区的政治稳定。而不稳定的能源价格、高昂的运输费用、过低的利用效率是造成能源成本居高不下的重要因素。两岸结合各自在资金技术方面的优势进行能源的共同开采，能够降低对进口能源的依赖，从而提高对供应商的议价能力，降低能源采购价格，缓解进口能源的成本压力。

其次，两岸能源合作有利于稳定台湾的电价水平。在自由市场，成本是产品定价的重要考虑因素，但台湾的能源价格受行政管制，并未市场化。以电力为例，由于电价水平偏低，随着未来核电站陆续退役所导致的发电成本的升高，台电公司将面临严重的亏损，电价将面临上涨的压力，台湾当局若要维持电价的稳定，则需要持续增加对发电企业的补贴额。大陆的电价水平与台湾相当，通过推动两岸展开电力合作，不仅能降低台湾当局的财政支出（每年约55亿美元），而且也有利于台湾获得廉价的电力，维持电价的稳定水平。

最后，两岸能源合作将有利于促进台湾能源技术的创新，实现减碳目标。台湾目前的能源价格无法反映市场供需情况和能源的真实成本，导致价格信号无法正确引导投资流向有利于资源和环境合理配置的领域，例如对节能和可再生能源技术的投资。管制的能源价格贬低了能源技术创新的市场价值，使得能源企业对能源技术的创新动力不足。两岸能源合作不仅能通过铺设横跨台湾海峡的海底电缆对台输出电力，从而降低台湾能源行业的二氧化碳排放；而且能够通过电力的互联互通促进电力交易和能源行业的市场化，为能源技术的创新提供动力以促进节能减排，帮助台湾达成减碳目标。

（四）能源领域的合作将有利于拓展两岸的经济合作空间

当前，由于台湾政局的变化，两岸经济一体化进程陷入困境，两岸经贸合作面临政治因素所造成的"降温"风险。然而，在新形势下，能源合作对促进海峡两岸能源结构调整，推动两岸经贸合作仍具有重要的意义。

首先，从经济转型来看，尽管大陆和台湾处于不同的经济发展水平，但是都面临着产业结构优化升级的挑战；从各自的资源、技术和人才的现状来看，两岸在能源产业合作方面有很大的发展空间。改革开放以来，大陆粗放式的发展带来了严重的产能过剩问题，特别是在钢铁、水泥、电力等行业，供给远大于需求。随着"一带一路"建设对基础设施建设的投资，逐步消化的过剩产能将为产业升级提供充足的市场空间，也为台湾能源企业的向西投资提供机会；其次，从能源转型来看，两岸均有开发新能源、发展低碳经济的迫切需求。两岸的能源结构均以化石能源为主，绿色能源的比重较低，未达到世界平均水平。发展绿色能源产业不仅可以逐步降低经济增长对传统能源的依赖程度，促进经济的可持续发展，而且能够带动相关产业的发展升级，增加就业，为经济的转型升级提供新机遇和新方向；最后，"一带一路"的建设以及上海、福建自贸区的建立，将使两岸能源贸易规模和潜力日趋扩大。两岸可以通过建立区域能源自由贸易区的方式，实现能源使用的最优化配置。"一带一路"的重要目标之一是打造通畅安全高效的海陆运输大通道，促进要素流动、优化资源配置。依托"一带一路"的历史机遇，两岸可在优势互补的基础上加强能源交流与合作，创建两岸双赢的模式，进一步推动两岸经济的共同发展。

本章小结

本章通过对台湾能源转型的影响进行概况性总结的基础上，对台湾能源转型的困境进行了分析，并结合大陆能源转型的趋势及当前的两岸关系形势、大陆对台的政策环境等方面，分析了两岸能源合作的可行性、必要性及意义。本章的研究结论如下：

第一，未来台湾地区能源转型所面临的困境是快速废核与保障电力的充足供应、维持电价的稳定、减碳目标的实现之间的矛盾。大陆未来的能源转型趋势则包括：能源需求增速放缓、能源结构向低碳转型、能源行业面临供给侧结构调整、能源合作空间进一步扩展。

第二，两岸能源合作具有可行性，表现在：一是面对两岸关系的新形势，大陆继续坚持在"九二共识"的政治基础上促进两岸经济社会融合发展；二是"一带一路"倡议为两岸能源合作提供了契机；三是两岸的能源发展具有较强的互补性。

第三，两岸能源合作具有必要性，表现在：一是维护能源安全是两岸的共同目标，二是全球气候变化使节能减碳成为两岸共识。两岸能源合作具有重要的意义，包括以下几方面：一是缓解我国与东南亚各国在南海问题上的争端；二是在缓解区域发展不均的同时促进产业的转型升级；三是能源合作有助于台湾走出能源转型的困境；四是能源领域的合作将有利于拓展两岸的经济合作空间。

第九章　两岸能源合作的前景分析及建议

第一节　两岸能源合作的概况

一、传统能源领域

（一）石油天然气领域

两岸油气领域的合作最早可追溯于 1995 年，中国海洋石油总公司（以下简称"中海油"）与台湾中油股份有限公司（以下简称"台湾中油"）达成共识，在台湾海峡的珠江口台南盆地与潮汕凹陷区域联合勘探，并于 1996 年 7 月 11 日签署第一阶段联合勘探协议合约。2002 年 5 月，台湾中油与中海油首度在英属维京群岛合资成立"台南潮汕凹陷石油作业公司"，双方各占 50% 的股份，在台湾海峡中线合作勘探油气资源，正式揭开了两岸能源合作的序幕。两岸海上合作探油由"共同研究"阶段迈入"共同投资钻探"阶段，并于 2005 年钻探了第一口试采井。其间，双方于 2002 年曾签署《南日岛盆地探勘油田协议》，并依《台潮石油合约》模式进行，但这一协议一直未获民进党当局的正式批准。

2008 年，国民党重新上台执政，两岸能源合作迎来新契机。2008 年 6 月在海协会与台湾海基会恢复协商谈判后的新闻公报中，首次正式公开表示：双方达成共同勘探海上油气田的共识。同年 12 月 26 日，中海油与台湾中油于北京共同签署了《合作意向书》《台南盆地和潮汕凹陷部分海域合作区石油合作修改协议》《乌丘屿凹陷（南日岛盆地）协议区联合研究协议》以及《肯尼亚9号区块部分权益转让协议》等四项协议，标志着两岸能源合作迈入一个新阶段。此次合作不仅仅局限在台湾海峡的油气探勘，还包括海外油气田的探勘与合作，天然气市场开发、原油代炼、原油与成品油贸易等方面，均有不同程度的扩展。然而，从后续执行来看，两岸石油合作依然受制于政治因素，四项协议进展缓慢。[①] 2013年3月，中海油与台湾中油公司签订了液化天然气现货采购合同，中海油将向台湾地区输送液化天然气，此举开创两岸在液化天然气领域合作的新篇章。

2009年8月12日，中石化与台湾中油签署了一份为期六年的协议，共同开发澳大利亚海上油气资源。协议表明，台湾中油将从中石化获得澳大利亚海上NT/P76区块40%的权益。这是中石化与台湾中油首次一对一进行海外油气勘探合作，也是双方在澳大利亚的第二次合作。2013年4月25日，台湾中油宣布和中石化签订"缅甸陆上D矿区转让相关契约"，这是双方首度在缅甸合作勘探天然气田。而台湾中油与中石油也于2010年签署了油气领域合作谅解备忘录，提出将在上游勘探、开发、石油贸易、技术、节能措施和环保方面的合作。中石油与台湾中油的合作计划在大陆建设加油站，初步预计以200个加油站为上限。

2013年10月1日，台湾开放石化业赴大陆投资乙烯等7项石化产品，自此，两岸石化业合作迈向新阶段。同年11月，台湾石化公会与中石化签署"漳州古雷炼化一体化项目"。另外，台塑公司也已与中国化工进出口总公司签订代炼原油协议，大陆已成为台商最大的石化产业投资地。这既为两岸合作开发海上油气资源奠定基础，也为开发海

---

① 席志刚 . 两岸石油合作台前幕后 [J]. 凤凰周刊，总第461期 .

上油气资源建立新型合作机制积累经验。

总体看来，两岸在油气领域方面已取得一定的实质性合作成果，但两岸在政治上的缺乏互信是两岸在油气领域合作面临的最大困境。

（二）煤炭领域

两岸在煤炭领域的合作主要集中在贸易领域，始于 80 年代后期。1988 年，中煤集团公司（当时为中煤进出口公司）销往台湾的煤炭数量为 2.3 万吨，1989 年增加到 27.6 万吨。随着大陆与台湾经贸关系的发展，销往台湾的煤炭数量不断增加。目前，在对台煤炭贸易方面，大陆只有中煤公司和神华集团进入台湾市场。其中，神华集团只能出口自产的煤炭，出口对象主要是台电；而中煤公司出口对象主要是台电以外的其他用户。这些措施避免了低价竞争，大陆对台煤炭贸易也逐年扩大，2005 年大陆煤炭曾占台湾进口量的 40% 左右。2010 年，台湾地区从大陆进口煤炭 6314 万吨，其中燃料煤进口为 5747 万吨，占进口煤炭总量的 91.03%；炼焦煤进口则为 567 万吨，占进口煤炭的 8.97%。台湾煤炭进口的消费部门为台电公司、民营发电厂、汽电共生厂、台湾中钢公司以及水泥、化学材料、造纸等一般民间工业与能源部门自用，其中，台电公司发电用燃料煤为台湾煤炭进口第一大户。

（三）电力领域

两岸在电力行业的合作由于受相关政策的限制，进展极其缓慢。目前两岸涉及电力领域的投资仅有台塑集团通过在美国的控股公司投资的漳州电厂。2006 年，国家电网公司曾联合福建省共同组织研究探讨向金门供电的有关问题及供电方案，金门县也表现出极高的热情。但受制于政治因素，台当局未通过此提议。

近年来，两岸电业合作也出现了一些新动向。自 2010 年以来，为推动两岸电力行业的交流与合作，中国电力企业联合会、台湾电力公司共同主办了连续三年的"海峡两岸电力工业展览会"。通过展示两岸电力工业在智能电力系统、清洁能源发展、电力节能减排、电动汽车等方面的先进技术和管理理念，使两岸在电力方面的交流走向新的阶段。

目前，两岸电力合作多集中在新能源领域，近几年两岸再生能源产业供应链上已有许多成功合作案例，已有台商（如东元风电）进入中国大陆风机零组件产业链，供应风电叶片材料，成为亚洲主要风电叶片复合材料供货商。此外，在核电领域，《海峡两岸核电安全合作协议》于 2012 年 6 月 29 日正式生效，两岸核能交流与合作日益活跃和频繁，并由技术层面的学术交流向工程经验、核技术应用领域等实质性的项目合作扩展。

二、绿色能源领域

台湾"经济部"于 2008 年 11 月主导施行"搭桥专案"，进程规划为"一年交流、两岸洽商、三年合作"，具体做法为举办两岸产业合作及交流会议，搭建两岸产业合作平台。选定的产业中与新能源产业有关的包括太阳光电、LED 照明、风力发电等产业。自 2009 年以来，"两岸可再生能源产业合作及交流会议"已成功举办了 7 届，两岸在风力发电、太阳光电、LED 照明等领域的交流、了解不断加深。2015年 7 月召开的第 7 届两岸可再生能源产业合作及交流会议上，两岸工作组就加快落实《两岸可再生能源产业合作及交流五年规划纲要》商讨制定具体工作计划。与此同时，筹划建立两岸可再生能源产业投资基金等金融合作平台，鼓励台企参与大陆光伏发电投融资联盟也提上日程。

两岸在新能源产业信息交流平台的构建上取得了初步进展，依据《海峡两岸标准计量检验认证合作协议》，建设了"两岸绿色能源产业标准化与认证信息服务平台"，目的是为两岸业者就 LED 与光伏等绿色能源产业的标准化与认证领域的合作提供技术交流服务平台，内容包括产业资讯、科技研发、标准立项公告等与绿色能源产业发展相关的各种信息。

在低碳经济合作方面，两岸自 2010 年开始举办第一届"两岸因应气候变迁学术研讨会"，并取得双方共识，之后以每年轮流主办会议的形式，持续就碳交易管理制度、减碳技术、温室气体科学观测等议题广泛交流，交流内容涵盖循环型低碳绿色城市、绿色经济工具、低碳产业策略与技术、气象监测预警技术与实践等方面。

然而，由于绿能属于新兴领域，两岸目前的合作方面尚处于起步阶段。两岸绿能合作以民间企业为主体，合作只在太阳能、风电等少数领域小规模展开。两岸光伏产业合作的项目包括：鸿光（北海）新能源公司光伏太阳能产业项目落户广西北海；海峡科技与上海神舟电力签署开发光伏电站合作协议；台湾友达、富阳光电获认证，进入大陆组件供应市场。而风电产业的合作案例包括：东元机电代表台湾风能协会与中国风能协会签署《两岸风力发电机系统合资意向书》，以成立合资公司的方式致力于台海离岸风机布局；台湾益泰公司与湘电集团签署《两岸风力发电机运转维护与设备改良技术合作意向书》；上纬企业则与中材科技签署《叶片开发战略合作意向书》以及台湾绿建科技与大陆国电联合动力技术公司签署《关于台湾沿海区域离岸风电项目开发的战略合作协议》，双方将共同合作发展离岸风电产业。此外，两岸也开始在碳交易领域合作，台湾石门山绿资本公司与武汉鑫博茗科技发展有限公司签署自愿碳交易购买协议，购买自愿减碳量 8888 吨，成为两岸首笔成交的碳交易业务。

两岸在能源领域的合作项目如表 9-1 所列。概而言之，从能源安全及效率来看，两岸能源合作符合双方共同的利益。然而，一直以来，两岸能源合作也存在着一些障碍，除了两岸缺乏政治互信以外，经济利益驱动不平衡、存在能源竞争，同时缺乏合作机制来互相促进，这些都导致两岸能源合作目前还主要处于产业交流和民间合作阶段。

表9–1 两岸能源领域的合作情况

	传统能源	绿色能源
油气领域	1. 中海油与台湾中油签订四项协议： （1）《合作意向书》，包括两岸海外能源勘探、投标、油田转让、人才技术交流等合作意向 （2）《台南盆地和潮汕凹陷部分海域合作区石油合作修改协议》 （3）《乌丘屿凹陷（南日岛盆地）协议区联合研究协议》 （4）《肯尼亚9号区块部分权益转让协议》 2. 中石化与台湾中油签署合作协议，共同开发澳大利亚海上油气资源。 3. 中石油与台湾中油签了油气领域合作谅解备忘录，合作建设加油站。	1. "搭桥专案"为两岸搭建产业合作平台 2. "两岸可再生能源产业合作及交流会议""两岸因应气候变迁学术研讨会"已成功举办了七届 3. 两岸在风力发电、太阳光电、LED照明、低碳经济等领域的交流不断加深 4. 两岸就加快落实《两岸可再生能源产业合作及交流五年规划纲要》商讨制定具体工作计划 5. 依据《两岸标准计量检验认证合作协议》，两岸建设了"两岸绿色能源产业标准化与认证信息服务平台" 6. 两岸绿能合作以民间企业为主体，在风电和光伏发电领域有少量的合作项目 7. 两岸初步尝试在碳交易领域的合作
煤炭领域	主要集中在大陆对台湾的煤炭出口贸易，大陆出口企业为中煤集团和神华集团，出口对象主要为台电、民营电厂和台湾中钢公司等	
电力领域	1. 台塑集团通过在美国的控股公司投资的漳州电厂 2. 两会签署《海峡两岸核电安全合作协议》	

资料来源：本研究整理。

第二节 两岸能源产业的发展概述及比较

产业互补是两岸经济合作的重要基础。本部分主要探讨两岸能源产业发展概况，并分析比较各自产业特性，以进一步分析两岸能源市场开放、投资、经贸合作等议题。

一、绿色能源产业

（一）风电产业

风电产业供应链主要包括风电制造业、风电服务业以及风电发电业。风力机系统为风电制造业的发展核心，目前主要的技术趋势是通过提高风力机容量、增加能源转换效率以及降低成本，因此，风机正在往大型化的趋势发展。风电发电业负责风场的营运，让风力机以最佳状态运转；风电服务业则是承上启下，负责风场规划、风场建设以及后续的风力机维护工作。

台湾地区地狭人稠，土地多为山地，陆域风电能开发的数量有限，离岸风电为未来的发展重点。台湾西岸海域拥有世界级的风场，全球风况最好的 20 处观测地，16 处位于台湾海峡，据估算，离岸风电蕴藏量约在 33.84—74.93GW，市场规模逼近 4 兆。2015 年台湾风电产业整体产值达 154.7 亿新台币，同比增长 36.2%。截至 2017 年 8 月，台湾的陆域风电部分已设置 346 架风机机组共 682 MW，离岸风电部分已设置 2 架风机机组共 8MW。根据台湾"经济部能源局"2017 年 8 月核定的"风力发电四年推动计划"，推动策略为"先陆域后离岸、先浅海后深海、先示范后区块"，推动目标为 2020 年完成离岸风电累计装机容量 520MW，陆域风电累计装机容量 814MW；2025 年完成离岸风电 3GW、陆域风电 1.2GW，合计 4.2GW 的装机容量目标。由于离岸风力的环境特性，未来的离岸风电将往机组大型化方向发展，主要原因是风力机组大型化可降低单位装机成本，并减少机组发生故障的概率，使机组的运转可靠性提升。目前，台湾的离岸风电发展面临的困境包括：一是基础设施严重不足，风电相关的基础产业并未配套发展；二是相关审批手续的烦琐复杂制约了台湾风电的快速发展。台湾"经济部"和"环保署"对于目标装置容量、环评放行标准、环评期程和环评、电业筹设许可取得顺序都出现分歧。

从大陆的风电产业发展来看，自 1986 年大陆第一个风电场并网发电以来，大陆的风电装机实现跨越式发展。2008 年以后，大陆地区的风机并网容量更是持续快速增加，截至 2017 年 8 月，并网风电装机容量累计达 1.6 亿千瓦，规模居全球第一。大陆的风电主要集中在中西部及中北部，但随着优质资源风场基本开发完毕，近年中东部和东南部的风电增长态势明显。目前，大陆的风电产业发展面临的困境是并网困难、布局欠合理、核心制造力待加强、部分地区弃风（grid curtailment）现象较为严重。GWEC（2017）[①] 的报告显示，2016 年大陆地区的弃风率较高，全年的弃风电量约等于 2016 年的新增风电装机容量；其中，甘肃、新疆、吉林以及内蒙古等省份的弃风率分别达 43%、38%、30% 和 21%。未来风电产业的发展急需电力的智能化发展、电力市场的直接交易以消化过剩产能，通过发展分布式能源以解决并网不稳定问题。

比较两岸在风电产业的发展情况，大陆在资金、技术及市场等方面优于台湾，而台湾则在机电零组件方面竞争力强。在产业优势上，大陆目前已具备陆域型风机完整的制造技术与产业体系，企业在大型风机上更具有优势，且内需市场庞大，具有市场开发优势；而台湾尚未形成完整的供应链体系及风力机系统整合经验，风电产业以中小型电机发展为基础，擅长中小型风电，厂商在零组件制造品质及金属机械锻造与加工技术更具有优势。因此，两岸可通过整合机电零组件系统进而将整个产业链串联起来。

发展离岸风力是两岸能源的共同发展策略，尤其台湾海峡将会是两岸设置离岸风力的主要区域。共同研究适合亚洲气候与地形，尤其是适用于台湾海峡的海上风力机组是未来两岸新能源产业密切合作的项目。

（二）太阳光电产业

台湾太阳光电产业以制造业为主，主要生产硅晶圆片、电池及模组，

---

① Global Wind Energg Coucil(GWEC，全球风象协会).lobal Wind Report Annual Market pdate 2016 [R].2017.

整体产业链建构完整。2015 年台湾太阳光电产业整体产值达 2005 亿新台币，截至 2017 年 6 月，台湾太阳光电累计装机容量为 1340MW，在整体产业链中，以下游系统应用与周边组件的企业数最多，并仍持续增长；上游硅材料产线由于投资金额大，技术门槛高，仅有少数大厂商进入上游市场。因此，太阳能产能与产值主要集中于硅晶圆与电池制造。早在 1980 年，台湾便开始研发太阳能电池，并于 80 年代末期成立第一座太阳能电池生产工厂。在太阳电池生产量方面，台湾自 2010 年起，维持为全球第二大太阳电池生产地，仅次于大陆。2015 年太阳能电池年产量达 9.46 GW，主要输出地为中国大陆、德国、美国与日本。目前台湾有三大太阳能电池厂商位居全球前十大，包括茂迪、新日光、昱晶等企业。自 2011 年初，面对大陆在太阳能电池市场方面的竞争，台湾太阳能电池产业界根据两岸在产业结构的差异，在生产方面逐渐往 GIGS 等薄膜太阳能电池发展，以降低模组价格及发电成本。

表 9-2　台湾太阳光电产业链

产业链	行业	主要厂商	产值
上游产业 （材料）	多晶硅材料	福聚太阳能（亿光投资）、台化硅晶	约 15 家厂商 产值约 344 亿台币
	硅晶圆片/锭	绿能、中美晶、国硕、旭晶、达能	
	导电浆	硕禾	
中游产业 （电池、模组）	太阳能电池片	新日光、茂迪 昱晶、升阳科　　料俾 3 传授的	约 82 家厂商 产值约 1211 亿台币
	模组	立碁光能、顶晶科、茂迪、新日光	
下游产业 （系统）	太阳光电系统工程 太阳光电逆变器	台达电、传点、永旭、崇越、广运	约 187 家厂商 产值约 450 亿台币

资料来源：台湾"工研院"《绿能科技发展现况及趋势》[①]。

---

① 台湾"工研院"绿能与环境研究所.绿能科技发展现况及趋势[R].台湾，2016.10.24.

大陆近年来太阳能发电成长迅速，太阳光电的市场格局从西北部向中部地区转移，市场结构则由地面电站转向分布式电站。根据国家能源局公布的数据，新增装机连续 5 年位居全球第一，2017 年太阳光电新增装机首次突破 50GW 大关。截至 2017 年底，光伏发电累计装机容量达 13000 万千瓦，累计装机容量已连续三年位居全球首位。太阳光电自 2015 年启动"领跑者"计划以来，不仅光伏组件效率大幅提升，上网电价也下降至 0.45—0.61 元 / 千瓦时。[①]整体来说，大陆地区的太阳光电行业发展呈现三个特点：增速快，规模大，形成了具有国际竞争力的完整产业链。

然而，大陆目前的太阳能产业仍有发展差距，如多晶硅关键技术仍落后于国际研发水平，薄膜电池发展及设备也明显落后。2017 年 7 月，国家能源局正式发布《关于可再生能源发展"十三五"规划实施的指导意见》，规划到 2020 年累计装机容量达 150GW，以实现非石化能源占总能源比 15% 以上目标。其中，2017—2020 年光伏电站的发展规模为 86.5GW，领跑者基地则每年规模为 8GW。并且，将人力支持低成本、高转换效率及寿命长的晶硅太阳能电池研发及产业化以及推广硅基薄膜和 GIGS 等电池的研发技术，以提高电池的转换效率。此外，与风电的情况类似，太阳光电的并网消纳问题也是目前大陆能源转型面临的困境。2015、2016 年的弃光率都超过 10%，而长期依赖于政府补贴也是大陆太阳光电行业发展面临的瓶颈。

整体来说，两岸的光伏行业在过去 10 年中均经历了迅速的发展。然而，由于政策性补贴因素，大陆光伏产业早在 2008 年便开始出现产能过剩，2013 年又受欧美反倾销制裁，重创产业。而台湾的光伏产业也面临产能过剩的严峻情势。目前两岸光伏发电行业面临着很多共同的问题，如：各自地区内的太阳光电厂家的核心技术大多引自国外，

---

① 2018 中国光伏行业将延续哪些大势？[N]. 中国能源报，2018-1-13.

且技术缺乏差异化；关键材料与设备支援薄弱；太阳电池转换效率略低于国际先进水准，系统厂商缺乏大型系统设置经验等。

比较两岸在光伏发电产业的发展情况，台湾的优势在于中上游产业链完整，半导体基础雄厚，技术领先（转换效率达 20% 以上），欧美"双反"①的税率较大陆低，具有充沛的半导体与光电人才与丰富的制造管理丰富经验，劣势在于地狭人稠的自然限制，太阳能厂商集中于微笑曲线的底部，获利能力较低，硅晶、电池产能分散，模组厂小、内需市场规模小不利于终端系统的发展；大陆的优势在于整体的产业链完整，产能庞大，居全球第一；幅员辽阔，市场规模大有利于终端系统的发展；政府重点扶植和补贴；劣势在于企业产能过剩、技术较为落后，单晶转换效率低、欧美双反税率高。因此，在欧美市场需求成长速度停滞的情况下，未来两岸可在发电技术上合作研发以降低光伏发电成本。

（三）生物质能源

台湾的生物质能源具有较为完整的产业链，其推广应用主要是以废弃物焚化发电、生物柴油和生物燃料乙醇的生产为主。2014 年台湾生物质燃料产业的产值约为新台币 11 亿元，生物质柴油的使用量约 2.8 万公秉油当量，生物质酒精使用量约 200 公秉，垃圾衍生燃料（RDF）年产能约 14 万吨，生物质能的发电装机容量约 740MW。生物质能的推广应用主要是由台湾"能源局""农委会"与"环保署"合作进行，相关部门制定了具体的执行目标和计划：一是生物柴油的开发应用，规定到 2010 年，所有出售的传统柴油中必须添加 2%（E2）的生物柴油，数量为 1 亿升；并计划在 2016 年至 2025 年再提高到 20%（E20），达到 12 亿公升；二是生物燃料乙醇的推广应用，计划到 2016 至 2025 年按 20%（E20）的目标的比例在传统汽油中添加生

---

① "双反"指的是反倾销、反补贴调查。

物燃料乙醇 20 亿公升；三是生物质能发电，台湾"能源局"已规划到 2016 至 2025 年，采用垃圾气化发电技术，发电量目标为 140 万千瓦。

截至 2016 年，大陆生物质能发电项目装机容量达到 1224.8 万千瓦，全年发电量达到 634.1 亿千瓦时，相当于 2/3 个三峡水电，占可再生能源发电装机容量的 2.1%，占全部电力装机容量的 0.7%。目前，大陆的生物质发电项目达到了 665 个，仅 2016 年一年内就增添 66 个项目。其中，农林生物质发电共计处理农林剩余物约 4570 万吨，垃圾焚烧发电共计处理城镇生活垃圾约 10450 万吨，约占全国垃圾清运量的 37.3%。

两岸生物质能源企业参与主体，主要为研究机构及民间企业。台湾的生物质能源在财政长期补助下，技术研发进展较快，但受限于台湾市场过小，农作原料不足以供应能源所用等因素，商业化发展有限。相对地，大陆幅员辽阔，农作丰富，具规模化发展潜力。若能引进台湾的生物燃料技术，除可创造能源经济利益外，也可解决农民燃烧处理所产生的雾霾问题。未来，两岸可以通过成立合资企业，将台湾的技术引进大陆市场，充分利用大陆的市场规模和劳动力成本较低的优势开展生物质能源的合作。

二、能源服务业

台湾能源技术服务业（Energy service companies，ESCO）以中小企业为主，属于新兴的知识整合型产业。除了具备整合特色外，同时也具有跨领域的节能整合应用技术，因此具备多元化的发展空间。相较而言，台湾的 ESCO 产业具备成熟的节能技术、优势的产业链、丰富的节能实务经验、专业知识与跨领域的系统整合应用技术。然而，台湾 ESCO 产业发展面临的瓶颈是缺乏配套法规，以中小企业为主，资金有限，研发及创新投入太少，尚未建立完整面向技术能量以应对国际上大型厂商的竞争，民众对 ESCO 的认识度低，市场对节能服务的接受度低，需要制定更完善的补贴政策及奖励措施，加强节能宣导以促进 ESCO 产业的发展。

大陆在 ESCO 产业的发展大致可分为三个阶段：世界银行 / 全球环境基金（WB/GEF）第一期计划、WB/GEF 第二期计划及自主发展阶段。第一期计划于 1998 年展开，2008 年后进入自主发展阶段，能源服务产业发展迅速。据节能服务产业委员会统计，2005—2013 年，大陆地区的节能服务产业总产值从 47.3 亿元增加到 2156 亿元，合同能源管理投资额从 13.1 亿元增加到 742 亿元，从业人员从 1.6 万人增加到 51 万人，形成年节能能力 2560 万吨标准煤。然而，目前能源服务产业的发展进入一个瓶颈期，市场开拓难度加大，大部分能源服务企业规模较小，缺乏自有核心技术，技术创新能力滞后，企业融资困难。

两岸能源技术服务产业均自 1988 年开展，以民间企业为主体，目前倡议中的合作均面向大陆市场，政治风险较低。相较而言，大陆潜在市场大，而台湾企业在服务效率与节能技术上更具优势。

三、核电产业

台湾自 1971 年 2 月开始建设第一座核电厂，至 1985 年 5 月，台湾共建成 3 座核电厂共 6 部机组，装机容量为 514 万千瓦，发电量约占台湾总发电量的 14%。在核电的支撑下，台湾不仅保证了电力供给的稳定，核设备制造、核材料研究以及核电站技术服务方面等核相关产业也得到迅速发展。台湾的核电利用在研发能力、营运管理、组织架构、安全体系、人才队伍等方面已在世界名列前茅，其中，在营运管理上，其压水堆综合指标超过了美、日、法等国家；在核电产能利用率方面，也排在世界前五名。总体上看，核相关产业已经成为了台湾经济的支柱产业之一。然而，日本福岛核事故发生后，核四在反核浪潮中于 2015 年 7 月暂时封存。蔡英文上台后，"2025 非核家园"目标提出核能发电设备应于 2025 年以前全部停止运转。

截至 2016 年底，大陆已投入商业运行的核电机组共 35 台，运行装机容量为 33632.16MWe（额定装机容量），约占全部电力装机容量的 2.04%。核电累计发电量为 2105.19 亿千瓦时，约占全部累计发电量的 3.56%；与燃煤发电相比，相当于减少燃烧标准煤 6568.19 万吨，减少排放二氧化碳 17208.66 万吨、二氧化硫 55.83 万吨、氮氧化物 48.60 万吨。大陆的核电企业已与其他国家签署了多项核电协议，在建规模世界第一。具有自主知识产权的"华龙一号"三代核电走出国门，中国实验快堆成功并网发电，旋风系列离心机实现工业化应用，铀同位素分离技术升级换代，三代采铀技术实现工业规模化应用。

从近年新建核电厂的造价比较来看，如表 9–5 所示，近十年来大陆的新建核电厂具有成本上的优势，其初始建设成本在 1170 美元 / 千瓦到 1918 美元 / 千瓦之间，而台湾核四厂的投资成本则约为 4120 美元 / 千瓦，远高于大陆。

表 9–3　两岸近年新建的核电厂造价比较

电厂名称	装机容量（万千瓦）	建造总金额（亿美元）	平均每单位造价（美元 / 千瓦）
浙江秦山核电厂二期（三部机组）	183	23.5	1284
浙江秦山核电厂三期（二部机组）	134	25.7	1918
江苏田湾电厂一至二期（二部机组）	200	32.0	1600
台湾龙门电厂（核四）（二部机组）	270	111.2	4120

资料来源：《台湾电力最适能源配比之探讨》，财团法人中技社，2015 年 5 月。

四、油气产业

台湾在石油及天然气的勘探及开发生产，主要由台湾中油开展。台湾中油现有高雄、桃园及大林等 3 座炼油厂，所炼制的原油几乎全部依赖进口，主要来自中东地区，油品则优先供应台湾市场，而外销市场主要为日、韩、香港、菲律宾、新、马、纽、澳、大陆、美国及中东等地。并且，台湾中油多年来积极进行海外合作勘探，主要分布在印尼、厄瓜多尔、委内瑞拉、美国、利比亚、澳洲、肯尼亚等地，共计13处矿区合作勘探。在天然气方面，台湾中油建有永安及台中2座液化天然气（LNG）接收站，以供应台湾天然气市场。

大陆目前的石油生产量和石油消费量为全球规模最大。过去5年，成品油净出口平均增速高达50%左右，成品油行业出现资源过剩，业内竞争将加剧的情况。2018年，中国炼油能力将首次突破8亿吨/年[①]，炼油能力过剩问题更趋严重，未来需进一步推进市场化改革。天然气消费持续快速增长，2017年出现阶段性、区域性供气不足和LNG零售价格飙升。在海外能源资源的开发利用方面也取得一定进展，在安哥拉、尼日利亚、苏丹、加蓬等国，通过实行"资源、资金、项目与增长"一揽子合作模式，开创了大陆海外能源资源开发的新模式。自"一带一路"倡议提出以来，中国与沿线国家的区域性能源合作逐渐强化。目前，中国境外共有中亚，中俄，中缅共计7条天然气管线。其中，中国—中亚天然气管道的A、B、C线线已经投入运行，D线也即将完工通气；中俄天然气东线间从2018年开始为中国供气30年，而西线也已经达成了基本共识；中缅天然气管道由中国、缅甸、韩国、印度四国共同投资建设，大陆进口的原油和天然气可以由印度洋经缅甸直接到达云南省，从而绕过马六甲海峡，不仅降低了运输成本，更保障了能源的安全。

两岸在石油及天然气勘探、钻井等技术上均有一定的基础，并且均在海外进行规模的勘探及开发。此外，两岸在加油加气站的发展也均有相当的水准。相比而言，在油气勘探领域，台湾具备较先进的勘

---

① 资料来源：国家高端智库中国石油经济技术研究院，《2017年国内外油气行业发展报告》，2018年1月.

探技术与经验，国际勘探业务效益较高；大陆则在国际勘探与并购方面经验丰富，深层勘探的技术较先进。勘探合作的方式可通过参股或成立合资公司的形式，进行领海能源的勘探，包括对台湾海峡[①]、东海、南海等台海周围油源的勘探；在油品炼制领域，台湾炼制能力强，石油裂解及处理高含硫量原油的技术先进；大陆则具备大规模油品炼制的能力，两岸在油品炼制方面具有互补性的技术。在油品销售领域，台湾企业具有较先进的经营管理经验，而大陆则拥有巨大的油品需求市场。此外，台湾中油和台塑等公司产能超过岛内需求，每年汽油、柴油、航空燃油都有产能剩余，而台湾外销能源的运力不足。因此，两岸可在能源勘探开发和贸易投资之外加强能源运输领域的合作。

总体来说，目前两岸都在积极发展各自能源领域的技术开发。大陆有丰富的再生能源资源禀赋及广阔的市场规模，台湾则具备节能技术及人才的优势。因此，两岸能源领域的合作是可以预见的。并且，大陆不断开放的能源市场也为台湾能源企业在大陆的投资提供了广阔的发展空间，为两岸能源产业合作带来新的机遇。

表 9-4　两岸能源产业的比较及合作机会

合作项目	台湾地区	大陆	主体	政治风险	面向市场	合作发展机会
一、电力产业						
跨海输电	1. 台湾未来面临电力供应缺口 2. 核电退役，对天然气的需求增加	1. 发电产能丰富 2. 福建是核电发展的重要区域 3. 西气东输管线已延伸到福建省	公有企业	较高	台湾	大陆与台湾一水之隔，通过铺设横跨台湾海峡的海底电缆

①　根据 1989—1990 年中国科学院南海海洋研究所与福建海洋研究所合作开展的台湾海峡西部石油地质地球物理及地球化学调查研究结果表明，台湾海峡石油天然气资源丰富。紧邻福建省的海峡西部有两个北东向的沉积凹陷，和海峡中部的观音隆起、澎北隆起以及海峡东部的新竹凹陷共同构建成规模可观的台西盆地。用生油岩体积法预测台西盆地 3 个生油凹陷形成的石油资源量为 33.2 亿吨。

续表

合作项目	台湾地区	大陆	主体	政治风险	面向市场	合作发展机会
二、绿能产业						
太阳光电	1. 具备半导体及平面显示器制造与技术基础 2. 产能高、品质优良、技术稳定 3. 生产管理经验 4. 擅长专业分工与国际大厂策略联盟	1. 拥有广阔土地及丰富太阳能,具备市场开发优势 2. 市场发展空间大,带动产业发展 3. 劳动力成本低 4. 技术发展迅速,产业聚落迅速成型	民营企业	低	大陆及海外市场	1. 两岸产业具有互补性,发挥产业优势互补,整合产业链 2. 共同拓展大陆快速增长的市场需求 3. 两岸均面临产能过剩,打造两岸成为全球产业基地,共同开拓国际市场 4. 共同建立产品标准、品质检验与认证制度
风力发电	1. 零组件制造品质具有优势 2. 金属机械锻造与加工技术具有优势 3. 具有电子信息技术及电力控制系统实力	1. 拥有土地资源,具有市场开发优势 2. 内需市场庞大,带动产业发展 3. 已具备陆域型风机完整的制造技术与产业体系 4. 劳动力成本较低 5. 技术发展迅速,产业聚落成型	民营企业、公有企业	低	大陆	1. 两岸产业具有互补性,可共同研发适合亚洲气候与地形的风力机组 2. 设立离岸型风机为大陆与台湾未来主要发展核心,两岸合作开发台湾海峡的海上风电是双赢商机 3. 共同架构两岸风电资源信息平台,建立产品标准、品质检测及认证制度 4. 两岸均缺乏海上风机的安装技术与施工船队,可合作进行专业人才培训
三、油气产业						
油气勘探（上游）	具备勘探技术与经验	1. 丰富的国际油气勘探经验 2. 先进的深层勘探技术	国有企业	中	两岸	1. 延续以往的合作 2. 加强南海、东沙群岛至东海海域的共同勘探开发 3. 共同合作赴其他国家或地区进行勘探

续表

合作项目	台湾地区	大陆	主体	政治风险	面向市场	合作发展机会
油品炼制（中游）	1.炼制能力强 2.在石油裂解及处理高含硫量原油技术方面较有经验	1.炼制规模大 2.触媒技术方面较先进	国有企业、民营企业	低	两岸	1.两岸炼油技术互补性强，可寻求共同开发油品配方的机会 2.台湾企业可投资大陆炼油厂，共同拓展大陆内需市场
油品销售（下游）	具备经验丰富及较为创新的经营管理模式	油品市场需求大	国有企业、民营企业	低	两岸	1.参与油品批发零售业务 2.合作建设成品油经营站点（如加油加气站）
四、能源服务业						
ESCO	1.政府政策支持 2.具备成熟的节能技术与实务经验 3.具备跨领域整合应用技术	1.大规模的资金投入，带动产业发展 2.具备广阔的应用市场，如拥有世界70%的CDM投资项目	民营企业、研究机构	低	大陆	1.产业发展及运作经验的交流分享 2.共同合作节能与减排技术的应用与开发 3.两岸产业共同标准与技术认证 4.专业人才培训与交流

来源：本研究整理。

第三节　两岸能源合作的机会与风险评估

从经济效益分析，同为能源依存度与能源强度双高的台湾与大陆，若能进行策略性合作，双方皆可获利。然而，两岸现实存在的分治状态、认识分歧和政治互信的缺乏使得两岸开展深入的能源合作面临较多风险和障碍。鉴于两岸关系的特殊性及国际政治局势，两岸能源合作需充分考虑政治风险因素，例如台湾当局的能源政策、合作项目是否为公共服务项目、是否涉及开放台湾市场、是否涉及环境议题以及是否涉及国际政治风险。本部分我们将主要评估两岸在能源领域合作的机会及风险。

一、跨海输电管网的建设

电力是现代文明的标志。未来全球的能源消费将很大程度体现在电力消费上。根据 IEA 的估计，预计全球从 2016 年到 2040 年的电力需求将以年均 2% 的速度增长，增长速度高于所有其他燃料。地区间电力的互联互通是实现跨区域电力传输的关键，既促进了电力交易，也有助于整合再生能源来提高电力系统的灵活性与能源安全。

（一）可能性与必要性

关于跨海气电管道的议题，最早始于金门地区的供水供电问题。金门岛由于地处偏远，难以从台湾本岛输送电力，且由于其面积小，只能设置小型电厂，导致金门地区常面临电力短缺问题，而台电公司在金门地区的供电也严重亏损。1990 年以来，历任金门县县长和"立法委员"皆积极要求台湾当局允许金门自福建省购电；同时，国家电网公司也联合福建省政府于 2006 年制定向金门供电方案。但台湾当局未通过此提议。2013 年 5 月，由于台湾的"反核运动"，考虑到未来核电停建后的供电缺口，两岸企业积极研究跨海购电的可能性。从能源安全及效率来看，台湾的电力系统目前已处于加强电源建设，增强保供能力以缓解供需矛盾的时候。随着核电厂的陆续退役，台湾面临电力短缺的形势将更加严峻，而福建电力供应充足且电价长期低于台湾，在 ECFA 框架下探讨两岸的电力合作，不仅可以输出大陆的发电产能，还可解决台湾"弃核"后的电力供应缺口，并降低台湾的能源进口成本。因此，从经济角度讲，大陆对台输电对于缓解台湾的电力短缺具有必要性，也有利于充分发挥各自的优势，符合两岸经济合作的现实需求。

（二）技术可行性及成本分析 [①]

根据前文的预测分析，未来台湾将可能面临严峻的电力供需形势。短期来看，台湾的电力供应和需求在 2019 年、2020 年间将出现严重缺口；中期来看，若不能如期完成新电厂的建设，那么，在 2026 年前台湾也将面临电力短缺问题。因此，我们假定在未来 5—10 年，台湾地区电力供应出现短缺的情况下，分析大陆对台输电的可行性及成本。

大陆对台输电的技术路径主要是通过从福建铺设海底电缆来实现。我们主要考虑两个问题：针对大陆对台输电需要铺设的海底电缆，有哪些可选的建设线路？海底电缆建设成本是多少？关于海底电缆建设线路的选择，可以参考台湾海峡隧道的规划设想。[②] 台湾海峡隧道工程初定北、中、南三条线路，其中，北线由平潭岛东澳村至新竹市南寮渔港，全线约 124 公里，距离最短，造价最低。由于对电缆建设线路、输电容量、技术和材料类型都尚未确定，因此较难计算准确的大陆至台湾海底输电电缆建设成本，但我们可根据现有的海南联网工程资料，对成本做一个人概估计。

海南联网工程需跨越琼州海峡，其跨越长度为 31.8 km（直线距离），是大陆第一个超高压、长距离、大容量跨海联网工程，联网采用交流 500 kV、一期联网规模为 600 MW，预留远期扩建为 1200 MW。2009 年底，一期工程完工，总投资 25 亿元。500 kV 交流电压长距离的海底电缆中，世界上目前只能生产充油式电缆。因海南联网工程跨海长度大于 30 km，为确保联网工程今后长期运行的可靠性，海南联网工程选用了技术成熟、有着丰富运行经验的超高压自容式单芯充油电缆。联网后南方电网主要承担海南电网的负荷备用和事故备用，联

---

① 本节的主要内容已发表在 Fang Yang，Chuanwang Sun，Huang Guangxiao. Study on Cross-strait Energy Cooperation under the New Circumstance[J]，Journal of Cleaner Production，180（2018）97-106.

② 中国"十三五"规划提出将建设北京—香港（台北）、北京—昆明、重庆—厦门等共 8 条高速铁路通道。其中，北京—香港（台北）高铁，实为北京至福州的京福铁路的最后延伸。

网线正常无电量交换，故仅考虑空载介损和充电电流损耗，电价取联网两侧上网电价中的高值0.42元/千瓦时。

就电缆技术而言，通常情况下，与同样长度的架空电缆传输电能相比较，应用海底电缆传输要显得昂贵许多。台湾海峡处于中国东海大陆架上，地形起伏不平，平均水深约60米。海峡中有一个东北—西南向的隆起带，由台湾浅滩、台中浅滩和澎湖列岛组成。海峡海底底质中部为细沙，东部以细沙为主，近岸处偶有粗沙和软泥，台湾岛南北端近岸有部分岩底。澎湖列岛附近主要为沙底，并有砾石和基岩外，主要为粉沙质粘土软泥。从线路长度来看，大陆向台湾输电的线路长度大约是台湾本岛向澎湖输电长度的2—3倍，而出于对技术难度大幅提升以及海底地质情况更为复杂等各种因素的综合考虑，输电电缆的建设总成本不会仅随长度的增长而线性增加。因此，预计大陆向台湾输电电缆的建设，技术上可以采用海南联网工程所使用的超高压自容式单芯充油电缆，如果海峡两岸海底电缆走北线，那么成本将达到海南联网工程的建设成本的5—8倍以上，即约合125亿—200亿人民币。输电价格可以由两部分组成，一部分是海底电缆投资成本，一部分是发电成本。按海南联网工程电缆寿命40年计算，按15—20年折旧期来算，每年的折旧在10亿元左右，如果输电为福建核电的话，那么按福清核电预计上网电价0.43元的话，假设输电量为50亿度的话，那么输电价格约为0.6元人民币（约为2.8元新台币），基本上与台湾地区的居民用电价格相等。当然，具体的输电价格仍取决于两个因素，即对台输电量和海底电缆工程的总造价。

（三）政治风险分析

前文的分析表明，大陆与台湾一水之隔，尤其是福建省与台湾岛隔海相望，铺设横跨台湾海峡的海底电缆具有技术上的可行性。然而，台湾能源进口来源地的选择，不仅基于进口价格的经济性的考虑，而且更基于能源安全的角度考虑。与进口来源地的政治关系是否良好是台湾当局选择能源进口来源地的首要因素。因此，即便在需要进一步进口能源的情形下，是否考虑从大陆进口电力等能源，关键因素还是在于台湾对大陆的政治信任，而这取决于两岸关系特别是两岸政治关系的形势而定。长期以来，两岸存在认识分歧和政治互信的缺乏导致两岸在能源合作方面面临障碍。而当前，由于台湾政局的变化，两岸经济一体化进程陷入困境，两岸经贸合作更是面临降温风险。因此，建立政治互信是两岸能源合作的前提。中共十九大报告已提出"将扩大两岸经济文化交流合作"，大陆正积极推进的两岸经济社会融合是增强两岸互信的重要手段，如果台湾当局能敞开胸怀、实施闽台电力联网，也是保障台湾电力供应稳定的重要选择。

二、两岸合作勘探开发油气能源

（一）必要性与可能性

1. 维护石油安全是两岸的共同目标

两岸油气能源的对外依存度高，大陆接近70%，台湾则高达99%。确保油气能源的稳定供应，维护石油安全是两岸的共同目标。自20世纪90年代初期以来，两岸均不同程度地积累了海上勘探的经验，且语言相通、勘探作业区相近、开发成本相对较低，具有风险分摊、利益共享合作开发的先天优势。就资源与经济层面看，东海和南海资源丰富，有庞大的渔业资源、油气资源与海洋生物资源等，对海峡两岸尤其是对自然资源缺乏的台湾来说尤为重要。因此，共同合作开发油气能源是两岸重要的选择。

2. 油气资源的成功开采将提升两岸在国际原油市场的话语权[①]

---

① 详见杨芳，邵诚道，孙传旺."一带一路"背景下两岸能源合作的政策选择 [J].台湾研究，2016年第4期 .

　　两岸共同合作开发油气能源，除了降低两岸的能源对外依存度，极大改善两岸能源的安全现状外，还能进一步整合能源的上游产业链。长期以来，石油输出国组织（OPEC）在油价问题上采取双轨制，经常单方面提高亚洲地区的原油价格，除了亚洲地区的油价高于欧美市场，油品的质量也低于欧美地区。此外，由于目前石油运输的必经之路——马六甲海峡被美国控制，大陆和台湾的能源安全始终面临威胁，这一点上，台湾和大陆有着共同的利益诉求。海外油气资源的成功开采，可以让大陆和台湾降低对 OPEC 的依赖，共同提高在国际原油市场的议价权。

　　3. 共同维护领海主权是两岸的共同责任

　　中国拥有总长度 3.2 万公里的海岸线，其中大陆岸线超过 1.8 万公里；管辖海域近 300 万平方公里，其中超过 120 万平方公里的海域与邻国有争议，主要集中在南海与东海。中国在东海、南海海域所拥有的主权不仅有大量的历史事实与文献证明，而且早已为世界各国承认。维护至少从 15 世纪起就被列入中国版图海疆线内的主权是两岸义不容辞的责任。南海和东海油气资源丰富，是中国未来潜在的能源供应地。台湾海峡是两岸的共同资源，海峡底部富集油气资源，是很有希望的远景区。目前，领海争议的相关国家在东海、南海的油气田开发取得成功，获得巨大经济利益。两岸应从大局出发，合作开发油气能源可以有效抑制其他国家在东海和南海的勘探活动，共同维护中国在东海和南海开发油气资源的权利，捍卫中国的领海主权。

　　（二）机会与风险分析

　　两岸在海外油气能源开发方面存在竞争关系，包括两岸在油气能源来源地、油气开发项目、油田股权购买等方面的竞争。从大陆来看，自 21 世纪初以来，为保障油气安全，大陆确立了油气进口来源多元化的战略。例如，加大了领海石油勘探的力度；与伊朗、利比亚、苏丹、委内瑞拉、印度尼西亚等国建立战略合作关系；重视发展中非关系，开拓非洲油气进口渠道等。中国的石油公司也积极走出去，参与海外能源项目的竞标等。从台湾来看，能源供给涉及台湾的经济安全、军事安全与整体安全，因此，台湾当局十分重视能源的供给与储备。台湾"能源局"每年均派出相关部门负责人"走访"阿联酋、沙特、科威特、卡塔尔、阿曼、巴林等六个海湾合作委员会成员国、"造访"中亚哈萨克斯坦等国，谋求能源合作；通过特定管道谋求自委内瑞拉、俄罗斯和美国进口石油；针对非洲原油矿产丰富的国家，台湾"国安会"专门成立"台非小组"，实行"石油开发与外交利益相结合的战略"。台湾也非常关心大陆能源战略的调整，通过岛内的研究机构和智库搜集和分析大陆的能源战略发展状况（于立军等，2015）。

另一方面，两岸在对外获取油气能源方面具有互补性，主要表现在以下几个方面：第一，两岸对外获取油气能源的整体战略不同，大陆基于能源安全的考虑，海外并购的目标是通过股权控制的方式获得资源，台湾的能源海外并购战略则多以参与权益分配为目标，而并不谋求控股权，战略目标的不同使两岸存在极大的互补性；第二，近年来大陆在海外油气能源开发方面取得重大进展，但天然气供应安全将受到国外牵制，整体的能源安全压力上升，两岸在天然气方面有合作需求；第三，两岸的国际并购合作可以发挥更大的财务杠杆效果，不仅促进大陆以较低股权取得实质的控制权，而且使台湾可以借助大陆的资金优势参与海外并购的权益分成，从而提升彼此的能源供应安全。

因此，两岸在油气能源的方面有许多合作机会：一是两岸可充分利用彼此的技术与资源，在台湾海峡与南海、东海海域或海外地区共同进行油气勘探，掌握油气能源；二是大陆拥有庞大的油品市场，台湾具有优质的服务文化和经营管理经验，两岸可通过相互投资油品市场开展在油品销售领域的合作；三是大陆并购国际能源企业主要在于掌握控制权，而台湾的主要目的在于参与权益分配。两岸通过开展对海外油气能源的合作并购，可以强化大陆的权益控制能力，并降低台湾的参与门槛；四是两岸通过联合采购 LNG，不仅可以降低采购成本，而且可以通过弹性调度，使两岸的天然气供应实现互补互利（于立军等，2015）。

综上所述，两岸都在积极开拓海外市场，参加能源项目的投标，寻求能源供应渠道多元化，从而使两岸在海外能源开发方面存在一定的竞争关系。但两岸在对外获取油气能源方面具有较强的互补性，如果能合作竞标，则可增加投标实力，增强对外能源价格谈判的话语权。因此，两岸应从中华民族的整体利益出发，通过能源合作减少内部摩擦，共同维护领海主权和能源安全。

三、ECFA 框架下的两岸能源市场开放

长期以来，两岸经贸交流多以"民间、单向、间接"的方式存在，两岸之间的市场开放也是一种不对等的状态。一方面，大陆对台商来陆投资，一直采取"同等优先，适当放宽"的政策；而另一方面，台湾却基于两岸市场规模相差悬殊、保护自身产业、限制高新技术出口等理由，对开放陆资来台投资多处设限。2000 年以前，台湾当局严禁大陆企业赴台投资，2009 年 6 月才有所开放，但台湾对陆资在数量、比重、范围等方面仍是限制重重。

2010 年第五次陈江会谈中签署完成的 ECFA 协议是两岸关系的一个新的里程碑。2012 年 8 月 9 日，《海峡两岸投资保障协议》（简称"投保协议"）的签订更为两岸相互投资提供制度性的保障，其内容纳入国际同行的投资保障协定规范，包含投资人定义、投资待遇（国民待遇、最惠国待遇及公平公正待遇）、投资便捷化、征收、损失补偿、代位求偿、移转、争端解决、资讯透明化等规定以及台商高度关心的人身安全保障问题。

台湾"经济部"于 2009 年 6 月 30 日订定"大陆地区人民来台投

资业别项目"并发布施行。ECFA 协议签订后，台湾采取"先紧后宽、循序渐进、有成果再扩大"的原则，并以"正面表列"的方式分阶段开放。目前已累计进行三阶段的开放陆资来台投资项目共 408 项。本部分就目前两岸能源项目开放的进展程度进行对比，以此作为分析 ECFA 框架下两岸能源市场开放的基础。

就能源产业而言，现行两岸相互开放的项目详见表 9-7。台湾已开放陆资来台投资能源产业的项目包括石油及天然气矿业、石油及煤制品制造业、太阳能电池制造业、LED 照明设备制造业、其他电力设备制造业（限风力发电设备制造业者）、原动机制造业、其他通用机械设备制造业以及液体、气体燃料及相关产品批发业、其他燃料批发业、加油（气）站业、其他燃料零售业以及能源技术服务业。如表 9-7 中所示，大陆对于台商在陆投资能源项目基本无限制，只是对核电站的建设、电网、燃气的经营、超过 30 家分店的石油批发及零售要求由陆方控股，对石油及天然气矿业限于陆方合资、合作。

相比较而言，台湾方面目前的限制包括：一是台商赴大陆的投资限制。在台湾"经济部投资审议委员会"（以下简称"投审会"）发布的"在大陆地区从事投资或技术合作审查原则"及"大陆投资负面表列"中禁止台商前往大陆投资能源相关产品或经营的项目包括：属于电力基础建设项目的发电、输电及配电以及再生能源产业中的硅晶棒制造；二是对于陆资来台投资的限制。台湾"经济部投审会"发布的"大陆地区人民来台投资许可办法"中，限制陆资来台的项目包括：其他电力设备制造业（风力发电设备除外）、电力供应业、气体燃料供应业。在其他电力设备制造业方面，台湾对陆资限制的主要原因是担心大陆低价产品的竞争冲击台湾市场；在电力供应业和气体燃料供应业方面未对大陆开放的主要原因则是出于政治因素和能源安全的考虑，电力供应和气体燃料供应业属于重要的民生枢纽业务。从下表可看出，即使在两岸完成签署 ECFA 协议的情况下，大陆产品输台及赴台投资也面临一系列不对等的限制，从而影响到两岸经济合作的深化与发展，这种机制障碍将对两岸开展深入的能源合作带来不利的影响。

2016 年台湾政局发生政党轮替后，两岸两会协商与两岸事务主管部门沟通机制中断，已签署的两岸经济合作协议的推进进程明显减缓，两岸产业合作严重受阻。合作方式又重新回到以市场为导向、以企业合作为主的民间合作模式阶段。两岸能源市场的进一步开放受到挑战。然而，从未来市场的发展来看，大陆的市场优势将愈发明显：大陆幅员辽阔，具有广大的市场，近年来为台商在陆投资搭建的平台以及"一带一路"倡议和"十三五"能源规划带来的机遇，都对台商产生很大的吸引力。在福建自贸区的《中国（福建）自由贸易试验区总体方案中》中，也指出要率先推进与台湾地区投资贸易自由化进程，支持台资企业加快发展，推动台湾先进制造业、战略性新兴产业、现代服务业等产业在自贸试验区内集聚发展；其中给台湾独享的项目，部分都超越了服贸协议的开放程度；更重要的是，大陆方面于 2018 年 2 月 28 日发布《关于促进两岸经济文化交流合作的若干措施》，提出"支持台商来大陆投资设立绿色制造等企业，允许台资企业以特许经营方式参与能源基础设施建设，大力推进台商投资区和两岸环保产业合作示范基地建设"等措施鼓励台商来陆投资能源相关产业。因此，未来两岸若进一步开放能源市场，将为台商带来更大的机遇。

表 9-5　两岸能源相关产业开放情况

行业名称	台湾的投资限制	大陆的投资限制
已开放陆资赴台投资项目		
0500 石油及天然气矿业	非属采矿者	限于陆方合资、合作
1700 石油及煤制品制造业	无限制	无限制
2643 太阳能电池制造业	1.应提出产业合作策略并经专案审查通过 2.对投资事业不得具有控制能力：陆资股东不得担任或指派其所投资事业的经理人、担任董事的人数不得超过其他股东担任之总人数，及不得于股东大会前征求委托书等	无限制
2810 发电、输电、配电机械制造业	无限制	无限制
2841 电灯及照明设备制造业	无限制	无限制
2931 原动机制造业（含风力涡轮发电机组制造）	1.非属"水力涡轮机及水轮，功率超过 10000 千瓦者""反作用式引擎（涡轮喷射引擎除外）"者 2.投资台湾地区现有事业，陆资持股比率不得超过 20%；合资新设事业，陆资持股比率须低于 50% 3.对投资事业不得具有控制能力	无限制
2939 其他通用机械设备制造业（如太阳能热水器制造）	1.非属火器、武器制造、枪械修理、弹药、射控者 2.投资台湾地区现有事业，陆资持股比率不得超过 20%；合资新设事业，陆资持股比率须低于 50% 3.对投资事业不得具有控制能力	无限制
4631 液体、气体燃料及相关产品批发业	无限制	同一外资设立超过 30 家，需由陆方控股
4639 其他燃料批发业	无限制	
4821 加油（气）站业	对外资无限制，但未列入台湾 WTO 服务业承诺表中	同一外资设立超过 30 家分店、销售来自多个供应商的不同品牌成品油的加油站，由陆方控股

续表

行业名称	台湾的投资限制	大陆的投资限制
4829 其他燃料零售业	无限制	
7609 未分类其他专业、科学及技术服务业	限能源技术服务	无限制
2890 其他电力设备制造业	限风力发电设备制造者	无限制
未开放陆资赴台投资		
3510 电力供应业	尚未开放陆资	1. 水力、火力及新能源发电无限制 2. 核电站建设、经营需由陆方控股 3. 电网经营需由陆方控股
3520 气体燃料供应业	尚未开放陆资	城市人口 50 万以上的城市燃气需由陆方控股

资料来源：台湾"经济部投审会""大陆地区人民来台投资业别项目"，国家发改委《外商投资产业指导目录》（2017 年修订），本研究整理。

四、ECFA 框架下的两岸能源贸易

在两岸两会签订 ECFA 协议的前提下，对于两岸在货品贸易、服务贸易、投资及经贸发展均会带来一些影响。本部分将分析在 ECFA 协议签订后，两岸能源贸易的机会与风险。

就能源产品而言，根据台湾"国际贸易局""大陆物品准许输入项目汇总表"和"大陆物品不准许输入项目汇总表"的规定，油品及 LED 照明设备可从大陆进口，而太阳能热水器、风力发电机、燃料电池以及太阳能电池及模组等产品则禁止从大陆进口。下面将针对已开放进口及禁止开放进口产品的双边竞争力及对于两岸货品贸易自由化影响的情况进行说明。

台湾煤炭资源匮乏，几乎全部依赖进口。目前两岸在煤炭贸易领

域（尤其是燃料煤的贸易）最成熟也最规范。根据台电公司的数据，目前台电公司每年向中国大陆采购发电燃料用煤的上限已放宽到三成，贸易合同以长期合约为主，并搭配一部分的现货采购，在过去几年国际煤炭价格持续飙涨之际，大陆稳定的货源与相对平稳的价格对台电的营运帮助不小。根据台电公司内部评估，大陆的煤质相当不错，且是全球最大的产煤地，供应量不虞匮乏，运输费用也可以大量节省。因此，台电公司希望能进一步增加向大陆采购用煤，特别是在目前经济不景气的时候，可以进一步降低成本。虽然台湾当局从稳定煤源供应，分散能源供应风险及稳定物流运输等煤炭安全角度也曾对大陆煤炭进口比例设限，但是，随着国际煤炭市场的变化，今后可能会采取更加市场化的运作模式。并且，目前大陆煤炭产能过剩，从大陆供给侧结构调整的背景考虑，大陆对台供应煤炭会更加稳定，可以进一步降低台湾煤炭消费的进口成本。

在油品方面，大陆的优势是油品资源丰富及广阔的市场，而台湾的市场竞争优势是出口竞争力、油品品质稳定及价格低廉。因此，货品贸易自由化对于两岸的影响是台商出口至大陆市场的竞争力有望提升，台湾对大陆的出口贸易量增加。

在 LED 照明设备方面，台湾所生产的照明设备是低成本，且具有高品质且完整的产业供应链，产量居世界前列；而大陆则具备最大的销售市场，并且，政府为鼓励 LED 等节能设备的应用，也制定相关补贴政策及优惠措施，鼓励企业进行研发。目前，两岸的进口关税皆为10%，不存在因关税而导致的低价竞争问题。

在太阳能热水器方面，尽管台湾生产太阳能热水器的厂商不多，但拥有生产技术与人力资源，并且在产业供应链的整合上也趋于完备；而大陆则具备世界最大规模的产能和消费市场，且出口竞争力强。目前，大陆的太阳能热水器行业存在的问题是由于政府的大量补贴，使大量企业涌入，低价竞争，且由于缺乏对相关安全标准的把关，产品质量不一。

在风力发电方面，台湾在机电、电控、资讯、钢构元件及相关工程产业技术已发展至一定的水平，而大陆则具备全球最大的市场，且风力发电产业供应链已逐渐完整。但台湾基于大陆价格低廉的风力发电机冲击岛内风电制造业等理由，目前禁止从大陆进口风力发电机。大陆市场巨大，而台湾在中小型风机方面技术发达。两岸若能针对中小型风机市场及技术开发共同合作，将可产生双赢局面。

在燃料电池方面，台湾的燃料电池产业主要以中小型企业为主，经营弹性佳，可快速调整燃料电池产业萌芽阶段的少量多样化市场特性，以及在量产技术与应用研发上具有竞争优势。大陆地区由于政府给予大量补贴，并聚焦在燃料电池电动汽车的产业，未来的产业发展将会非常迅速。目前台湾基于燃料电池产业在大陆为新兴产业，市场发展明朗度尚未出现等理由禁止从大陆进口燃料电池。

在太阳能电池及模组方面，台湾的产量居于世界第二，仅次于大陆，且电池的品质更优。近年来，因考虑到两岸产业结构差异，又因台湾具备丰富的半导体、TFT 液晶和光学介质制造经验，台湾的企业逐步发展 GIGS 太阳能电池的制造。大陆的产量居于世界第一，且产品的价格较为低廉，目前将太阳能电池广泛应用于通信、交通、民用产品等各项领域，内需市场巨大。若双方市场自由化，台湾可借此拓展大陆的广阔市场，增加出口机会。为避免出现太阳能电池品质参差不齐的情况，两岸可在同意开放进口前，借由在 ECFA 框架下先进行法规整合，共同制定标准检测太阳电池及模组，以确保产品品质。

根据上述分析，本书归纳了各能源行业在台湾与大陆的市场竞争力比较及开放能源贸易自由化的机会与风险，如表 9-8 所示。

表 9–6 两岸能源贸易自由化的机会与风险

能源产品与设备	HS Code	大陆市场竞争力	台湾市场竞争力	机会与风险
油品	271011	1. 油品资源丰富 2. 广阔的市场	1. 出口竞争力强 2. 产品品质稳定 3. 价格低廉	1. 台湾油品出口至大陆具有一定的市场竞争力 2. 增加台湾对大陆的出口贸易量
	271019			
LED 照明设备	95054090	1. 政府制定补贴政策并推出优惠措施 2. 广阔的市场	1. 低成本及高品质 2. 世界产量第一 3. 完整产业供应链	1. 双方关税相同，获得同样的关税调降利益 2. 有利于台湾开拓大陆市场
太阳能热水器	84191910	1. 世界最大的生产与消费市场 2. 出口竞争力强 3. 价格低廉	1. 拥有自制能力； 2. 产业供应链趋于完备 3. 拥有技术与人力	1. 两岸的产品安全标准未统一 2. 因大陆的政府补贴较多，有利于台商获得补贴而具有成本优势
风力发电机	850231	1. 全球最大市场 2. 具备完整的产业供应链	机电组零部件具备发展优势	1. 大陆的风机具有廉价优势，市场开放有利于大陆输出产能，也有利于降低台湾的风力发电成本 2. 有利于台湾的风电零部件制造业进入大陆的风电产业中
燃料电池	850239	政府补助相关企业进行研发及制造	1. 财政补助企业，并协助推广应用 2. 以中小企业为主，经营弹性佳 3. 技术与研发能力具国际优势	燃料电池为高效率、低污染的新兴产业，也是大陆鼓励外商投资的产业。台商到大陆投资燃料电池市场，有利于获得政府补贴并具有成本优势
太阳能电池及模组	85414030 85414040	1. 产量世界第一 2. 价格低廉 3. 广大的内需市场	1. 产量世界第二 2. 电池品质佳 3. 具备可导向发展 CIGS 太阳能电池技术	1. 两岸合作，有利于台湾开拓大陆市场，增加出口机会 2. 由于涉及标准统一的问题，可在 ECFA 架构下，进行法规整合并制定共同检测标准。

资料来源：本研究整理。

综上所述，根据政治风险类型评估现阶段能源合作项目，以民营企业为主体的绿色能源产业，政治风险最低，但存在一定的市场风险，尤其是太阳能光伏产业已成为成熟市场，两岸均存在产能过剩的情况，未来可以在发电技术上合作研发。离岸风力产业可望成为发展重心，尤其台湾海峡将会是两岸设置离岸风力的主要区域，共同研究适合亚洲气候与地形，尤其是适用于台湾海峡的海上风力机组是未来两岸新能源产业密切合作的项目。相对地，石化能源产业，除开放民营企业赴大陆投资石化下游产业外，其余皆以公有企业为主体，因此，石油勘探开发存在较高的政治风险。而跨海输电管道的建设由于行为主体皆为国有企业，还涉及公共服务、台湾市场进入、能源安全等政治风险，是两岸能源合作中较难克服的项目。但若从能源安全及效率来看，又确实有存在的必要。

第四节　两岸能源合作的政策建议

两岸能源合作牵涉到资金投入、技术开发、能源基础设施建设等领域。在市场经济条件下，作为市场经济的微观基础，按照市场机制要求构建的企业最能够适应市场竞争的要求，在资源配置方面也最为有效。因此，在当前两岸缺乏政治互信的形势下，两岸在能源合作问题上应以企业为主体，组建以风险共担、收益共享为原则的能源合作企业。在能源开发建设的投资上，两岸可通过合资成立能源投资公司在本地区上市或海外上市的方式进行融资；在技术研发上，两岸应利用各自具有比较优势的技术进行合作攻关、重点突破；对于双方在国际上都具有竞争优势的技术或相关产业来说，可先在海峡两岸各自区域进行重点推广并考虑合作进军国际市场；在能源输送上，由于两岸在能源的利用上存在一定的差异性，从长期战略上看，两岸应考虑未来建立能源共同市场的可能性，以实现两岸能源利用的优化配置。

一、深化 ECFA 框架下两岸能源合作的后续协商

ECFA 属于框架性的协议，除早期收获清单外，尚不涉及具体内容。两岸能源合作进程的推进尚待后续性协商与谈判，能否顺利开展受到两岸关系发展的实质性影响。然而，ECFA 虽仅为一个框架协议，但本质上属于全面性的架构协定。两岸能源领域互补性强，在贸易、投资、技术、资金等能源合作议题上具有广泛效应。整体来说，能源合作潜力大，但仍有待深入开发。随着 ECFA 协议的签署，未来在共同利益的驱动下，两岸能源合作将不断深化和扩展。

根据 ECFA 第 11 条规定，在海协、海基两会架构下成立"两岸经济合作委员会"，作为两岸处理 ECFA 相关事务的功能性协商平台及沟通的桥梁，每半年召开一次，原则上轮流在两岸举行。在具体功能上，"经合会"负责完成为落实 ECFA 目标所必需的磋商，监督并评估 ECFA 的执行，被视为大陆与台湾深化经济合作的重要平台。两岸又于 2011 年成立 ECFA 下的"两岸产业合作工作小组"，负责双边经济合作事项的推动，未来深化 ECFA 框架下的两岸能源产业合作，可通过该工作小组进行合作项目的沟通，并建立运作程序。例如，包括 LED 照明在内的 5 大领域已被选定为两岸产业的先期合作项目，经合会"产业合作工作小组"已就相应领域分别设立工作分组。

两岸能源合作的机制设计应依托 ECFA 等一系列协议的落实，进一步商定两岸能源合作的框架。针对两岸重点能源产业与合作议题，应在由 ECFA 框架下成立的产业合作联系窗口促成协议的签订，为两岸共同发展具体技术研发与商业化合作方案，提供必要的基础。合作协议可详细说明推动的方式，例如，每年举行交流会议以建立定期对话机制；推动人员参访、举办研讨会等交流活动；资讯交换、查询与公开等，并应成立联系主体以作为推动机制。

经由 ECFA 框架达成能源合作协议的方式，必须注意以下问题：

第一，ECFA 在性质上属于自由贸易区协定（FTA），但考虑到两岸关系的特殊性及两岸经济合作的实际需要，对名称与协议内容进行了相应的调整。因此，如何使之符合 WTO 的规范，达到既能够惠及两岸民众和弱势产业，又有利于促进两岸经济合作的深化与合作领域的延伸，相关的政策措施尚待进一步完善和发展；第二，ECFA 是建构在两岸互信的基础上，不仅是规范两岸经济一体化关系发展的主要载体，也承载着促进和推动两岸关系发展的功能。因此，必须立足于建立"两岸和平发展"框架的角度来规划和处理 ECFA，才能使之发挥真正的作用。两岸能源合作不仅涉及经贸，更涉及安全，两岸"和平发展"的广度和深度必将直接影响未来两岸能源合作的成败（于立军等，2015）。

二、推进能源转型背景下的两岸低碳能源合作

台湾海峡风力资源丰沛，天然风力资源是台湾能源转型推动离岸风电产业的最大优势。大陆目前已具备在大型风电设备具有规模经济优势的厂商，可与资讯、终端产品具有优势的台湾企业合作，共同开发抗台耐震式离岸风电，并应用于风机运转及降低维护成本。两岸可建立海上测风塔及观测塔，搜集气象、风速、海流、生态等资料，作为风机设计与海事工程规划参考。同时，两岸可发挥各自优势，就风力发电产业及相关的资讯、通讯、机械、电机电子等方面加强合作，优化整合产业链。在产品标准与认证部分，可建立符合两岸特殊环境的风电产品标准、质量监控与认证制度，提升产品国际竞争力。同时，两岸应合作建立风电产品标准与认证系统，加强咨询共享与人才交流。

另外，在太阳能及 LED 技术领域，两岸互有分工优势，可研究建立相关产业的供应链，并考虑共同制定产业标准，其中包括安全规范、线路装置、电网并联、模组等方面的标准等。在氢能与燃料电池领域，两岸也可进行产学合作、专业分工。未来两岸可在新能源融资、太阳

能分布式发电、离岸发电及新能源城市、微电网技术等领域的合作进行探讨和创新探索。

三、探讨全球能源互联网背景下的两岸电力合作

近年来，电力贸易在全球范围内快速发展，已经成为许多国家（地区）解决电力短缺的一个重要选择。以特高压电网、智能电网、清洁能源为基础的全球能源互联网[①]是未来的发展趋势。全球能源互联网（GEI）的实质是以特高压电网为骨干网架、全球互联的坚强智能电网，能利用时区差、季节差、电价差等地区差异，实现不同地区清洁能源的互补互济，是清洁能源在全球范围大规模开发、配置、利用的基础平台，并已纳入联合国 2030 年永续发展议程的工作框架。按照全球能源互联网发展合作组织发布的战略规划，到 2030 年，推动实现洲内电网跨国互联。2015 年 9 月 26 日，国家主席习近平在联合国发展峰会上发表重要讲话，倡议探讨构建全球能源互联网，推动以清洁和绿色方式满足全球电力需求。

由前文的分析可知，在"2025 非核家园"的目标下，台湾首先面临的问题是未来的电力供应短缺。随着经济发展，台湾电力需求增加，如何使电力供需平衡，实为一大课题。因此，尽管从政治风险角度，跨海输电管网的建设难度较高，但若从能源安全及能源效率的角度来看，又确实有存在的必要性。尤其是在大陆与台湾一水之隔，福建与金门隔海相望，铺设横跨台湾海峡的海底电缆具有技术上的可行性。目前已有福建向金门供水的成功案例[②]，而福建电力供应充足且电价低于台湾，在 ECFA 框架下探讨两岸的电力合作，不仅可以输出大陆的发电产能，还可解决台湾"弃核"后的电力供应缺口，并降低台湾的能源进口成本。目前大陆的特高压电网技术成熟，若台湾当局能回到

---

① 资料来源：全球能源互联网发展合作组织（GEIDCO）。

② 为维持 75%以上的自有水源，金门自来水公司已积极规划海淡厂二期扩厂计划。

"九二共识"上来，重新调整两岸关系性质定位以及相应的大陆政策，屏除政治纷扰因素，金门通水模式不失为两岸能源合作的参考借鉴。

四、抓住"一带一路"倡议的历史机遇，加强油气领域的合作

（一）利用"一带一路"沿线地区的资源优势，合作并购油气能源

"一带一路"沿线国家涵盖了东亚、南亚、东南亚、西亚、北非、中东欧等大部分地区，同时为全球经济高速成长区、生态环境脆弱保护区、化石能源的集中生产区、化石能源重要消费区。建议在"一带一路"倡议的背景下，两岸能源合作不仅可以从双方优势互补，而且可帮助台湾融入"一带一路"建设，摆脱边缘化危机。两岸可共同合作开发"一带一路"沿线油气资源丰富的地区并联合并购，从而增强并购方在资金方面的硬实力和技术经验层面的软实力，不仅可以降低勘探成本、提升勘探成功率，为两岸带来巨大的经济效益；还能解决目前油气资源大部分从中东进口而导致的路线长、风险大、成本高等问题，改善两岸的能源安全局势。

在 LNG 采购方面，当前两岸 LNG 进口皆为管制项目，且主体都是国有企业，尽管通过共同采购可降低进口价格，但截至目前，尚无有具体的共同采购计划，仅限于小量作为调度之用的现货交易。长期以来，两岸 LNG 采购实行与油价联动的长期契约，价格远高于欧美市场价格，这种扭曲的市场价格，随着美国页岩气出口，出现了改变的契机。美国从进口国转为出口国，欧洲市场转向跌价的煤炭，欧美市场萎缩，使得天然气输出国纷纷转向亚洲。展望未来，两岸对 LNG 的需求将日益增加，两岸若能在 LNG 采购上合作，将有利于取得价格主导权，促进两岸天然气产业的发展。

（二）发挥亚投行的资金优势，共同开发领海的油气能源

目前，海峡两岸虽然共同拥有东海、南海主权，但在领海的油气田资源开发与利用方面严重滞后，主要原因是地缘政治与开采条件的限制，邻近海域属于深水区，海底情况复杂，开采难度大，对资金和技术的要求很高。"一带一路"倡议下亚投行的成立可以在资金上对油气探测工程给予支持，结合海峡两岸的区位、经济与技术优势，共同进行领海能源的勘探和开采，包括对台湾海峡[①]、东海、南海等台海周围油源的勘探，不仅可以降低勘探成本、提升勘探成功率，还能解决目前油气资源大部分从中东进口而导致的路线长，风险大，成本高等问题，改善两岸的能源安全形势。为降低政治风险，应积极推进以企业为主体的能源合作，勘探合作的方式可通过参股或成立合资公司的形式，通过以商业化模式降低政治对立冲突。为促成合作，可建立促进两岸合作开发油气资源的撮合机制。例如，在举办两岸石油经贸合作论坛、两岸能源研讨会的基础上，加强沟通和理性分析，充分发挥两岸石油化学工业同业公会的作用，通过已经成功进行合作的案例经验总结并为长效机制做出制度化安排，促使两岸在油气合作勘探领域相互促进、互利双赢。

五、建立能源技术标准，完善专利保护与互认制度

（一）循序渐进地制定两岸统一的能源技术标准

技术的标准化是安全生产和产品推广的重要保障和产业合作的必要前提。针对部分能源产业，存在的低水平重复建设导致行业秩序混

---

① 根据 1989—1990 年中国科学院南海海洋研究所与福建海洋研究所合作开展的台湾海峡西部石油地质地球物理及地球化学调查研究结果表明，台湾海峡石油天然气资源丰富。紧邻福建省的海峡西部有两个北东向的沉积凹陷，和海峡中部的观音隆起、澎北隆起以及海峡东部的新竹凹陷共同构建成规模可观的台西盆地。用生油岩体积法预测台西盆地 3 个生油凹陷形成的石油资源量为 33.2 亿吨。

乱的问题，两岸必须重视标准的设立，促进行业的有序竞争。目前，两岸的能源技术特别是新能源技术，主要采用欧美的检测认证，在产业发展上没有掌握标准的主导权。两岸可以借鉴发达国家技术标准化过程的经验，结合实际情况，建立统一的能源产业技术标准。考虑到两岸技术标准的差异性，首先，可制定两岸互认而有差异化的技术标准与检测认证体系；其次，在关键的能源合作领域率先构建两岸统一的、与国际接轨的技术标准；最后，建立两岸统一的国际化技术标准体系，基本实现两岸能源产业的技术标准化目标。

（二）建立全方位的两岸知识产权保护机制

2010 年，两会签署了《海峡两岸知识产权保护合作协议》。根据协议，两岸实行相互承认"优先权"。但该协议只是建立了初步框架，未来还需针对诸多实际问题展开务实讨论并提出解决方案。就目前两岸专利申请和授权现状来看，两岸应推动专利、商标审查人员定期互访及交流，同时建立两岸专利快速审查机制及专家证人或鉴定人资料互相提供机制。此外，两岸还可以用专利审查高速公路（PPH）搭建两岸专利审查合作的平台，从而加快境外专利申请的审查速度，降低申请成本。

六、深化两岸在能源领域的人才交流与技术合作 [①]

（一）建立完善的科技人员交流机制

目前台湾与大陆的人员流动主要集中在文化交流和生态旅游方面，官方间的高层会谈以及科技产业人员之间的交流互动较少，没有形成长期稳定有效的交流机制，在技术上的优势互补也未形成。两岸应该

---

① 杨芳、邵诚道、孙传旺."一带一路"背景下两岸能源合作的政策选择 [J]. 台湾研究，2016 年第 4 期.

以现有的高校、科研单位、研究所为依托，由官方主导，促进科技人员的交流互动和科研合作，并积极推进两岸能源研究议题的落实。

（二）尝试共建联合实验室及研究中心对重要的技术进行联合攻关

虽然台湾相比与大陆在相关产品与技术研发、中高端制造业以及原材料处理等方面有优势，但能源领域的许多核心技术依然由少数发达国家所垄断，如深海长距离电缆的铺设，第四代核电机组的相关技术等依然由美国、日本和欧洲等国家掌握。在科技人员充分交流的基础上，利用大陆充足的资金建立联合实验室，吸纳两岸对的科研人员共同对技术壁垒实施攻克，有望打破国外的技术垄断，降低能源成本，提高两岸科技创新水平。

（三）优化技术分工布局、完成产业链上下游一体化建设并推动关联产业协同发展

能源技术的创新将带动上游原材料，下游相关产品设备的全面发展。两岸通过定期开展的设备展览会，能够促进更多企业之间的交流合作，而通过市场化进程，将激励企业不断自主创新。

本章小结

本章首先简要地分析了两岸能源合作的现状，在比较两岸能源产业的发展概况及各自产业优势的基础上，对两岸在跨海输电管网建设、合作开发油气能源、ECFA 框架下的两岸能源市场开放及两岸能源贸易、两岸碳交易等领域的合作机会及风险进行评估，并提出相应的政策建议。本章的研究结论如下：

第一，目前，两岸能源合作尚处于初级阶段。从能源安全及经济利益来看，两岸能源合作符合双方共同的利益。但受制于政治因素，

两岸能源合作尚处于产业交流和民间合作阶段，行政层面的交流很少，公营企业之间也难以进行大合作。

第二，两岸能源产业具有较高的互补性。大陆具有较丰富的自然资源禀赋及广阔的市场规模，台湾则具备节能技术及人才的优势。并且，大陆不断开放的能源市场也为台湾能源企业在大陆的投资提供了广阔的发展空间，两岸能源领域的合作是可以预见的。

第三，通过对两岸能源领域的机会和风险进行评估，以民营企业为主体的绿色能源产业，政治风险最低，但存在一定的市场风险，尤其是太阳能光伏产业已成为成熟市场，两岸均存在产能过剩的情况。离岸风力产业可望成为发展重心，尤其是适用于台湾海峡的海上风力机组。目前两岸碳交易市场的联结还为时过早，但两岸已有民间碳交易的成功案例，未来可继续开展以两岸民间企业为主体的自愿性碳交易。相对地，由于行为主体皆为国有企业，石油勘探开发存在较高的政治风险，而跨海输电管道的建设还涉及公共服务、台湾市场进入、能源安全等政治风险，是两岸能源合作中较难克服的项目。

第四，在当前的两岸关系形势下，两岸在能源合作问题上应充分发挥市场的作用，积极推进以企业为主体的合作。两岸能源合作的政策建议包括：深化 ECFA 框架下两岸能源合作的后续协商、推进能源转型背景下的两岸低碳产业合作、探讨在全球能源互联网背景下的两岸电力合作、抓住"一带一路"倡议的历史机遇加强油气领域的合作、建立能源产业技术标准，完善专利保护与互认制度、深化两岸在能源领域的人才交流与技术合作。

第十章 研究结论

推动全球能源转型，实现经济、能源、环境的协调发展已成为国际社会的共识。台湾的可持续发展面临着能源安全、资源稀缺、环境污染等方面的挑战，决定了其能源转型的必要性和迫切性。如何提高能源多元化与自主发展，在确保能源供应安全的前提下，维持能源价格稳定及实现温室气体减量目标，是台湾能源转型所面临的重要课题。

2017年1月"电业法"的修订从"法规"上明确了推动"2025非核家园"作为今后台湾的能源转型政策；而2017年4月台湾行政主管部门核定修订的"能源发展纲领"提出今后在兼顾"能源安全""绿色经济""环境永续"与"社会公平"四大面向下，以推动"非核家园""稳定供电"及"改善空污"三大目标作为能源政策方针。那么，2025年核电归零的能源转型将对台湾造成什么样的影响？"非核家园"转型政策能否实现并兼顾上述的能源目标？

本书首先基于可持续发展的理论分析台湾能源转型的必要性和迫切性，然后，围绕台湾能源转型的三个问题（确保电力的充足供应、达成减碳承诺、维持合理的能源价格水平），深入分析以"2025年非核家园"为目标的能源转型对台湾的影响，探讨台湾能源转型所面临的困境，在此基础上，分析两岸能源合作的必要性、可行性和意义，评估两岸在能源领域合作的机会与风险，并提出相应的政策建议。本研究的主要结论如下：

第一，研究台湾的能源转型问题，首先须对台湾在经济发展过程中能源消费的特征有一个规律性的认识。通过分析台湾经济发展阶段的产业结构变化和能源消费特点，并与发达国家的相似发展阶段进行对比，研究发现，台湾的能源消费与经济增长和产业结构的变化密切相关。在经济发展的不同阶段，能源消费增长率呈现出阶段性递减的趋势，其中，工业化阶段的能源消费增长率最高。然而，即使进入信息化阶段，能源需求增长率始终为正，表明尽管经济已进入低速增长，但能源需求仍保持增长。因此，本书回答的第一个问题是：台湾未来的经济增长需要多少能源？

通过采用协整模型，本书预测了台湾中长期的能源需求，研究发现，尽管未来经济增长速度的减缓和能源效率的改进使能源需求的增长率下降，但整体的能源需求总量仍保持增长的趋势。在经济高速、中速、低速增长情景中，台湾的能源需求将分别以年均 2.6%、2.3%、2.1% 的速度增长；到 2025 年，能源需求量将分别上升为 137.4、134.4 和 132.8 百万吨油当量。较高的 GDP 增速需要更多的能源作为支撑，能源消费与经济增长并未脱钩。

第二，以"2025 非核家园"为目标的能源转型将对台湾的电力供应、减碳目标、电价水平及经济发展造成一定的冲击。具体表现在：

1. 通过预测台湾的电力供求趋势并分析未来面临的电力供需矛盾，研究表明快速废核的能源转型将导致台湾面临严重的缺电危机。

（1）电力的备用容量率自 2018 年开始迅速降低，由 2018 年的 13.6% 下降到 2024 年的 2.1%，且 2019—2024 年的备用容量率低于 10%，未来将不可避免出现频繁的缺电限电情况；

（2）电力供需将在 2019 年与 2020 年间出现严重缺口，且缺口将进一步扩大并持续至 2024 年，缺口值大约在 2100—6500MW 之间；

（3）在电力需求占 40% 以上的台湾北部地区供电形势将更为严峻，且供电缺口逐年扩大；

2. 通过预测台湾未来的能源结构变化，估算"2025 非核家园"政策下台湾 2020 年和 2025 年电力部门的碳排放量,结果表明,零核电将导致台湾无法实现减碳目标。

(1)由于民进党当局短期内通过增加高碳的煤电来弥补废核所带来的电力缺口,导致 2020 年的碳排放量将大幅增加;而 2025 年的碳排放量尽管比 2016 年减少 900 万吨,但与阶段性减碳目标(减少 4000 万吨)相比,仍差距甚远;

(2)对于台湾而言,再生能源的发展除了受到技术成熟性、成本高、并网难等固有缺陷外,还因其地狭人稠、气候条件限制、独立电网系统、低电价水平、民众对再生能源的认可等因素面临特有的限制。与德国的转型条件相比,台湾不但在自然环境等先天性的因素存在差距,在再生能源的发展政策方面也存在后天性的缺陷。因此,就现有的条件而言,短期内可再生能源不可能完全取代核电,而燃气与燃煤机组的碳排放均高于核电,台湾的减碳目标将无法实现;

(3)由于可再生能源在短期内难以大规模发展,民进党当局提出的电力配比目标既不符合台湾的实际情况,也不符合成本最小化目标。实现 2025 年的电力结构目标(燃煤 30%,燃气 50%,可再生能源 20%)难度很大,可能性很低。

3.快速废核导致的成本提高将使台湾的电价呈现大幅上涨的趋势。

(1)即使不考虑未来发电成本的变化,以 2025 年电力结构目标计算,2025 年的平均发电成本将比 2016 年的电价水平高 0.86 元新台币/度,增加了 33%;

(2)通过对各类能源发电成本的预测,要实现台湾当局的 2025 年转型目标,则每度电的平均发电成本将比 2016 年增加 1.17 元新台币。若再结合可再生能源并网成本等因素考虑,则相比 2016 年的电价水平,台湾 2025 年的电价涨幅将在 50% 以上。

(3)受制于政治因素的影响,台湾的电价不完全由市场供求机制决定。在现行的低电价水平下,台湾达成电力转型是不可能完成的任务，随着快速废核所导致的发电成本增加，若要完成能源转型目标，则先前的"不涨电价"承诺无法兑现。

4. 核电归零将对台湾的产业及经济发展造成负面影响。由于台湾出口导向型的经济结构对低电价的依赖程度非常高，快速废核在影响台湾电力供应稳定、带动电价上涨的同时，也导致了较高的经济成本，表现在：由于电力短缺所导致在 2019—2028 年的经济成本将在 1652 亿—5113 亿元新台币之间。

总体来说，台湾若要达成"2025 非核家园"的能源转型目标，未来将面临电力短缺、电价上涨及落实再生能源发展目标的压力。快速废核与保障电力的充足供应、维持电价的稳定、减碳目标的实现之间的矛盾将是未来台湾地区能源转型所面临的困境。台湾当局一方面想在短期内实现"非核家园"，另一方面又要保持电力的充足供应与电价的稳定，还要低碳环保，这样的能源转型战略看似很完美，实则自相矛盾，且脱离台湾地区的实际情况，极有可能导致台湾未来的经济发展及社会民生出现严重问题。

第三，两岸能源合作有助于台湾走出能源转型的困境。两岸能源行业互补性强，在贸易、投资、技术、资金等能源合作议题上均具有广泛效益。从能源安全及经济角度来看，两岸能源合作符合双方共同的利益。在需求的驱动以及 ECFA 签署后，双边的能源合作将不断深化和扩展。总体来说，未来两岸能源合作的潜力大，但有待深入开发。因此，两岸应从大局出发，在优势互补的基础上，加强两岸能源交流与合作，打破台湾能源孤岛的困局，创建两岸双赢的模式，推动两岸经济融合发展。

第四，受制于政治因素，两岸能源合作尚处于产业交流和民间合作阶段，行政层面的交流很少，国企之间也难以进行大合作。通过对两岸能源领域的机会和风险进行评估，研究发现，以民营企业为主体的绿色能源产业，政治风险最低，但存在一定的市场风险，尤其是太阳能光伏产业已成为成熟市场，两岸均存在产能过剩的情况。离岸风力产业可望成为发展重心，尤其是适用于台湾海峡的海上风力机组。相对地，由于行为主体皆为公有企业，石油勘探开发存在较高的政治风险，而跨海输电管道的建设主要涉及的是公共服务、台湾市场进入、能源安全等政治风险。

在当前的两岸关系形势下，两岸能源合作面临着诸多风险和障碍。因此，两岸能源合作应充分发挥市场机制的作用，可以遵循以下三方面原则：一是以企业为主体，发挥市场机制在资源配置中的基础性作用，创新能源合作方式，收益共享，风险共担；二是以民间为主体，以共同利益为目标，先易后难、循序渐进地推进两岸在能源贸易、投资、服务、技术研发等领域的合作；三是以ECFA框架为基础，立足大局，搁置争议，完善后续协商与谈判，合作双赢。本报告最后就两岸如何开展能源合作提出相应的政策建议。

附　录

表 1　台湾 2017—2040 年人口规模

单位：千人；%

年份	高速		中速		低速	
	人口数	增长率	人口数	增长率	人口数	增长率
2017	23606	0.23	23595	0.21	23584	0.18
2018	23653	0.20	23637	0.18	23617	0.14
2019	23693	0.17	23670	0.14	23640	0.10
2020	23726	0.14	23698	0.11	23653	0.06
2021	23755	0.12	23719	0.09	23658	0.02
2022	23778	0.10	23733	0.06	23654	− 0.02
2023	23794	0.07	23741	0.03	23641	− 0.06
2024	23804	0.04	23741	0.00	23618	− 0.10
2025	23808	0.02	23734	− 0.03	23586	− 0.13
2026	23807	0.00	23721	− 0.06	23546	− 0.17
2027	23801	− 0.03	23700	− 0.09	23498	− 0.21
2028	23788	− 0.05	23672	− 0.12	23440	− 0.25
2029	23769	− 0.08	23634	− 0.16	23372	− 0.29
2030	23742	− 0.11	23587	− 0.20	23294	− 0.33
2031	23708	− 0.15	23530	− 0.24	23207	− 0.38
2032	23665	− 0.18	23463	− 0.28	23109	− 0.42
2033	23614	− 0.21	23387	− 0.33	23001	− 0.47
2034	23555	− 0.25	23301	− 0.37	22883	− 0.51
2035	23485	− 0.29	23203	− 0.42	22755	− 0.56
2036	23406	− 0.34	23096	− 0.46	22617	− 0.61
2037	23318	− 0.38	22978	− 0.51	22469	− 0.65

年份	高速		中速		低速	
	人口数	增长率	人口数	增长率	人口数	增长率
2038	23221	−0.41	22852	−0.55	22312	−0.70
2039	23117	−0.45	22717	−0.59	22146	−0.74
2040	23004	−0.49	22574	−0.63	21972	−0.79

资料来源：台湾"国家发展委员会"第30次委员会《人口推估》（2016—2061年），本研究整理。

表2　2017—2028年台湾地区既有发电机组退役时间表

电厂/机组别		装机容量（万千瓦）	退役年别
核电		514.4	2018—2025年
核一厂	1号机组	63.6	2018年12月
	2号机组	63.6	2019年7月
核二厂	1号机组	98.5	2021年12月
	2号机组	98.5	2023年3月
核三厂	1号机组	95.1	2024年7月
	2号机组	95.1	2025年5月
火电		962.2	2017—2028年
燃油		326.0	2017—2028年
大林火力3—4号机组		75.0	2017年
离岛火力		23.0	2017—2028年
协和火力1—4号机组		200.0	2019—2024年
台中气涡轮机1—4号机组		28.0	2020—2025年
燃气		426.2	2014—2020年
通霄/燃气复循环1~5号机组		153.6	2017—2020年
大林火力5号机组		50.0	2019年
兴达复循环1~5号机组		222.6	2014—2020年
燃煤		210.0	2024—2027年
兴达火力1—4号机组		210.0	2024—2027年
合计		1476.6	2017—2028年

资料来源：本研究整理，数据来源于台湾电力公司《2017年长期电源开发方案》（10605案）。

表 3   2017—2028 年台电公司电源新增及除役规划

单位：万千瓦

年份	新增					除役					合计
	煤电	油电	气电	核电	其他	煤电	油电	气电	核电	其他	
2017	80.0	—	60.0	—	—	—	75.0	76.4	—	—	−11.4
2018	160.0	—	89.3	—	3.6	—	—	—	63.6	—	189.3
2019	80.0	2.2	—	—	41.3	—	100.0	50.0	63.6	—	−90.2
2020	—	0.3	178.5	—	15.2	—	14.0	77.2	—	—	102.5
2021	—	—	30.0	—	1.7	—	—	—	98.5	—	−66.8
2022	—	—		—	0.7	—	—	—	—	—	0.7
2023	—	—	195.6	—	29.7	—	—	—	98.5	—	126.8
2024	—	—	205.6	—	43.0	100.0	100.0	89.0	95.1	—	−135.5
2025	60.0	—	595.6	—	24.8	—	14.0	—	95.1	—	571.3
2017—2025 合计	380	2.5	1354.6	—	160	100	303	292.6	514.4	—	686.7
2026	60.0	—	—	—	42.2	—	—	133.6	—	—	−31.4
2027	—	—	240.0	—		110.0	—	—	—	—	130
2028	—	—	110.0	—	69.9	—	23	—	—	—	156.9
2017—2028 合计	440.0	2.5	1704.6	—	272.1	210.0	326.0	426.2	514.4	—	942.6

注：其他包括惯常水电、抽水蓄能、风电、太阳能及其他可再生能源（包括汽电共生之垃圾及沼气）。

资料来源：作者根据《台湾电力公司 2017 年长期电源开发方案》（10605 案）自行计算整理。

参考文献

1. 财团法人中技社.台湾电力最适能源配比之探讨 [R].2015 年 5 月.

2. 蔡松锋.中国迎来能源发展的重要转型加速期.国家信息中心网站,http://www.sic.gov.cn/News/466/8286.htm.

3. 曹小衡,邵帅.两岸绿能产业合作现状与前景研究 [J].台湾研究,2016 年第 4 期.

4. 陈中舜.从低电价看台湾电力转型之困境 [J].中华经济研究院工作论文,2016 年.

5. 程念高,罗锦华.台湾电力与水电发展情况及启示 [J].水力发电,2012 年 10 月.

6. 戴维·皮尔斯,杰瑞米·沃瑞德.世界无末日——经济学.环境与可持续发展 [M].张世秋,等译.北京:中国财政经济出版社,1996 年.

7. 邓利娟.台湾经济从"奇迹"到"困境"发展过程的重新审视——基于东亚新学说的理论视角 [J].台湾研究集刊,2009 年第 3 期.

8. 杜强.台湾能源政策的发展及未来走势 [J].台湾研究,2007 年第 5 期.

9. 杜祥琬.能源消费稳中趋降需建立倒逼机制 [N].国家电网报,2012-11-27,P. 012.

10.范晓.台湾能源密集度、能源消费结构与经济结构的关系 [J].亚太经济,2010 年第 6 期.

11.傅莎，邹骥，刘林蔚.对中国国家自主贡献的几点评论，国家气候战略中心工作论文，2015 年.

12.郭瑾玮.台湾 TIMES 模型电力供需规划模式简介，中技社专家座谈会，2015 年.

13.韩文科，胡秀莲，高世宪，等.中国能源消费结构变化趋势及调整对策 [M].北京：中国计划出版社，2007 年.

14.何晓萍，刘希颖，林艳苹.中国城市化进程中的电力需求预测 [J].经济研究，2009 年第 1 期.

15.金泓汛，郑泽清等.台湾经济概论 [M].时事出版社，1986 年.

16.赖正文.电力供给模型之建立及其应用之研究 [J].南荣学报，第 3 期，1999 年.

17.赖正文.SMAGE-II 模型之介绍与应用 [J].中技社专家座谈会，2015 年.

18.李非.论台湾城市化的形成与发展 [J].台湾研究集刊，1987 年第 4 期.

19.李非，胡少东.台湾经济发展规律探析，厦门大学学报 [J].2009 年第 4 期.

20.李坚明、李冠晨、叶钧乔.台湾永续发电配比决策模式之研究——应用资产组合理论 [J].能源简析，2015 年.

21.联合报系民意调查中心、采访中心、大陆中心，2017.11.20，http：//newsblog.chinatimes.com/blackjack/cn/archive/64122.

22.林伯强.中国电力发展：提高电价和限电的经济影响 [J].经济研究，2006 年第 5 期.

23.林伯强，杨芳.电力产业对中国经济可持续发展的影响 [J].世界经济，2009 年第 7 期.

24.林伯强.结构变化、效率改进与能源需求预测——以中国电力行业为例 [J].经济研究，2003 年第 5 期.

25.林珏.海峡两岸能源合作探析 [J].广东外语外贸大学学报，2009 年第 5 期.

26.林昱君.中国大陆"一带一路"形塑全方位开放新格局：往"强国"之路跨出重要一步 [J]，经济前瞻，第 158 期，第 66—71 页.

27.林受得.电力消费与经济成长之因果关系：台湾实证研究.台湾中兴大学应用经济学系所学位论文，2006 年.

28.林毅夫，姚洋.中国奇迹——回顾与展望 [M].北京大学出版社，2006 年.

29.梁启源，郑睿合，郭博尧，郭篯诚.台湾最适电力配比之研究 [J].台湾能源期刊，第二卷第四期，2015 年 12 月.

30.梁启源等.能源价格变动对台湾能源密集产业的影响及政策建议 [J].经济前瞻，2015 年 3 月.

31.刘全刚.试析"倒逼机制"的三大效应 [J].现代经济（现代物业下半月刊），2007 年 5 月.

32.刘叶志.海峡两岸新能源开发建设合作机制的构建 [J].生产力研究，2008（14）.

33.吕佩玲.电力消费与二氧化碳排放趋势变动及关联分析 [D].成功大学环境工程学系硕士论文，2008 年.

34.毛继军.蔡英文胜选后，台湾核去何从，中国储能网，http：//www.escn.com.cn/news/show-453333.html.

35.任力，王宁宁.闽台低碳经济合作"先行先试"战略研究 [J].发展研究，20111 年第 4 期.

36.世界环境与发展委员会.我们共同的未来 [M].世界知识出版社，1989 年.

37.世界自然保护同盟等编.保护地球—可持续性生存战略 [M].中国环境科学出版社，1992 年.

38.苏伟洲，王成璋，杜念霜.水资源与产业结构关系及产业结构调

整倒逼机制研究 [J]. 科技进步与对策，2015 年第 6 期.

39. 唐永红. 两岸融合发展：内涵与作用、困境与路径 [J]. 中国评论，2018 年 2 月.

40. 台湾工研院绿能与环境研究所. 绿能科技发展现况及趋势 [R]. 台湾，2016.10.24.

41. 台湾"国家政策研究基金会". 两岸绿能产业发展与合作契机 [R]. 台湾，2009 年.

42. 台湾"经济部能源局". "全国长期负载预测与电源开发规划" [R]. 2013 年 12 月.

43. 台湾"经济部能源局". "永续能源政策纲领"（核定本）[R]. 2008 年 6 月.

44. 王锋，冯根福. 优化能源结构对实现中国碳强度目标的贡献潜力评估 [J]. 中国工业经济，2011 年第 4 期.

45. 王鹏，王宁. 台湾地区电价调整互动机制分析与启示 [J]，中国能源，2015 年第 3 期.

46. 王小鲁，樊纲. 中国经济增长的可持续性 [M]. 经济科学出版社，2000 年 12 月.

47. 王勇. 台湾绿能产业发展及两岸绿能产业合作 [J]，台湾研究，2011 年第 6 期.

48. 王勇. 台湾核电产业发展的现状、特征及走势 [J]，台湾经济，2012 年第 5 期.

49. 吴福成. "一带一路"战略政策对台湾企业的机会与挑战，台湾硕博论文网，2015 年 11 月，https：//goo.gl/guhBRL.

50. 吴翔阳. 倒逼机制：企业创新动力的政府作为 [J]. 国家行政学院学报，2008（06）：51-54.

51. 吴忠书. 由一带一路与亚投行看台湾金融业的机会与挑战. 财团法人中华经济研究院，2015 年 11 月。

52.肖娟.大陆不遗余力促推两岸经济融合,华夏经纬网,http://www.dyhongshuangxi.com/thpl/djpl/2017/02/5199342.html.

53.席志刚.两岸石油合作台前幕后 [J].凤凰周刊,总第 461 期.

54.徐剑锋.台湾产业结构变动的分析 [J].台湾研究,2001 年第 3 期.

55.杨芳.可持续发展视角下的电力基础设施研究 [J].北京:经济科学出版社,2019 年 5 月.

56.杨芳,何晓萍.台湾的电力短缺:基于电力供需形势的分析 [J].台湾研究集刊,2019 年第 3 期.

57.杨芳,邵诚道,孙传旺."一带一路"背景下两岸能源合作的政策选择 [J].台湾研究,2016 年第 4 期.

58.杨儒颖,低碳能源转型与再生能源发展之策略 [J].台湾经济研究月刊,2016 年 6 月.

59.姚天冲,邵炯昊.刍议政府运用倒逼机制促进企业创新 [J].科技管理研究,2014(11):17-20.

60.易纲、樊纲、李岩.关于中国经济增长与全要素生产率的理论思考 [J].经济研究,2003 年 08 期.

61.于立军,林冈,王曦.两岸能源合作方案研究及机制设计 [M].上海交通大学出版社,2015 年.

62.曾友嵘.台湾能源转型困境分析:以 2018-2015 年为例 [J].台湾大学硕士论文,2015 年 10 月.

63.张骥,韩晓彬.论台湾产业结构的演变及其原因 [J].台湾研究,2000 年第 3 期.

64.张涛.经济可持续发展的要素分析——理论、模型与实践 [D].博士学位论文,中国社会科学院研究生院,2001 年.

65.张天舒,徐铭辰.两岸绿色能源产业合作的互补性探析 [J].广东外语外贸大学学报,2009 年第 5 期.

66. 张茉楠."碳关税"对中国转型形成强大倒逼机制 [J]. 中国经贸导刊，2011（11）：41-43.

67. 张旭超，牛东晓，申炜. 基于马尔可夫最优化模型的北京市终端能源结构预测 [J]. 陕西电力，2008 年第 9 期.

68. 郑百龙. 海峡两岸（厦门）碳权交易平台构建及推动策略 [J]. 台湾农业探索，2013 年第 6 期.

69. 周桂田，张国晖. 能怎么转 [M]. 台湾：巨流图书公司，2017 年.

70. 朱亮峰，黄国良，张亚杰. 煤炭市场倒逼机制下我国能源结构走势的研究 [J]. 价格理论与实践，2014 年第 3 期.

71. 朱证达.Taiwan 2050 Calculator—工具特色介绍与电力系统，中技社专家座谈会，2015 年.

72. American Chamber of Commerce in Taipei, 2017 Taiwan White Paper.

73. Barbier,E.B. Economics, *Natural Resources and Development* [M].London: Earthscan,1989.

74. BP Statistical Review of World Energy, June 2017,http://www.bp.com.

75. Cheng，B. L.，Lai，T.W. .An Investigation of Cointegration and Causality between Energy Consumption and Economic Activity in Taiwan[J].*Energy Economics*，19, 435-444.

76. Chien-Chiang Lee, Chun-Ping Chang.Structural breaks, energy consumption, and economic growth revisited: Evidence from Taiwan[J]. *Energy Economics* 27 (2005), 857-872.

77. Department of Energy & Climate Change(DECC,UK),Electricity Generation Costs,Dec.2013.

78. GWEC. Global wind report annual market update 2016 [R].2017.

79. Fang Yang, Chuanwang Sun, Huang Guangxiao. Study on

Cross-strait Energy Cooperation under the New Circumstance[J], *Journal of Cleaner Production*,180 (2018) 97-106.

80. Goldemberg, J. and Johansson, T.B.. Energy as an instrument for socio-economic development, in T.B. Johansson and J. Goldemberg (eds.), Energy for Sustainable Development: A Policy Agenda, New York, United Nations Development Program.

81. Huang and Wu. Energy Policy in Taiwan: Historical Development, Current Status and Potential Developments[J]. *Energies,* 2009, 2, 623-645.

82. Huang Yophy, Bor Yunchang Jeffrey, Peng Chieh-Yu,. The long-term forecast of Taiwan's energy supply and demand: LEAP model application. *Energy Policy*, 39 (2011), 6790- 6803.

83. International Energy Agency. Partner Country Series - China's Engagement in Global Energy Governance[R]. 2016.

84. IPCC. Climate Change 2013: The Physical Science Basis[R/OL]. Geneva: Intergovernmental Panel on Climate Change, [2016-01-17]. http://www.climatechange2013.org/images/report/WG1AR5_ALL_FINAL.pdf.

85. IPCC. Climate Change 2014a. Impacts, Adaptation, and Vulnerability[R/OL]. Geneva: Intergovernmental Panel on Climate Change, [2016-01-17]. http://120.52.72.45/www.ipcc.ch/c3pr90ntcsf0/pdf/assessmentreport/ar5/wg2/ar5_wgII_spm_en.pdf.

86. IPCC. Climate Change 2014b. Synthesis Report[R/OL]. Geneva: Intergovernment-al Panel on Climate Change, http://ar5-syr.ipcc.ch/ipcc/ipcc/resources/pdf/IPCC_SynthesisReport.pdf.

87. Johansen. *Likelihood based Inference in Cointegrated Vector Autoregressive Models*[M]. Oxford University Press, New York, 1995.

88. Jenn Jiang Hwang.Promotional policy for renewable energy development in Taiwan[J]. *Renewable and Sustainable Energy Reviews* 14 (2010), 1079-1087.

89. Jenn Jiang Hwang,Wei Ru Chang. Policy progress in mitigation of climate change in Taiwan[J]. *Energy Policy*, 39 (2011), 1113-1122.

90. Kuei-Yen Wu,Yun-Hsun Huang,Jung-Hua Wu, Impact of electricity shortages during energy transitions in Taiwan[J]. *Energy*, 151 (2018), 622-632.

91. Ming Chih Chuang, Hwong Wen Ma. Energy security and improvements in the function of diversity indices—Taiwan energy supply structure case study[J]. *Renewable and Sustainable Energy Reviews*, 24 (2013), 9-20.

92. Munasinghe, M. The Sustainomics Trans - disciplinary Meta - framework for Making Development More Sustainable: Applications to Energy Issues[J]. *International Journal of Sustainable Development*, 2002, 5, pp. 125-182.

93. OECD/IEA, World Energy Outlook 2015.

94. Shun-Chung Lee, Li-Hsing Shih. Renewable energy policy evaluation using real option model- The case of Taiwan[J]. *Energy Economics*, 32 (2010), S67–S78.

95. Sue J. Lin, I.J. Lu, Charles Lewis,2007.Grey relation performance correlations among economics, energy use and carbon dioxide emission in Taiwan[J]. *Energy Policy*, 35 (2007), 1948-1955.

96. WCED. Our Comm on Future: Report of the World Comm ission on Environment and Development[R]. New York: Oxford University Press, 1987.

97. World Bank. Commodity Prices Forecast[R]. October 2017.

98. World Energy Council(WEC).World Energy Perspective-Cost of Energy Technologies[R]. 2013.

99. Yang, H.Y. . A Note on the Causal Relationship between Energy Consumption and GDP in Taiwan[J]. *Energy Economics* ,2000(22), 309-317.

100. Yang Cheng-Lang, Hung-Pin Lin, Chih-Heng Chang. Linear and nonlinear causality between sectoral electricity consumption and economic growth: Evidence from Taiwan[J]. *Energy Policy*, *38* (2010) , 6570-6573.

101. Yun-Hsun Huang, Jung-Hua Wu. Assessment of the feed-in tariff mechanism for renewable energies in Taiwan[J]. *Energy Policy*, 39 (2011), 8106-8115.

102. Yunchang Jeffrey Bor, Yophy Huang. Energy taxation and the double dividend effect in Taiwan's energy conservation policy-an empirical study using a computable general equilibrium model[J]. *Energy Policy*, 38 (2010),2086–2100.